社会养老保险的居民家庭资产配置效应研究

汪传江 著

上海交通大学出版社
SHANGHAI JIAO TONG UNIVERSITY PRESS

内容提要

社会养老保险覆盖面的迅速扩大与保障水平的不断提升,不仅对宏观经济意义重大、影响深远,对微观家庭的经济决策行为更是具有直接而广泛的影响。本书利用中国健康与养老追踪调查数据,通过测算家庭的社会保险养老金财富,分别从理论与实证层面,全面考察了社会养老保险对居民家庭资产配置的规模、结构与效率三个维度的影响,并揭示了在不同险种、城乡以及不同类型家庭之间的影响差异,系统评价了中国社会养老保险制度的改革完善对居民家庭资产配置的影响效应。

本书适合经济管理专业的学生、研究人员以及社会保障与金融投资领域的决策者阅读与参考。

图书在版编目(CIP)数据

社会养老保险的居民家庭资产配置效应研究/汪传江著.一上海:上海交通大学出版社,2022.6
ISBN 978-7-313-27051-1

Ⅰ.①社… Ⅱ.①汪… Ⅲ.①社会养老保险-影响-家庭-金融资产-配置-研究-中国 Ⅳ.①F842.612
②TS976.15

中国版本图书馆 CIP 数据核字(2022)第 117122 号

社会养老保险的居民家庭资产配置效应研究
SHEHUI YANGLAO BAOXIAN DE JUMIN JIATING ZICHAN PEIZHI XIAOYING YANJIU

著 者:汪传江
出版发行:上海交通大学出版社　　　　地 址:上海市番禺路 951 号
邮政编码:200030　　　　　　　　　　电 话:021-64071208
印 制:上海万卷印刷股份有限公司　　经 销:全国新华书店
开 本:710mm×1000mm　1/16　　　印 张:16.25
字 数:223 千字
版 次:2022 年 6 月第 1 版　　　　　　印 次:2022 年 6 月第 1 次印刷
书 号:ISBN 978-7-313-27051-1
定 价:68.00 元

前　言

　　改革开放 40 多年来,中国社会养老保险制度的覆盖面与保障水平显著扩大与提升,这不仅对宏观经济具有重大意义,而且对微观家庭产生广泛而持久的影响。居民家庭参加社会养老保险形成的养老金财富本质上属于家庭众多资产中的一种。那么,这种在很大程度上由政府外生推动形成的特殊的养老金财富(资产),对居民家庭内的其他资产有何影响? 具体而言,首先,家庭参保及其形成的养老金财富对于居民家庭内其他资产的总规模影响如何?其次,对于其他资产内部的结构影响如何? 是否具有优化资产配置结构的作用? 最后,若改变了配置结构,对于最终的配置效率又有何影响? 能否促进效率提升? 另外,上述影响在不同险种以及城乡之间是否有所不同?

　　这些问题处于社会保障与家庭金融的交叉地带,以往研究关注较少,或仅有局部涉及。搞清楚这些问题,无论对于养老保险微观影响机制的理解,还是宏观制度的设计完善均具有重要意义。为此,本书基于已有研究将居民家庭资产配置划分为配置规模、配置结构与配置效率三个不同维度,选择家庭参保与养老需求更为迫切、资产配置动机更为明确纯粹的中老年家庭作为研究对象,利用中国健康与养老追踪调查(China Health and Retirement Longitudinal Study,CHARLS)数据,对社会养老保险的家庭资产配置效应进行系统研究。

本书的主要研究结论可以概括为以下几个方面：

第一，居民家庭资产配置与持有养老金财富的差异。无论是养老金财富，还是家庭资产配置规模，在不同家庭之间差异显著，幂率分布特征明显，且城乡家庭之间差异巨大。在资产配置结构上，在不考虑养老金财富与土地的情况下，城乡家庭中房产均占据半壁江山；若加入养老金财富与土地，城镇家庭中养老金财富则占据首位，平均占比约40％，而在农村家庭中土地资产占据首位，养老金财富占比不到18％，社会养老保险在城乡家庭中的地位与功能存在明显差异。

第二，社会养老保险与家庭资产配置规模。总体上，在资产替代效应与预防性储蓄效应的主导下，社会养老保险对于居民家庭内的其他资产存在挤出效应，养老金财富的平均边际挤出大小约为0.22元，部分挤出意味着对于包括养老金财富在内的居民家庭资产总规模具有扩大作用。但相对于居民养老保险，职工养老保险的挤出效应相对较小，因此对于包括养老金财富在内的家庭资产总规模的扩大作用要强于居民养老保险，这将强化两种不同保险的参保家庭之间本已存在的财富差距。

第三，社会养老保险与家庭资产配置结构。社会养老保险不仅会影响居民家庭配置其他资产的总规模，也会影响这些资产的内部结构。无论农村还是城镇家庭，养老金财富对于房产以及生产经营性资产的持有均具有显著抑制作用，而对于安全性金融资产的持有比例具有显著促进作用。这说明提升养老保障水平，不仅能够一定程度降低中老年家庭因为养老储备不足而不得不继续进行生产劳动的必要，而且能够缓解对于房产的过度持有。城乡家庭之间的影响差异，主要体现在对于商业养老保险以及风险性金融资产的影响上。其中，养老金财富的增加显著降低了城镇家庭持有商业养老保险的可能性，说明社会养老保险与商业养老保险之间具有一定的替代性；而农村家庭由于缺乏养老规划与金融知识，这一影响并不显著。同时，由于在金融知识、投资渠道以及金融产品的可得性上的差异，城乡家庭在风险性金融资产的构成上有所不同，即农村家庭主要持有民间借出款，而城镇家庭以正规性风险金融产品为主，因此城乡家庭在风险性金融资产方面受到的影响也有所不同。农村家庭中,由于社会养老保险相当于为农民提供了新的投资渠道,因此对于持有民间借出款具有显著抑制作用;而城镇家庭中,在背景风险效应的作用下,养老金财富显著促进了正规的风险性金融资产的持有。

第四,社会养老保险与家庭资产配置效率。基于夏普比率的资产配置效率测度的研究发现,虽然社会养老保险对于城乡家庭的资产配置结构均具有影响,但对于最终配置效率的影响却并不相同。农村家庭中,对于资产配置效率的影响并不显著;而城镇家庭中,无论是城职保还是城居保,均显著促进了配置效率的提升,但两者在影响程度上具有差异。单位城镇职工保险养老金财富对于配置效率的边际作用小于居民养老保险,但由于参加城职保家庭的养老金财富水平远高于参加城居保家庭,因此在家庭参保对于资产配置效率的整体促进上,前者仍然显著大于后者。

总之,社会养老保险在总体上虽然发挥了扩大居民家庭资产配置规模、完善配置结构以及优化配置效率的积极作用,但上述影响在城乡家庭之间与不同险种的参保家庭之间均存在明显不同。这一影响差异将进一步扩大不同家庭在财富水平与财富增值能力上的既有差距,建议从养老保险制度设计、养老规划与金融知识的宣传与教育以及养老金融产品的供给等方面采取有效措施。

本书的贡献主要体现在以下几个方面:

一是研究主题。全面而系统地研究了社会养老保险对于居民家庭资产配置的影响,从理论和实证角度对这一命题给出了较为完整的回答,对社会保障与家庭金融领域的交叉研究进行了探索。

二是研究视角。本书从养老金财富角度进行考察,能够相对较为准确地估算出社会养老保险对于家庭资产配置的影响,为已有相关研究提供了一定补充。

三是研究方法。为了保证研究结果可靠,使用了工具变量分位数模型(IV-QR)、工具变量样本选择模型(IV-Heckit)等一系列最新的实证估计方法,也对这些方法在相关研究中的应用进行了有益尝试。

目　录

第1章 绪 论

1.1 问题提出

改革开放 40 多年来我国社会经济的各个方面均发生了翻天覆地的变化,社会保障等民生事业也取得了举世瞩目的成就,建成了世界上规模最大、覆盖人口数量最多的社会保障体系,实现了由城镇职工"单位保障"向统筹城乡"社会保障"的根本性转变,基本建立了覆盖全民的多层次社会保障体系。

社会保障体系,作为社会的安全网与稳定器,对于社会稳定与经济发展有着重要的作用与意义。而在整个社会保障体系之中,社会养老保险作为整个体系的核心,其覆盖面之广、影响度之深、作用周期之长均是其他社会保障项目所不能比拟的。40 多年来,我国的社会养老保险制度经历了一系列重大变革,其改革力度之大、涉及面之广、过程之复杂在社会保障发展史上均未曾有过,经过多年的不断改革与完善,目前在全国范围内基本建立起了覆盖全民的由城镇职工基本养老保险和城乡居民社会养老保险共同构成的基本养老保险体系(郑功成,2018)。根据《中华人民共和国 2018 年国民经济和社会发展统计公报》,截至 2018 年底,全国参加城镇职工基本养老保险人数达 4.18 亿人,参加城乡居民基本养老保险人数达 5.24 亿人,两者合计达 9.42 亿人。

覆盖全民的社会养老保险体系的建立与完善,不仅会在宏观层面上对国家经济产生深远的影响,而且会在微观层面上对个体家庭的经济决策与行为产生广泛与持久的影响,相关研究如雨后春笋般涌现。但已有研究主要集中于社会养老保险对于家庭消费与储蓄(白重恩等,2012;姜百臣等,2010;杨天宇、王小婷,2009;袁志刚、宋铮,2000;张继海,2006;赵青、李珍,2018)、劳动力供给(程杰,2014;封进,2013)、退休行为(封进、胡岩,2008;林忠晶、龚六堂,2007)、养老方式转变(杨政怡,2016;张川川、陈斌开,2014)等方面的影响,而关于社会养老保险对于居民家庭资产配置影响方面的研究成果相对较少。

长期以来,我国家庭资产配置结构单一,银行存款与房产占据了家庭资产储备的绝大部分(甘犁,2012;甘犁等,2013;李实、万海远,2015;吴卫星、吕学梁,2013)。虽然配置较多的房产曾经一度让部分家庭的财富获得了快速的增长,但随着人口老龄化的加剧以及人们对于"房子是用来住的,不是用来炒的"的理性回归(崔光灿,2018),这种过度集中单一化的资产配置结构显然无论在资产收益还是风险承受能力上均暴露出明显的缺陷,无法实现家庭资产的增值保值,也无法保障家庭在进入老龄后能够获得足够的养老储备(吴卫星、吕学梁,2013)。对于绝大多数家庭,尤其是广大中老年家庭而言,进行家庭资产配置的一个主要目的是为养老进行储备。近些年,不断发展与完善的中国社会养老保险制度,为广大家庭进行跨期资源配置提供了新的重要渠道,也保证了家庭在进入老龄收入下降后能够获得一定的收入来源与保障。从广义来看,参加社会养老保险形成的养老金财富也属于广义家庭资产的范畴,那么这一影响范围广泛、持续时间长达大半个生命周期的社会保险制度,是否会像影响家庭其他经济决策行为一样,对居民家庭资产配置的各个方面产生重要且深刻的影响? 是否有助于改变当前中国家庭过度集中单一化的资产配置结构,从而改善中国家庭资产配置的效率?

第一,按照生命周期假说(Ando & Modigliani,1963;Friedman,2018),一个家庭会在其内部配置各种类型的资产,其中一个主要目的就是防止年老后收入下降所引起生活水平的大幅度降低,因而为未来的养老进行储备,而社会养老保险在很大程度上发挥了资产储备的功能,因此社会养老保险对于家庭资产配置的规模必定会产生重要影响。那么,这一影响的方向与程度究竟如何? 缩小还是扩大了家庭资产储备的规模？对家庭资产的总规模影响如何？

第二，居民在进行家庭资产配置的过程中，为了实现风险与收益平衡，需要根据家庭的风险偏好以及各种资产不同的功能与特性进行多样性配置，"不能将鸡蛋放在一个篮子里"，而社会养老保险制度保证了家庭在进入老年期收入下降后能够获得一定的收入保障，因此降低了家庭在进行资产配置时面临的背景风险(Guiso & Paiella，2008；Heaton & Lucas，2000)，这不仅会改变家庭资产配置的风险偏好，也会影响各种不同类型资产之间配置的结构比例。那么，社会养老保险对于家庭资产配置的结构比例产生的影响如何？

第三，由于家庭进行资产配置最终是为了在给定风险下实现收益最大化，或者在给定收益下实现组合风险最小化(Elton et al.，2009；Markowitz，1991)，而资产配置的结构决定了资产配置的效率。那么，居民家庭参加社会养老保险以及相应形成的养老金财富对于家庭资产配置效率的影响如何？是否促进了家庭资产配置效率的提升？

总之，社会养老保险制度对于家庭资产配置的规模、结构与效率三个方面均可能产生重要影响，然而对于这一问题在以往的研究中并没有进行系统探讨。

此外，我国通过多次重大改革已经将新型农村社会养老保险与城镇居民养老保险进行了合并，并将公务员与事业单位职工纳入统一的城镇职工养老保险体系之中，但城乡居民养老保险与城镇职工养老保险依然是两套并行的适用于完全不同人群的制度体系，两者在制度设计以及保障水平上均存在巨大差异。那么，两种完全不同的社会养老保险制度对于家庭资产配置的影响是否相同？虽然新型农村社会养老保险与城镇居民养老保险合并成了统一的城乡居民养老保险，但由于城乡二元结构的存在，城镇家庭与农村家庭在各个方面均存在着巨大差异，因此合并后的统一的城乡居民养老保险对于城镇家庭与农村家庭资产配置的影响也可能有所不同，而这些问题在已有研究中尚未得到考察。

研究社会养老保险对家庭资产配置的影响，并以此为基础对现有的社会养老保险制度进行评价，不仅具有重要的理论意义，也具有一定的现实价值。在理论层面,考察家庭参加社会养老保险及其形成的养老金财富与家庭资产配置之间的影响关系,不仅能够帮助我们更加准确全面地认识社会养老保险的功能与作用,明晰社会养老保险与家庭其他各种类型资产之间的作用关系,而且有助于揭示社会养老保险对家庭资产配置影响的作用机制与影响路径,同时也有助于认识社会养老保险对家庭资产配置影响的险种与城乡差异。而在实践层面,以上理论探讨过程以及以此为基础的对现有社会养老保险政策的评价,不仅能为变革现有的社会养老保险制度、完善多层次养老保障体系提供一定的理论指导,而且有助于优化家庭资产配置结构、提升家庭养老储备的充足性与家庭资产增值保值能力,从而改善家庭资产配置效率,缩小城乡以及不同参保类型家庭之间的财富差距。以上正是本研究的初衷所在。

1.2 研究对象与主要概念界定

1.2.1 研究对象限定

区别于以往研究采用个人为研究对象,本书以家庭户为单位进行研究,且此处所指的家庭仅仅包括家庭户主及其配偶,如果家庭户主单身,则仅考察户主本人的参保及其形成的社会保险养老金财富以及拥有的家庭资产情况。因此,本书中所指的"家庭参保"仅指家庭户主及其配偶的参加社会养老保险,养老金财富是指相应得到的养老金财富,而不包括与他们同住的成年子女或者其他家庭成员的参保行为以及相应的社会保险养老金财富[①]。与之相对应,书中的"家庭资产"也仅指家庭户主及其配偶拥有的家庭资产,而不包括与其同住的成年子女拥有的资产。由于本研究使用的中国健康与养老追踪调查数据分别询问了户主及其配偶以及其他成员拥有的各项资产,因此以上资产分离过程是可以实现的。

区别于以往的研究,采用户主及其配偶构成的家庭户为单位,而非

---

① 关于"养老金财富"的精确定义以及相应的估算方法详见本书第3章。

以"个人"或者"整个大家庭"(包括户主及其配偶的子女或者父母)作为研究对象主要是基于以下几点考虑:

第一,不选择个人而选择家庭为研究对象的单位,是因为假设在实际经济决策中,尤其是在家庭资产配置过程中,大多是以家庭为单位进行决策,而不是以个人为单位进行决策,可能更贴近现实,这主要是因为在法律意义上居民家庭财产为夫妻双方共同所有。更重要的原因是,本研究的主题是社会养老保险对家庭资产配置的影响,夫妻中的一方是否拥有社会养老保险对于另一方的经济行为一般会产生重要的影响,除非两人之间采用完全的 AA 制经济行为模式。

第二,将其他家庭成员排除在外的原因主要是,在很多家庭中,这些成年子女往往参加社会养老保险且拥有属于自己的家庭资产,他们虽然与父母之间有相互的代际支持,但在经济上一般是相互独立的,因此单纯考察户主及其配偶的参保行为以及相应形成的社会保险养老金财富对于他们自身所拥有的家庭资产的配置影响所得到的结论可能更加准确,也避免了众多家庭异质性因素对研究结果的干扰。

1.2.2 相关概念界定

1.2.2.1 社会养老保险

本书中的社会养老保险,即基本养老保险,包括城镇职工养老保险、城镇居民养老保险(简称城居保)、新型农村养老保险(简称新农保)以及由城镇居民养老保险与新型农村社会养老保险合并而成的城乡居民养老保险。2014 年 2 月《国务院关于建立统一的城乡居民基本养老保险制度的意见》决定将新农保和城居保两项制度合并实施,在全国范围内建立统一的城乡居民基本养老保险。由于本书实证研究部分所使用的中国健康与养老追踪调查数据对应的调查年份是 2013 年,而在这一时间段内城镇居民养老保险与新型农村社会养老保险在很多地区仍未合并,因此当时除了城镇职工养老保险外,城镇居民养老保险、新型农村养老保险以及城乡居民养老保险三种社会养老保险在全国范围内存在并存的状况。由于新型农村养老保险与城镇居民养老保险在制度设计以及保障水平上较为接近,而且后续两者合并为统一的城乡居民养老保险,因此为了研究的方便,本书将城镇居民养老保险、新型农村社会养老保险以及城乡居民养老保险三种社会养老保险统称为"居民社会养老保险",从而与城镇职工养老保险进行区分。此外,2015年1月,国务院《关于机关事业单位工作人员养老保险制度改革的决定》明确,机关事业单位实行与企业一致的社会统筹与个人账户相结合的基本养老保险制度。在2013年中国健康与养老追踪调查期间,这一改革尚未启动,但为了研究的方便,本书将机关事业单位工作人员的养老金制度与原有的城镇职工基本养老保险统一称为"职工基本养老保险"制度。因此,本书中的社会养老保险主要指职工基本养老保险与居民基本养老保险两种社会养老保险制度。

以往研究社会养老保险对家庭经济决策影响的实证研究文献,大多从家庭"是否参保"角度进行研究,但由于不同家庭之间的差异巨大,即使参加的是同一种类型的社会养老保险,保障待遇与水平也可能存在巨大的差异(王亚柯,2011)。为此本研究同时从家庭"是否参保"以及"养老金财富"两个视角对社会养老保险对于家庭资产配置的影响进行研究。

1.2.2.2 居民家庭资产

改革开放40多年来,随着中国经济的快速发展与人均可支配收入的迅速提升,中国居民家庭的财富水平与资产配置结构均出现了巨大的变化。随着家庭资产配置规模的不断扩大,进行投资理财与养老规划日渐为普通老百姓所认可与接受,家庭资产投资品种不断多元化,除了配置银行存款与现金之外,多数家庭开始投资房产、股票、基金、银行理财等其他风险性金融产品(路晓蒙等,2017);而且随着中国经济市场化水平的不断提升,家庭创业投资活动不断增多,生产经营性资产在居民家庭资产配置中的比例也不断提升。

结合已有研究关于家庭资产的分类成果,以及家庭资产微观家庭数据的可获得性,本书考察的家庭资产主要包括家庭持有的房产、安全性金融资产、风险性金融资产、生产经营性资产、商业养老保险资产以及土地资产六种类型(雷晓燕、周月刚,2010;周钦等,2015),这六种类型的资产基本涵盖了绝大多数家庭持有的大部分资产类型。其中,房产包括产权属于家庭所有的自住房或者商品房以及其他房产;安全性金融资产主要包括家庭持有的现金与银行存款;风险性金融资产主要包括债券、股票、基金以及民间借出款等;生产经营性资产主要是指家庭持有的用于家庭生产与经营活动的物质类资产,如农村家庭持有的用于农业生产的农具、城镇家庭拥有的用于生产经营用的厂房等;商业养老保险资产主要是指家庭购买的专门用于养老的商业性保险。虽然仍有部分家庭配置了上述六种类型之外的其他资产,但相应资产在总资产中的占比非常低,几乎可以忽略不计,因此也不会对研究结果造成实质性的影响(甘犁,2012)。

需要说明的是,由于本书主要考察社会养老保险对于家庭其他资产的影响,而上述六种资产中的"土地"的交易受到政府的严格把控,并不能自由买卖,家庭持有土地数量的改变一般仅仅会受到城市拆迁等宏观因素的影响,对于绝大多数家庭而言一般不会受到社会养老保险的影响,因此为了方便起见,将土地资产首先排除在外。本研究主要关心的是对房产、安全性金融资产、风险性金融资产、生产经营性资产、商业养老保险资产这五种类型资产的配置影响。

1.2.2.3 居民家庭资产配置三维性

1)居民家庭资产配置的三维性

由于西方国家的社会保障制度发展较早,早在 20 世纪 80 年代,就有学者注意到了居民家庭持有的养老金财富对居民家庭资产配置的规模、结构与效率的影响。美国经济研究局研究员、前英格兰银行行长、著名投资学研究专家默文·阿利斯特·金(Mervyn Allister King)与哈佛大学教授、社会保障领域的研究权威路易斯·迪克斯-米勒奥(Louis Dicks-Mireau)在相关文献中共同指出,居民家庭持有的公共养老金财富不仅会影响家庭持有其他资产的规模,也会对这些资产内部的结构产生影响,最终可能影响家庭资产配置的效率(Dicks-Mireaux & King,1984)。

规模、结构与效率三维性,常用于分析事物的量的整体规模、质的内部不同成分之间的结构关系以及发展与运行过程中所呈现出的绩效水平的高低。由于规模、结构与效率三维性是一种普遍适用的分析事物特征的研究视角,因此在以往的研究中被大量采用。例如,在金融发展理论中,考察一个国家或地区内的金融发展水平时,主要从整体金融发展规模、内部的成分结构以及对外表现出的金融效率三个维度展开研究(王志强、孙刚,2003);再如,在《中国居民家庭金融资产配置:规模、结构与效率》一书中,作者分别从规模、结构与效率三个维度对中国居民家庭金融资产的配置影响决定因素进行了研究(杜朝运、丁超,2017)。本书中的居民家庭资产配置的三维性的具体含义是指居民家庭资产的配置规模、配置结构以及配置效率三个不同维度。值得注意的是,家庭资产配置的这三个维度并非相互独立,而是三个相互关联、互相影响、不可分割的不同侧面,三者共同反映了家庭资产配置的整体特征,是一个有机的整体。因此,在具体的研究过程中,按照由整体到局部的研究思路,将居民家庭资产配置分解为"配置规模""配置结构"以及"配置效率"三个不同维度(杜朝运、丁超,2017),从而具体分析社会养老保险对这三个不同维度的影响,最终形成对资产配置影响的总体认识。

具体而言,配置规模是指家庭拥有的房产、安全性金融资产、风险性金融资产、生产经营性资产、商业养老保险资产五种类型资产的净值总和,也是家庭各期储蓄的积累值;配置结构是指家庭资产组合中的上述五种不同类型资产的结构比例关系;而配置效率即为上述五种资产配置的有效性,是指家庭资产组合的风险与收益情况。家庭在进行资产配置过程中,总是寻求更低的风险与更高的预期收益,从而使得资产配置效率提升。以上三个维度从不同侧面对家庭资产配置进行了刻画,分别反映了家庭资产配置"量的大小、质的结构以及效率高低",三者之间是一个有机的整体,若仅考察其中一个方面,则无法形成对居民家庭资产配置的全面认识。

在不特别说明的情况下,本书中的家庭资产配置规模是指除了土地以及养老金财富之外的上述五种类型资产的净值总规模;相应的资产配置结构与资产配置效率是指这五种资产之间的结构比例关系与配置效率。另外,后文中常出现的一个相关概念"家庭总资产规模"是指家庭内部包括社会保险养老金财富、土地以及上述主要五种类型资产的总规模。

2) 居民家庭资产配置三维性之间的关系辨析

(1) 居民家庭资产配置规模与配置结构之间的关系。居民家庭资产配置的规模是居民家庭内部配置的各种类型的净资产的价值总和,而配置结构是指总资产内部各种不同类型分项资产的结构比例关系。根据前面对家庭内部资产的定义可知,本书中考察的家庭内部不同类型的资产主要包括:房产、风险性金融资产、安全性金融资产、生产经营性资产以及商业养老保险资产。总体而言,家庭资产配置规模与配置结构之间没有必然的因果联系,但以往的经验研究表明,资产规模更大的家庭在生产经营性资产、房产以及风险性金融资产三种类型资产上的配置比例相对更高(路晓蒙,2017;吴卫星、吕学梁,2013;吴雨等,2016)。首先,资产配置规模较大的家庭其抗风险能力可能较强,因此在高风险资产上的配置比例可以相对较高;而资产配置规模较小的家庭其风险承受能力较弱,若仍然配置较高比例的风险性资产,在黑天鹅事件发生的情况下则可能会导致家庭破产。其次,由于家庭资产规模较大的家庭大多受过良好的教育、拥有较强的金融与家庭理财意识以及广泛的社会网络与资产投资渠道,而这些知识与资源是家庭配置更多风险性金融资产、房产以及生产经营性资产必不可少的条件要素,因此这类家庭在风险性资产上的配置比例相对较高。

(2) 居民家庭资产配置结构与配置效率之间的关系。家庭资产配置效率的是指在既定风险下,家庭资产组合可以实现的期望收益水平(吴卫星等,2015)。该收益水平越高,则说明家庭资产的增值保值能力越高;反之,则越低。关于家庭资产配置结构与配置效率之间的关系,一般而言,家庭资产配置的结构决定了资产配置的效率,但结构的改变并不一定会引起资产配置效率的下降或提升(Markowitz,1991)。当资产配置结构发生变化后,若资产组合的期望收益有所上升,且组合风险发生了下降,那么整个家庭资产组合的配置效率必定有所提高;若正好完全相反,则配置效率有所降低;若两者的变动方向相同,则对配置效率的影响不确定。家庭进行资产配置的最终目的是实现在既定的风险下资产组合的收益最大化,或者在既定的收益下风险最小化,因此最优资产配置结构就是资产配置效率最大化时对应的资产配置结构,调整资产配置结构是为了提升资产配置效率,从而提升家庭资产保值增值能力。

(3)居民家庭资产配置效率与配置规模之间的关系。家庭资产配置效率的提升有助于资产配置规模的扩大。根据前面的定义可知,家庭资产配置效率是指在既定资产组合风险下资产组合可以获得的期望收益。家庭资产组合的效率越高,期望收益水平越高,收益水平越高表明家庭资产的保值增值能力越强,而保值增值能力的提升则意味着家庭资产规模的不断扩大,因此也可以说家庭资产规模的迅速扩大是家庭资产配置效率高的外在表现。此外,已有的经验研究也表明家庭资产配置规模较大的家庭其资产配置效率也较高(吴雨等,2016),原因正如前面关于资产配置规模与结构之间的关系所描述的那样,那些资产配置规模较大的家庭往往持有相对较高比例的风险性资产,且这些家庭拥有较好的教育、丰富的理财知识以及广泛的社会网络与投资渠道,因此这些家庭的资产配置效率相对较高。

综上,便可以绘制如图1-1所示的居民家庭资产配置规模、配置结构以及配置效率三者之间的逻辑关系图,可知三者之间存在相互作用的循环因果联系。

图1-1 居民家庭资产配置三维性之间的逻辑关联

1.3 本书的创新之处

1.3.1 研究主题创新

第一,本书全面而系统地研究了社会养老保险对家庭资产配置的影响。由于本研究位于学科交叉地带,既涉及社会保障学,又涉及经济学、金融学,因此容易被专门从事其中某一方面研究的学者们所忽视。而本研究从学科交叉视角出发,在已有研究的基础上,系统全面地对这一问题进行了探讨,不仅研究了社会养老保险对家庭资产配置规模的影响,而且研究了社会养老保险对家庭资产配置结构与配置效率的影响。已有的相关研究主要考察社会养老保险对家庭储蓄以及风险性金融资产的影响,虽然家庭储蓄与家庭资产配置规模二者之间存在一定关联,但并不完全相同;而风险性金融资产配置仅是家庭资产配置结构的一个方面,且对于当前的中国大部分家庭而言,配置风险性资产的可能性及其比例均相对较低(吴卫星、吕学梁,2013),因此单纯研究社会养老保险对于风险性金融资产的影响意义不大,而需要研究更为广泛的资产配置结构问题。关于社会养老保险对于家庭资产配置效率的影响在以往的研究中尚未涉及。

第二,本书以中国社会养老保险制度改革为契机,系统评价了社会养老保险制度的改革完善对中国居民家庭资产配置的影响效果。近些年来,中国的社会养老保险制度经历了多次变革,覆盖人群迅速扩大,保障水平也不断提高,必然会对中国居民家庭的资产配置决策产生重大影响,但这一改革的效果如何,是否扩大了家庭资产的配置规模、优化了家庭资产的配置结构、提高了家庭资产的配置效率,至今尚未有相关文献进行系统分析评价,主要原因是缺乏兼具居民家庭社会保险参与以及资产配置信息的详细微观家庭调查数据。本研究使用的中国健康与养老追踪调查数据库则同时兼具这两类信息数据,而且该数据的调查时间正是中国社会养老保险制度改革最为激烈、覆盖面扩大最为迅速的时期,这为评价改革的效果提供了良好的政策实验,也为继续完善现有的社会养老保险制度提供了现实依据。

1.3.2 研究视角创新

第一,本书不仅分析了家庭是否参保对家庭资产配置的影响,而且着重考察了养老金财富的影响。以往的研究大多仅仅探讨了家庭参保对于家庭经济决策的影响,而鲜有基于更加准确的养老金财富视角进行考察。背后的原因主要有两个方面:一是,计算家庭养老金财富需要有详细的家庭参保数据作支撑,而现有的大多数微观数据库缺乏这方面的数据;二是,养老金财富概念抽象,且计算过程复杂,涉及人口学、劳动经济学以及社保精算的相关内容,计算难度较大。实际上,由于中国社会养老保险制度的不完善以及家庭之间收入差距的持续扩大,不同险种在保障水平上存在巨大差异,即使是参加同一险种的不同家庭之间在养老金财富上也存在着不小差距。已有研究表明,虽然纳入保险养老金财富后,家庭之间总财富的差距有所缩小,但变化并不大(王亚柯,2011)。本书第3章的统计分析也表明,家庭持有的养老金财富之间的差异程度并不小于其他资产。由此可见,若仅仅考察家庭是否参保对于家庭资产配置的影响,必然会忽视参保家庭在养老金财富上的巨大差异,使得研究结果不可靠,也无法细致考察社会养老保险对于家庭经济决策的影响,相应形成的对策建议也缺乏针对性与有效性。

第二,本书从异质性视角对社会养老保险对于家庭资产配置的影响进行了深入分析,揭示了在不同险种、城乡之间以及其他异质性家庭之间的影响差异。虽然经过了一系列的改革,但中国目前仍然存在两套完全不同的社会养老保险制度。不仅如此,虽然城镇居民社会养老保险与新型农村社会养老保险实现了合并,但由于城乡家庭本身存在的巨大差异,合并后的城乡居民养老保险对于城乡家庭资产配置的影响仍然可能有所不同。因此,本书对社会养老保险对于家庭资产配置的异质性影响进行了深入研究,相应得到的研究结论也更加具体可靠。

1.3.3 实证方法创新

为了使本研究的结论更加准确可靠,根据实际变量与数据的特性以及本研究的目的,采用了一些最新的社会学实证研究方法,具体如下。

第一,在第 5 章关于社会养老保险对于家庭资产配置规模影响的实证研究中,因变量"家庭资产配置规模"具有典型的右偏幂率分布特征,即大部分家庭的资产配置规模较小,而少数家庭的资产配置规模超大,对于这种类型的因变量,如果利用普通最小二乘回归进行模型估计,会导致估计结果的严重不一致,且极端值会对模型的估计结果产生严重影响,使得估计结果不可靠。为了解决这一问题,本书主要采用中位数回归以及稳健性回归两种方法进行估计。此外,由于家庭参保以及社保保险养老金财富变量与家庭资产配置规模之间可能存在双向因果关系,且可能受到一些不可观测的家庭异质性因素的影响,因此具有较强的内生性,为了解决模型估计的内生性,笔者进一步使用了最新的工具变量分位数回归法(IV-quantile regression)进行估计,此方法的另外一个好处是可以对家庭资产配置规模不同分位点处的条件分布进行分别估计,从而对社会养老保险对于不同资产配置规模家庭的挤出效应进行比较。

第二,在第 6 章关于社会养老保险对于家庭资产配置结构影响的实证研究中,由于家庭是否配置特定类型的资产属于二元离散变量,而各种类型资产的配置比例为介于 0 与 1 之间的双向受限因变量,若继续采用普通的估计方法则会导致估计结果不一致,为此分别使用 Probit 模型与 Tobit 模型对居民家庭持有特定类型资产的可能性与持有比例进行估计。重要的是,此处的估计也同样存在与第 5 章类似的内生性问题,为了降低内生性对模型估计结果一致性的影响,需要利用工具变量进行修正,为此进一步采用工具变量 Probit(IV-Probit)与工具变量 Tobit(IV-Tobit)方法对模型进行重新估计。

第三,在第 7 章关于社会养老保险对于家庭资产配置效率影响的实证研究中,基于以往研究,本研究采用夏普比率法测度家庭资产配置效率。根据夏普比率的计算方法可知,那些没有配置风险性资产的家庭的夏普比率无法观测到。而根据第 6 章的分析可知，家庭是否配置风险性资产并非随机，因此家庭资产配置夏普比率是否可观测（即因变量是否可观测）具有很强的选择性，在此情况下若仅仅针对可观测样本分析社会养老保险对家庭资产配置效率的影响则可能导致错误的研究结论。为此，使用 Heckman 样本选择模型进行估计，解决部分家庭资产配置效率的不可观测与样本选择偏差问题。同时，为了进一步修正模型中存在的其他内生性问题，在 Heckman 模型的基础上使用最新的工具变量 Heckman 两步法（IV-Heckit）进行重新估计，从而使得研究的结论更加准确可靠。

1.4　本书的结构安排

本书的结构安排如下：

第一，第 2 章对国内外有关社会养老保险与家庭资产配置的相关理论与实证研究进行全面梳理与总结，具体分为社会养老保险与家庭资产配置规模、社会养老养老保险与家庭资产配置结构以及社会养老保险与家庭资产配置效率三个方面。通过对已有研究的回顾，不仅能够为本研究提供理论与技术支撑，而且能够发现已有研究中存在的问题与不足，从而在本研究中进行一定程度的改进。

第二，依据由感性到理性的认识事物的一般规律，第 3 章首先对中国社会养老保险制度的改革发展过程进行了总结回顾，然后利用微观数据对中国家庭持有的养老金财富与家庭资产配置的现状进行了详细的描述性统计分析，尤其是对参保家庭与非参保家庭进行了细致的比较分析。通过这一分析过程，初步认识参保家庭与非参保家庭以及不同养老金财富水平的家庭在资产配置规模与结构上的差异，以期形成对社会养老保险与家庭资产配置关系的初步判断。

第三，在上述描述性统计现状分析的基础上，并基于梳理出的已有理论与已有实证研究的相关成果，第 4 章通过理论论证提出家庭参保以及养老金财富与家庭资产配置规模、配置结构以及配置效率三者之间关系的命题假设。

第四，第5～7章利用中国健康与养老追踪调查的微观家庭调查数据，通过构建微观计量模型，对上述基于现状分析与理论分析后提出的命题假设逐一进行实证检验，从而得出对社会养老保险与家庭资产配置关系的最终理性判断，这是本研究的核心。在这一部分主要回答以下几个问题：①家庭参加社会养老保险以及相应形成的养老金财富对于家庭资产配置规模的影响如何？是否存在挤出效应？若存在挤出效应，则挤出程度如何？②家庭参加社会养老保险以及相应形成的养老金财富对于家庭资产配置结构是否存在影响？对于不同类型资产的影响方向与影响程度如何？有何差异？若存在影响，那么影响机制与作用路径如何？③家庭参加社会养老保险以及相应形成的养老金财富对于家庭资产配置效率的影响如何？是否促进了家庭资产配置效率的提升？提升程度如何？④以上影响在不同类型的险种以及城乡之间是否存在差异？若存在差异，那么内在的原因是什么？

第五，基于前面的理论与实证分析结果对社会养老保险对家庭资产配置的影响进行总结，并据此对现有的社会养老保险政策进行评价，尤其是对城乡以及不同类型的保险政策效果进行评价，在此基础上提出改进的对策建议，同时展望未来可以继续的研究方向。

第2章 理论回顾与文献述评

2.1 社会养老保险与居民家庭资产配置规模

随着社会养老保险制度的逐步完善、制度覆盖面的扩大与保障水平的不断提升，养老金在越来越多的居民家庭中占有日益突出的重要地位，这势必会对家庭的金融行为尤其是资产配置行为产生不可避免的影响。鉴于本研究的目标以及居民家庭资产配置主要体现为配置规模、配置结构与配置效率三个不同方面的事实依据，本章将分别从家庭资产配置的以上三个不同方面，对国内外有关社会养老保险影响居民家庭资产配置的影响结果与作用机制的相关文献进行系统回顾与述评，从而为本研究提供理论与实证基础以及改进依据。

家庭在当前积累的各项资产，实际上是过去各个时点的消费剩余所形成的储蓄流量加总后得到的存量。从这个意义上来看，研究社会养老保险与家庭资产配置规模（除养老金之外）之间的关系，本质上就是研究其与私人储蓄之间的关系。消费与储蓄决策是家庭对收入进行配置的最基本选择，也是微观家庭经济中最重要的研究课题，社会养老保险的建立改变了家庭所面临的预算约束，必然会对家庭的消费与储蓄决策产生影响，而消费与储蓄是两个反向变化的变量，在收入一定的前提下，消费增加必然使储蓄减少，反之则反。归根结底，研究社会养老保险对家庭资产配置规模的影响，主要是研究社会养老保险对家庭消费与储蓄决策的影响，这种影响不仅包括作用的方向，也包括作用的程度。

2.1.1 社会养老保险影响家庭资产配置规模的相关理论研究

2.1.1.1 生命周期假说

社会养老保险通过影响家庭储蓄的动机而改变居民家庭的储蓄,从而最终影响家庭配置其他资产的规模。自从 Harrod(1948)提出"驼峰储蓄"的概念之后,人们开始逐渐认识到工作期间的储蓄对于老年退休后的生活与消费的重要性。关于储蓄动机,西方学者提出了各种各样的假说,而关于储蓄行为最为经典的理论解释就是 Modigliani(1970)提出的生命周期假说。这一经典的储蓄理论为分析社会养老保险对于居民家庭储蓄的影响提供了一个基准的分析框架(Feldstein,1974)。

生命周期假说由美国经济学家、诺贝尔经济学奖得主弗兰克·莫迪利安尼(Franco Modigliani)、理查德·布伦贝格(Richard. Brumberg)以及阿尔伯特·安东(Alberto Ando)于 1954 年与 1963 年在两篇经典文献中提出(Ando & Modigliani,1963;Modigliani & Brumberg,1954),并由莫顿(Merton)等人逐渐完善(Merton,1969;Merton,1975)。由于该假说区别于传统的凯恩斯的绝对收入假说(凯恩斯,2014),认为人们基于一生的总收入形成的预算约束来决定各期的消费,因此消费函数的不同是生命周期假说区别于其他消费理论,尤其是凯恩斯的绝对收入消费函数模型的本质差异,为此该假说也被称为"生命周期假设消费函数模型",相应的消费函数也被称为"生命周期假设消费函数"或者"莫迪利安尼消费函数"。生命周期假设理论与凯恩斯消费函数理论的根本区别在于,后者强调当前消费支出取决于当前收入,而生命周期假说则强调,当前消费支出取决于家庭整个生命周期的全部预期收入(臧旭恒,2001)。在《效用分析与消费函数——对横断面资料的一个解释》这一经典文献中(Modigliani & Brumberg,1954),莫迪利安尼与布伦贝格阐述了生命周期假说下的微观个体消费行为,消费者基于理性人这一前提出发,在终身消费与收入相等的预算约束下,合理使用终身收入,理性安排生命周期中的各期消费,并以终身效用最大化为唯一原则。生命周期假说意味着,微观家庭根据一生的全部预期收入来安排各期的消费支出,各期的消费与储蓄决策都是该家庭在既定的预算约束下希望达到的最优消费状态。因此,家庭各期消费取决于家庭所处的生命周期阶段以及终身总收入。

具体而言,生命周期假说将微观个体的一生划分为青年、中年以及老年三个阶段。一般而言,在生命周期的青年阶段,没有参加工作或者刚刚参加工作,收入相对较低,但未来预期收入会增加,因此会增加消费,甚至由于借贷出现消费大于支出的情况。而在中年时期,家庭收入大幅度增加,消费也会相应增加,但消费在收入中的比重相对较低,消费小于收入,消费后剩余的一部分用于偿还青年时期的债务,其余则为未来养老进行储备。待家庭进入老年期的退休阶段,由于收入下降,消费则又会超过收入,中年时期的养老储备成为收入下降后维持退休后生活水平必要的来源之一。因此,消费与收入的关系以及消费倾向取决于家庭所处的生命周期阶段,为了平滑消费并为未来的养老做准备,家庭必须在工作期间进行储蓄(臧旭恒,1994)。

实际上,家庭在一生中可以支配的收入不仅包括劳动所得收入,还应包括各种资产及其产生的财产性收入,因此生命周期假说能够将消费以及一生收入与财产置于统一的分析框架之中,在理论上具有重要价值,也在一定程度上解释了家庭长期消费的稳定性与短期消费的波动性。虽然生命周期假说对于理解微观家庭的消费与储蓄行为具有重要意义,但也受到了一定的批评,主要是前提假设的条件过强,例如,预期寿命与生命周期的确定性、个人决策的信息完备与完全理性以及无借贷约束等假设均与现实不太相符(朱春燕、臧旭恒,2001)。

生命周期假说为分析社会养老保障对于家庭个人储蓄的影响提供了基础分析框架。养老保障制度的重要性很早就被经济学家们所认识,且早在 1957 年米尔顿·弗里德曼(Milton Friedman)就注意到社会保障会显著降低个人储蓄(Friedman,2018),但并没有对此问题进行深入分析。在很长一段时间内社会保障与储蓄之间的关系并没有被纳入生命周期假设的分析框架之中,在弗兰克·莫迪利安尼关于生命周期假说检验的文献中也忽视了社会保障的作用(Ando & Modigliani,1963;

Modigliani，1970)，直到马丁·费尔德斯坦(Martin Feldstein)将这一问题引入生命周期模型之中，从而为这一问题的分析奠定了基准的理论分析框架(Feldstein，1977；Feldstein，1974；Feldstein，1976)。

人们为了平滑消费以实现终身效用最大化，需要进行储蓄，养老保险通过工作期间保险费的缴纳与退休时养老金的领取，在一定程度上起到了储蓄的作用，因此会对个人储蓄形成替代，从而降低个人储蓄规模。在传统的劳动力供给外生给定的生命周期假说中，参保后的终身总收入(包括养老金)并没有发生变化，则终身的消费预算约束不会改变，相应各期的消费也不会发生变化，在这一理想情况下，社会养老保险与私人储蓄之间为完全替代的关系，社会养老保险对于个人储蓄则为完全挤出(Gale，1998)，即所谓的养老金对个人储蓄的资产替代效应。但实际上，传统生命周期假说仅是一种理想化的参照状态，因此拓展了生命周期模型，将劳动力供给内生化，使其更接近现实(Feldstein，1974；Feldstein，1976)。在劳动力供给内生决定的情况下，由于社会保险提高了居民退休后的生活保障程度，可能鼓励更早的退休，因此需要工作时更高的储蓄来维持退休后的消费，这一效应被称为养老保险引致退休效应。值得注意的是，引致退休效应并不单指养老保险会引起提早退休，而是泛指工作期间的劳动力供给减少，比如劳动时间减少或者劳动强度的降低。实际上近些年随着老龄化程度的不断加剧，各国都相继提高了法定退休年龄，提前退休的难度加大，但并不意味着引致退休效应不存在，法定退休年龄可能延迟，但微观个体自选择情况下的劳动强度可能降低。Feldstein(1974)开创性的研究综合了上述两种影响，由于两种效应的影响方向相反，因此最终影响取决于二者的相对大小，若要明确回答社会养老保险对于个人储蓄的影响需要借助实证经验研究。之后，大量学者基于这一模型对这一问题进行了广泛与深入的研究。

2.1.1.2 预防性储蓄理论

预防性储蓄理论属于储蓄动机理论中的一种，所谓预防性储蓄是指，具有风险厌恶特征的消费者为了防止未来收入的下降或者支出的突然增加等不确定性风险而进行的储蓄，预防性储蓄理论为居民个人储蓄的形成提供了一种新的解释。这一理论最早由美国著名经济学家费雪在研究利息理论中提出（Friedman，2018；Malcolm，1956），后经卡罗（Carroll）、曼昆（Mankiw）、开姆保（Kimball）、迪顿（Deaton）以及罗尔兹（Zeldes）等学者的发展（Carroll & Kimball，2008；Carroll & Samwick，1998；Deaton，1989；Hubbard et al.，1995；Kimball & Mankiw，1989），在 20 世纪 80 年代末 90 年代初趋于成熟。这一理论在继续沿用理性经济人与效用最优的原始假设的基础上，对生命周期假说与持久性收入假设进行了拓展，将未来的不确定性与跨期选择问题引入模型，使得模型能够处理不确性条件下的当前与未来消费选择的权衡问题。在这一模型中，风险厌恶的微观个体若要实现终身效用最大化，需要为未来收入与支出的波动进行储蓄，从而平滑消费。因此，预防性储蓄理论为居民家庭的储蓄动机提供了新的解释。

预防性储蓄理论对居民家庭的储蓄动机进行了拓展，为分析社会养老保险对于居民家庭储蓄的影响提供了新的视角。按照 Modigliani（1970）的生命周期假说，由于退休后收入下降，为了维持退休后的生活水平，人们不得不进行储蓄，社会养老保险在一定程度上发挥了储蓄的功能，因此可能会对个人储蓄形成替代效应。但上述分析存在的缺陷是，没有考虑未来的不确定性。在家庭进入老年阶段后，家庭收入与支出均会面临不确定性，家庭老化与人力资本的丧失使家庭的收入风险急剧增加，同时健康等医疗方面的支出风险也会不断上升。在不确定性风险上升的情况下，有远见的风险厌恶的理性消费者一定会未雨绸缪，在收入大于支出的工作阶段增加储蓄，以防止未来退休后状况的可能恶化。其中，不确定性越大，相对于当期消费，预期未来消费的边际效用就会越大，则会将更高比例的收入用于未来消费，从而增加预防性储蓄（Leland，1978）。由于养老金为退休后的生活提供了稳定的收入来源，且这种现金流具有稳定性，直至退休者死亡，因此养老保险在很大程度上降低了退休后的收入不确定性，未来不确定性的降低，能够降低居民家庭对于预防性储蓄的需求。因此，按照预防性储蓄理论，社会保险养老金财富能够降低预防性储蓄的持有。Abel（1985）与 Hubbard（1995）

通过构建理论模型研究表明,社会保险的存在降低了家庭面临的收入不确定性,因此会减少预防性储蓄的持有量,而 Carroll(1997)认为预防性储蓄在私人储蓄中的比重会影响社会保险对储蓄的挤出效应。

2.1.1.3 世代交叠模型

传统的生命周期模型以及预防性储蓄理论对于分析社会养老保险对储蓄的影响具有重要价值,但这一模型并没有考虑代际交叠问题,这在现收现付制的养老保险制度中明显与现实不符,世代交叠模型为这一问题的研究提供了新的分析框架。

世代交叠模型,又称为迭代模型,最初由法国经济学家莫里斯·阿莱斯(Maurice Allais)与美国著名经济学家保罗·萨缪尔森(Paul Samuelson)提出,后由彼得·戴蒙德(Peter Diamond)完善。彼得·戴蒙德于 1965 年在《新古典增长模型中的国家债务》一文中建立了一个具有生产部门的世代交叠模型,此模型的突出特征是考虑了人口的新老交替,该模型继拉姆齐模型之后进一步奠定了其连接微观经济与宏观研究的桥梁作用,成为后续众多研究的标准模型(Diamond,1965)。鉴于戴蒙德在这一模型中的突出贡献,此模型也被称为"戴蒙德模型"。顾名思义,该模型的一个突出特征是,假设经济中每一个个人均存活两期,即青年时期与老年时期,同一时间段内一个世代的年轻人与上一世代的老年人共存,假设不同代际存在差异并设定一定形式的效用函数(通常假设为相对风险厌恶不变的效用函数),在人口增长与技术进步外生的情况下,基于个体终身效用最大化得出模型最优解,并基于求解结果进行分析(赵楠,2004)。

世代交叠模型由于其在消费者群体的细化、重视宏观经济的微观基础等方面具有良好特性,一经提出就在各领域得到了大量应用。在养老保障领域,由于该模型将人口划分为青年与老年两个不同的群体,能够深刻揭示代际的联系与差异,因而在社会养老保障领域得到广泛应用,该模型也成为分析社会保障制度影响的基本模型(Blake,2006;龚六堂、林忠晶,2008)。当初,保罗·萨缪尔森建立世代交叠模型的目的是分析美国养老金的运行机制问题,基于这一模型他证明了在这一纯交换经济中,养老金的增长主要由人口的增长所决定,并指出完全依靠商业银行对养老基金进行管理,将引起基金不断缩水(Samuelson,1958;杨再贵,2010)。Corsetti 与 Schmidt-Hebbel(2016)通过构建内生增长的世代交叠模型分析了养老金私有化改革对于经济增长与收入分配的影响。Cipriani(2014)利用标准世代交叠模型分析了预期寿命延长与人口老龄化对于现收现付制养老保障体系的影响。此外,Auerbach 等(1989)通过构建世代交叠模型,并利用数值模拟方法对美国、日本等 4 个 OECD 国家的养老金改革进行了模拟分析。在国内,利用世代交叠模型对中国养老金改革进行分析的文献也较多,最具代表性的,如袁志刚和宋铮(2000)在两期世代交叠模型中纳入中国的制度特征,通过数值模拟分析,认为人口老龄化是促使城镇居民储蓄率上升的主要因素,储蓄率与最优值之间存在偏差;胡颖和齐旭光(2012)构建了现收现付制与基金制相结合的社会保险制度下的世代交叠模型,研究了统账结合制度下社会保险的储蓄效应,发现中国的社会保险对储蓄具有挤出效应,但缺乏弹性。汪伟(2012)在人口老龄化的背景下,通过构建一个三期世代交替模型,讨论了混合养老保障体制下家庭的消费、储蓄和教育投资决策。

2.1.1.4　行为经济学理论

无论是生命周期假设、预防性储蓄理论还是世代交叠模型等传统储蓄理论均假设微观决策个体是完全理性的,即能够计算并以追求个人利益最大化为唯一目标,这也是传统经济学分析的起点与基础(Kahneman,2003)。例如,理性生命周期假说要求决策者能够准确预期未来的预期寿命、终身收入、资产回报率等,并基于此做出最优决策。如果所有的微观个体能够理性对待自己未来的养老储备不足问题,则当前的老龄化危机不会如此严重,实际上很少有人能够在退休之间做好充足的准备(Mitchell & Moore,1998;Mitchell & Moore,1997)。行为经济学理论为研究人类的这种非理性行为提供了一种新的视角,也为分析社会养老保险对于居民个人储蓄的影响提供了新的思路(Knoll,2010)。

行为经济学将心理学、行为学以及社会学引入经济分析之中,从人类心理行为的视角出发,对传统经济学的理性人、自利、偏好一致以及效用最大化等基本假设进行修正,弥补传统经济学的错误与不足,从而更好地分析人类的经济行为与经济活动规律。行为经济学于 20 世纪 80 年代末 90 年代初由行为学家阿莫斯·特维尔斯基(Amos Tversky)、经济学家丹尼尔·卡尼曼(Daniel Kahneman)和里查德·萨勒(Richard H. Thaler)等学者创立并不断发展(Thaler, 1999；Thaler & Shefrin, 1981；Thaler & Sunstein, 2009)。

　　个体的储蓄行为也可以利用行为经济理论解释,最有代表性的是戴维·莱布森(David Laibson)的夸张贴现假说(Laibson, 1997)。传统经济学认为,当人们预期未来收入不足时,会理性地在当前与未来之间进行平衡,推迟开支并在消费与储蓄之间进行合理规划,从而实现一生的总效应最大化。但莱布森认为这一推理过程太过理想化,尽管人们的愿望是美好的,但当真的要进行决策时,则可能会缺乏长远眼光、意志不足,将手头上的收入消费殆尽,莱布森将这一现象称为"夸张贴现"。所谓夸张贴现是指,在消费者的时间偏好中长期贴现率远远小于短期贴现率,这会让人们产生及时乐的倾向。Thaler 与 Shefrin(1981)用这一理论解释了退休储蓄不足的问题。认识论者则认为多数人总是过于乐观,没有充分认识到未来的不确定性,低估退休风险,最终造成退休储蓄不足(Weber et al., 2002)。Choi 等(2005)研究表明人们在进行退休规划时总是拖延,且具有惯性,一旦选定投资基金,就不愿意进行改进。Sethi-Iyengar 等(2004)、Duflo 与 Saez(2004)发现,人们在退休规划决策上存在羊群效应,很容易受到同伴影响。Kotlikoff(1987)发现了现实中人们的退休储蓄行为与生命周期理性人假设的两种偏离,其一是居民只是简单地将收入中的一部分进行储蓄,用于未来的退休生活,这种行为也称为"拇指行为";其二是不进行退休规划或规划不足,这是一种短视行为,这两种行为都说明人们在养老储蓄上存在非理性。在非理性情况下,养老保险影响家庭储蓄的复杂性将增加,对这种影响进行判断则更为困难。理查德·泰勒(Richard Thaler)与森德希尔·穆拉伊特丹(Sendhil Mullainathan)提出了人类行为与传统经济学不相符的三个典型特征：完全理性、完全控制力和完全自私自利。这三条经典假设与现实的不符，意味着传统经济学对人类行为的解释必然存在一定偏差。无论是生命周期模型还是世代交叠模型，均建立在理性人假设的基础之上，个人退休与储蓄决策中有限理性、有限控制以及有限自私决定了最终的消费与储蓄决策必然不完全符合这些理论预期的结果，实际上 Simon（1955）、Mullainathan 和 Thaler（2000）均发现人们在养老资产配置过程中是有限理性的。

由于行为经济学理论提出时间不长，基于该理论对居民家庭养老储蓄进行分析的文献并不多，但人口老龄化的日益严峻形势将加速这一理论的发展与成熟。总之，在老龄化日益加深的背景下，需要更加关注养老储备不足与养老规划中的自控问题，同时也需要在制度上设计合理的默认选项，减少养老规划中的短视等非理性行为。

2.1.2　社会养老保险影响家庭资产配置规模的相关实证研究

2.1.2.1　国外相关实证研究

养老金财富对于居民家庭其他类型资产积累的挤出效应，长期以来都是学界与社会保障政策制定者们关注的一个重要问题，因为挤出效应的存在与否及其大小程度直接决定了社会养老保险制度在改善居民家庭养老储备不足中的成效。如果挤出效应较大，甚至完全挤出，则意味着养老金对于增加居民家庭养老储备总规模的促进作用非常有限。在现实中，养老金财富对于居民家庭其他类型资产积累的影响路径非常复杂，且不同路径的影响方向并不一致，仅仅通过理论分析较难准确确定总体影响的方向与大小，因此已有研究大多基于实际数据通过构建计量模型对影响的方向与大小进行估计。

经梳理发现，已有文献对于上述影响的方向与大小并没有形成统一的研究结论。一些研究发现，养老金财富对于家庭其他资产（即私人储蓄）的持有量的挤出较小，或者根本不存在挤出效应，甚至可能影响为正（Blinder et al.，1980；Polakoff & Cagan，1966；Hubbard & Judd，1987；Katona，1965；Kotlikoff，1979；Munnell，1974；Poterba et al.，

1996）；但也有研究发现挤出效应较大，甚至超过 50％（Diamond & Hausman，1984；Dicks-Mireaux & King，1984；Engelhardt & Kumar，2011；Feldstein & Pellechio，1980；Feldstein，1974；Gale，1998；Munnell，1976）。

已有研究的结论呈现显著差异，意味着这一问题有待进一步深入探索，这有助于对养老金与家庭其他类型资产之间的关系形成更加深刻的认识。造成上述差异主要有以下原因（徐华、徐斌，2014）。首先，养老金财富影响家庭其他资产持有规模的影响因素与渠道本身就较为复杂，不仅存在经典生命周期假说所揭示的替代效应与退休效应，还可能受到预防性储蓄理论所揭示的预防性储蓄因素的影响；同时，根据行为经济学理论，家庭在进行资产配置决策的过程中不可避免地受到非理性因素的影响。影响因素与影响渠道的复杂性，不仅意味着最终的影响结果可能不确定，而且也会对实证研究得出准确结论形成一定的挑战，从而造成上述结果的显著差异。其次，各研究在模型设定、样本选择、变量选择以及测度方式上的差异也是不可忽视的重要原因。例如，在因变量的选择上，一些研究直接从家庭持有的私人储蓄的绝对数量入手（Gale，1998），研究其与老金财富之间的关系；而另外一些研究则从储蓄率这一相对指标切入（Aso & He，2001；何立新等，2008）；不同研究者在研究经验与数据可得性上存在差异，在具体的样本选择、模型设定以及控制变量的选取上更是差异巨大，因此不可避免地会出现研究结论的不一致。最后，研究视角的不同也是其中一个重要的原因。已有研究主要采用三种视角进行：一是利用一国内部多年的宏观加总数据进行时间序列研究（Feldstein，1979；Feldstein，1974），得到一国内部的居民总储蓄与养老金财富总额之间的关系；二是基于多国的截面数据进行研究，由于不同国家的养老保险保障水平存在较大差异，因此可以实现跨国比较分析的目的（Feldstein，1980；Hurd et al.，2012）；三是基于家计调查所获得的微观家庭截面数据进行实证分析，直接对微观家庭内部的养老金财富与家庭私人储蓄之间的关系进行分析（Diamond & Hausman，1984；Gale，1998；Honkopohja & Dicks-Mireaux，1982）。上述三种类型的研究由于在样本数据类型以及研究方法上存在很大差异,因此得出的结论不可避免地存在较大差异(王亚柯、吕文栋,2008)。

关于养老金财富对居民家庭储蓄的影响最早的实证研究要追溯到 Feldstein(1974)的开创性分析。Feldstein(1974)构建了一个拓展的内生退休生命周期模型,从理论上分析了社会养老保险对于微观个体退休与储蓄决策的影响,模型分析发现社会养老保险对于储蓄的影响比以往基于一般生命周期模型认识的更加复杂(Ando & Modigliani,1963;Modigliani,1970;Mayer,1972),不仅存在一般生命周期模型预测的替代效应,而且在劳动供给(包括退休)内生决定的情况下,家庭参加社会养老保险可能引致个体减少劳动供给(如提早退休),这意味着为了保证较长时间内的生活水平,可能引致家庭进一步增加储蓄,这一效应也被称为退休效应(Feldstein,1974)。由于两种效应的方向相反,因此总效应取决于两者的相对大小,由于从理论上较难准确对其进行判断,因此需要借助计量模型进行估计。为此,Feldstein 基于美国 1929 年大危机之后到 1971 年石油危机之前的这段时间的宏观加总时间序列数据(排除了第二次世界大战期间的 1941—1946 年)进行了分析,结果表明养老金财富的挤出效应为 30%～50%[1],并首次提出了养老金财富的概念。

虽然 Feldstein(1974)开创了这一研究领域的先河,但由于使用的是宏观加总的时序数据,变量的加总偏差与模型的内生性问题较为严重(Feldstein & Liebman,2002),结论的可靠性受到一定程度的质疑。由于不同家庭之间差异巨大,利用宏观加总数据很难揭示上述影响在不同家庭之间是否存在差异,所得结论最多只能揭示平均意义上的养老金财富与家庭私人储蓄之间的关系。20 世纪 70 年代,即使在现代社会科学研究的重镇美国,大型的家庭微观调查也刚刚起步,Feldstein(1974)使用宏观时序数据进行研究是不得已而为之的替代方案。此外,Lesnoy

---

① 该文实证分析中的养老金财富变量后来被发现存在计算错误。为此 Feldstein(1979)进行了重新计算并对模型进行了再次估计,但所得结论并未发生较大改变。

与 Leimer(1985)对 20 世纪 80 年代中期之前的所有相关文献,尤其是马丁·费尔德斯坦(Martin Feldstein)的系列研究进行了全面回顾与评价,认为历史证据并不能支持马丁·费尔德斯坦提出的养老金财富压缩个人储蓄的假设,家庭储蓄的过程与影响因素较为复杂,诱导提前退休因素以及遗赠、退休规划短视、示范效应、代际的自愿转移,甚至突发因素均会对储蓄产生重要影响,因此仅仅基于时间序列的证据难以得出社会保险会降低个人储蓄的结论。

继马丁·费尔德斯坦的开创性研究之后,随着微观家庭数据可获得性的增强,为了克服时序数据的加总偏差问题,众多研究者基于微观家庭截面分析的第二种研究视角对美国、欧洲以及日本等发达国家进行了大量研究(Alessie et al.,2013;Dicks-Mireaux & King,1984;Engelhardt & Kumar,2011;Feldstein & Pellechio,1980;Gale,1998;Hubbard & Judd,1987)。在较早几篇家庭截面研究的文献中,大多使用非养老金财富对养老金财富直接进行回归(包括控制变量),Gale(1998)指出这种处理方式可能会低估养老金财富对于非养老金财富的挤出效应,并提出利用年龄因子对直接计算出来的养老金财富进行调整从而消除偏差,这个调整因子也被称为"Gale's Q",利用户主为 40~64 岁的美国家庭样本数据研究发现挤出效应接近 100%,这一挤出系数比以往研究的估计结果都要大,由于挤出系数接近 100%,因此养老金对于家庭总储蓄的影响并不大。利用家庭调查的微观截面数据直接从家庭层面进行研究,虽然能够克服加总偏差问题,但同时也带来了新的问题,这些问题会造成模型估计存在内生性,从而降低估计结果的准确性。一是变量测度偏差尤其是养老金财富与其他类型资产(私人储蓄)的测度偏差。养老金财富计算较为复杂,即使是参与者本人也不一定能够准确计算出自己一生之中可以领取的准确额度。此外,在一个家庭内部,其他不同类型的资产种类繁多,在家庭微观调查过程中,难免会出现遗漏与估算偏差问题,且养老金财富与家庭其他资产的测度误差之间存在一定的相关性(Alessie et al.,2013),因此会引起模型估计的内生性。二是正如前面所论述的,由于个人储蓄的影响因素复杂,因此模型估计过程中不可避免会受到这些异质性因素的影响,从而导致遗漏变量问题。三是养老金财富本身就可能受到家庭其他类型资产(私人储蓄)的反向作用。因此,对这些问题引起的内生性的处理成为基于家庭层面的截面数据进行研究所得结论是否可靠的关键。

综上可知,为了在一定程度上克服上述研究的内生性,提高估计结论的可靠性,已有相关研究主要从如下三个方面入手:尽可能多地加入控制变量,减少遗漏变量偏差;提升变量测度的准确性,降低变量测度误差引起的内生性;构造相应的工具变量进行识别,或者基于政府对社会保险制度改革的外生性,将其当作自然实验利用处理效应模型进行研究。Attanasio 和 Brugiavini,(2003)以及 Attanasio 和 Rohwedder(2003)分别利用英国与意大利的养老金改革实验对基于生命周期模型推导的储蓄率方程进行识别,研究发现养老金的挤出效应在不同家庭之间差异较大,接近退休年龄的家庭比年轻家庭的挤出效应大得多。Engelhardt 和 Kumar(2011)利用美国健康与退休调查数据集中 51~61 岁的工作人群为样本,综合利用两个工具变量法解决家庭财富测度误差以及异质性问题,发现平均挤出效应在 53%~67% 之间,然而,分位数回归表明不同财富阶层的挤出效应存在较大差异。Alessie 等(2013)基于欧洲健康与养老追踪调查(Survey of Health, Aging and Retirement in Europe, SHARE)的第三波调查数据,并利用受访者的工作信息数据构造工具变量进行识别,研究发现养老金财富每增加 1 欧元,受访者所持有的非养老金财富会降低 47~61 分,进一步的工具变量估计发现几乎为完全挤出。Mastrogiacomo 与 Alessie(2013)利用养老金替代率的客观信息(非受访者个人汇报的替代率)来估计未来可以领取的养老金待遇的总和,并基于此对荷兰的社会养老保险对于其他类型资产的挤出效应进行估计;而 Lefebvre 与 Perelman(2016)则基于欧洲健康与养老追踪调查的比利时数据的回溯信息构造了一种新的计算个人养老金财富的方法,从而降低了养老金测度误差,两者均发现养老金财富对于其他类型资产的替代率在 20% 左右。

上述研究主要是从一国内部入手进行研究,也有少数研究基于跨国比较分析进行研究。例如,Feldstein(1980)针对美国与欧洲 12 个主要工业国家制造业工人的养老金对退休与个人储蓄的影响的研究发现,养老金显著降低了个人储蓄,养老金与个人工资比例每上升 10%,个人储蓄率约下降 3%,但由于是从宏观层面进行跨国比较,因此加总偏差仍然存在。与 Feldstein(1980)不同,Hurd 等(2012)的跨国研究是基于从多国收集的微观数据进行分析,并利用不同国家在养老金待遇水平以及计算公式上的差异对模型进行识别,并以此研究养老金财富对于个人储蓄与退休的影响,结果发现养老金财富增加 1 美元,会引起退休时的个人储蓄平均减少 22 美分;养老金财富每增加 1 万美元,退休年龄平均提前约 1 个月。上述跨国研究虽然从更广泛的范围收集了数据,利用各国不同的待遇水平的外生差异对模型进行识别,有利于提升模型估计的准确性,但同时由于各国社会保险制度的设计以及更广泛的文化背景差异,不可观测的异质性因素的影响可能较为严峻,因此会在一定程度上降低估计结果的准确性。

2.1.2.2　国内相关实证研究

近年来,随着中国社会保险制度的不断完善,国内学者关于中国社会保险制度对于居民家庭消费与储蓄影响的实证研究也不断涌现。由于长期以来众多学者认为造成消费不足的一个重要原因是中国缺少完善的社会保障体系,因此国内的相关研究大多围绕社会养老保险是否促进居民消费这一命题展开,并产生了大量研究成果。如张继海(2008)利用辽宁省 2002—2003 年城镇居民家庭调查数据,分析社会保障养老金财富对于居民消费支出的影响,发现存在显著正效应。孟醒与申曙光(2016)基于 2004 年与 2009 年的中国综合社会调查数据,用分位数估计方法验证了基本养老金财富对于消费具有促进作用。邹红等(2013)利用广东城镇住户调查数据研究发现参保家庭的消费支出相对较高。范黎波等(2017)基于中国综合社会调查 2012 年数据,采用反事实分解方法分别研究了养老保险与医疗保险对于居民消费的影响,发现相对于医疗保险,养老保险对于消费的促进作用更加明显,且对于不同消费水平的家庭的影响存在差异。总之,大多数研究均发现社会养老保险制度的完善对家庭消费存在促进作用。

相对于对消费的研究,直接研究社会养老保险对于个人储蓄影响的实证文献相对较少。从研究方式上来看,多为基于宏观时序数据以及微观家庭截面数据进行分析。与国外相似,早期由于国内缺乏家计调查数据,因此主要以宏观加总数据研究为主,如石阳和王满仓(2010)利用2002—2007 年的省级宏观面板数据研究发现,中国当前以现收现付制为主的养老保险制度对个人储蓄存在挤出效应。胡颖和齐旭光(2012)利用世代交叠模型分析统账结合模式下的社会养老保险的储蓄效应,并基于 1990—2010 年的宏观加总时序数据进行实证研究,发现中国的社会养老保险对储蓄具有挤出效应,但缺乏弹性。李雪增和朱崇实(2011)基于省际面板 2001—2008 年的数据,利用系统矩估计方法发现养老金收入对居民储蓄具有负向作用,但在统计上并不显著,并认为不显著的原因是养老保障水平太低。

近些年随着微观家庭调查的逐步开展,基于家庭横截面分析成为主流。最为代表性的是何立新(2008)基于 1995 年、1999 年与 2002 年的中国城镇家庭住户调查数据,以 1995—1997 年中国城镇职工养老保险制度改革这一政策实验对养老金财富对于家庭储蓄率的影响进行识别,研究发现存在明显挤出效应,挤出效应平均为 30%～40%。基于相同的数据,王亚柯(2008)对城镇职工养老保险制度对家庭资产的经济效益进行了研究,并将个人养老金总财富划分为现收现付制养老金与个人账户养老金,发现现收现付的养老金替代率在 70%～80% 之间,而个人账户养老金的替代效应不明显。值得注意的是,以上两篇文献也是国内为数不多的从养老金财富角度研究社会养老保险对于储蓄影响的研究。

而随着中国社会养老保险覆盖面的不断扩大,尤其是覆盖农村与城镇居民的新型农村养老保险与城镇居民养老保险制度的建立(已于2014 年合并为城乡居民养老保险制度),专门针对农村与城镇居民养老保险的相关研究也逐渐出现。对于新农保影响储蓄的研究,代表性的有马光荣和周广肃(2014)利用中国家庭追踪调查 2010 年与 2012 年数据考察新农保对于居民家庭储蓄影响的研究,发现新农保并没有显著降低

60 岁以下居民的储蓄率,而 60 岁以上居民由于无须直接缴纳保险费因此显著降低了 60 岁以上居民的储蓄率,但总体而言由于新农保的养老金替代率较低,促进消费降低储蓄的作用非常有限。新农保的测度主要采用虚拟变量对参保家庭与非参保家庭进行区分,因此无法对持有不同养老金财富的参保家庭的影响进行比较。

2.1.3 总结与评述

梳理上述文献,从理论上加深笔者对于社会养老保险影响居民家庭资产配置规模的作用机制与方向的认识,从实证上检验了两者之间真实的作用方向与影响程度。但综观这些研究,尤其是国内的实证研究,仍然存在一定的不足。

第一,已有研究,尤其是实证方面的研究,对于社会养老保险影响居民个人储蓄的方向与程度并没有形成相对统一的研究结论,仍有待进一步探讨的必要。国内外已有的基于不同国家的家庭截面研究发现,社会养老保险对储蓄的影响有正有负,在挤出系数的估计值与显著性上存在不小分歧,且这种影响在不同类型家庭之间的差异较大。

第二,已有关于中国的社会养老保险制度对于家庭储蓄影响的实证文献,大多是研究家庭是否参保或者参保率对于储蓄的影响,而很少有研究养老金财富对于家庭储蓄的影响。由于参保家庭之间的养老金财富可能存在巨大差异,因此研究家庭是否参保或者参保率对于储蓄的影响,根本无法准确估算出影响程度的大小,也无法判断养老保险对于家庭总资产规模的影响。已有研究很少从养老金财富的角度出发进行研究,主要是因为国内缺乏高质量的微观家庭层面的参保数据,无法准确估算家庭持有的养老金财富,这也是国内研究社会保险对于储蓄影响的实证文献大多从宏观层面进行研究的重要原因之一。近些年随着中国微观家庭调查的逐步开展,这一研究变得逐渐可行。

第三,少数从养老金财富出发的文献也是专门针对城镇职工养老保险的研究,且所用数据较为陈旧。随着中国经济的快速发展,尤其是近十年来中国社会养老保险制度不断完善,社会养老保险制度的覆盖面不断扩大,保障水平也不断提升,不仅完善了城镇职工的基本养老保险制度,还为城乡居民建立起了专门的社会养老保险制度,但至今尚未有研究居民养老金财富对于家庭储蓄的影响的文献,有必要对居民养老保险资产配置效应的政策效果进行检验。不仅如此,在存在多种并行的养老保险制度的情况下,有必要对它们各自的影响效应进行比较。为此,本书以中国社会养老保险制度的改革,尤其是居民社会养老保险制度的建立为契机,通过对各类家庭的养老金财富进行测算,研究养老金财富对于家庭资产配置规模的影响,并着重对城镇职工养老保险与居民养老保险的影响差异进行比较。

第四,已有国内相关文献大多从储蓄这一流量概念着手,研究当期储蓄率与养老保险参与行为之间的关系,而很少有从居民家庭资产配置规模这一存量概念切入进行研究。虽然家庭当前资产配置规模这一存量是过去各期储蓄流量的加总,但在实证检验效果上两者可能仍然存在一定的差别。首先,储蓄作为一种短期流量,不可避免地受到偶然性的不可观测因素的影响。例如,当期家庭其他方面支出的突然增加,可能会引起储蓄率的大幅度下降,而家庭资产配置规模是过去各期储蓄的加总,属于长期存量,按照持久收入假说可知,长期来看家庭的储蓄率相对稳定,即使在过去的任意一期储蓄率因为偶然因素发生了较大的变化,但在后期会不断调整逐渐回归,因此资产配置规模这一由长期流量积累形成的存量相对比较稳定,在一定程度上避免了不可观测因素对模型估计造成的不一致。其次,养老金财富的变化会引起家庭储蓄的调整,但这一调整何时发生、是否存在滞后? 滞后期在不同家庭之间是否可能有所不同? 均不得而知。在这种情况下,如果从储蓄入手进行分析,则面临储蓄的滞后期限的确定问题,滞后期限选择的不同,估计结果很可能存在很大的差别。同时,对于不同时期的储蓄的影响可能也有不同,而实证研究中在微观家庭数据极其稀缺的情况下,根本不可能同时获得多期的储蓄数据,若以其中一期进行替代,则不能反映整体的影响情况,也会出现前面所说的不可观测的异质性因素的影响。若从资产配置规模入手则不会面临这样的问题,因为家庭参保引起的过去任何一期的储蓄调整都能在资产配置规模中得到反映。最后,养老金财富本质上也属于家庭持有资产中的一种,只不过这种资产是以未来现金流的形式返现,因此直接研究养老金财富对于家庭配置其他资产的规模的影响比研究其对于储蓄的影响更加直观,且能够直接计算其对于包括养老金财富在内的家庭总资产规模的影响,从而明确家庭参保对于家庭资产总规模的影响方向与影响程度,而若基于储蓄进行分析,则无法计算。

2.2　社会养老保险与居民家庭资产配置结构

居民家庭在进行资产配置的过程中,不仅需要在消费与储蓄之间进行决策,考虑资产配置规模的大小,更重要的是需要决定配置何种类型资产以及不同类型资产之间的结构比例关系,即资产配置结构问题。根据经典的马科维茨投资组合理论,在满足两基金分离定理的情况下,居民家庭的资产组合选择仅仅取决于家庭的风险偏好。但 Campbell(2006)的研究表明,居民家庭资产配置结构与传统投资组合理论的预测相去甚远,并没有做到资产组合分散,如在风险资产上,大多数家庭不是持有不足就是过度持有,这一现象在中外皆是如此(Vissing-Jørgensen,2002;李涛、子璇,2006)。为了解释这种差异,背景风险因素、流动性约束、交易成本以及金融知识等因素逐渐被引入,而本书所论述的社会保险也是通过上述渠道对居民家庭资产配置结构发挥影响。

2.2.1　社会养老保险影响家庭资产配置结构的相关理论研究

在资产配置的过程中,居民家庭不仅要承受资产组合价格波动的风险,还要面临一些无法通过资产组合进行分散的其他风险(Baptista,2008),比如劳动收入风险、健康风险、长寿风险、创业风险等(Heaton &Lucas,2000)。这些风险由于不属于居民资产配置组合本身的内在风险,无法通过资产组合本身的多样化选择进行对冲或者转嫁,而是由外在环境的背景因素决定,因此被统称为"背景风险"。

背景风险理论的思想早在预防性储蓄与风险效用函数的研究中已

经存在(Pratt & Zeckhauser,1987),但真正明确提出这一概念并将其引入资产组合中,要归功于 Eeckhoudt 等(1996)以及 Gollier 与 Pratt (1996)的研究。他们的研究表明,在背景风险较大或者恶化的情况下,投资者的风险厌恶程度会随之上升,这会引起投资者进一步规避风险资产,而倾向于选择安全性更高的资产类型。这一结论表明,居民家庭面临的外生背景风险与组合的内生风险之间具有一定的相互替代关系。即使背景风险与资产组合风险之间没有任何关联,这在一定程度上也能够解释居民家庭的实际资产配置结构与标准的均值—方差模型分析结论之间的偏离。社会养老保险正是在一定程度上影响了居民家庭的背景风险,改变了居民家庭的风险厌恶程度,最终才会引起资产配置结构的变化(徐华、徐斌,2014)。

背景风险理论在发展的早期,主要关注如何将背景风险因素引入投资组合与生命周期理论之中,通过构建数理模型,进行抽象的理论模型分析,再利用模型求解分析背景风险因素对于消费以及资产配置结构的影响,并与传统的经典模型进行比较(Heaton & Lucas,2000),因此这一阶段对于模型中的背景风险类型并没有进行细分。随着研究的不断深入,专门研究各种类型背景风险的文献逐渐增多,纵观已有的关于背景风险的文献可以发现,对于背景风险的划分主要包括以下几个方面:劳动收入风险、健康风险、老龄长寿风险、住房价格波动风险(蔡明超、杨玮沁,2011)以及创业风险等。在这一阶段,大多数学者利用家庭微观数据进行实证研究,主要是验证背景风险理论在现实中的成立问题,但也有少量研究通过将分项背景风险引入模型,进行理论探讨。例如,在收入风险方面,Heaton 与 Lucas(2000)利用校正的决策理论模型探讨了背景风险对于家庭资产组合结构的影响,理论研究发现收入背景风险之间的差异能够在很大程度上解释家庭资产组合结构的差异,从理论上证明了人力资本背景风险对于居民家庭资产结构选择存在两种效应,当人力资本背景风险较低时,较低风险水平的人力资本将会为居民家庭带来稳定的现金流,类似于政府债券,因此会对居民家庭资产配置结构产生财富效应,提升配置结构中的风险资产的比例;相反,当人力资本风险较高时,两者之间会形成一定的替代关系,因此会降低风险资产的占比。而在健康风险方面,Edwards(2010)构建了健康状态依赖函数,在这一函数中假设效用函数的形式并非不变,而是随个体的健康状态发生变化,不利健康冲击会引起消费函数的边际效用上升,通过理论推导发现不利健康风险会促使个人降低风险投资组合的比例;Yogo(2016)通过在含有年金、住房以及风险性资产的生命周期模型中纳入随机健康冲击因素对模型进行拓展,发现模型能够解释不同年龄与不同健康状况的居民家庭的健康支出与资产配置之间存在关联的事实,具体而言股票的投资占比较低,且与健康之间正相关,住房与现金占比与健康状况以及年龄之间负相关。总之,通过将收入或者健康风险纳入资产配置理论,大多数模型均证明了背景风险与组合风险之间存在一定的替代关系,即背景风险上升会促使居民家庭降低资产配置组合的风险,从而持有更多的安全性与更少的风险性资产。

2.2.2　社会养老保险影响家庭资产配置结构的相关实证研究

在居民家庭的背景风险中,能够受到社会养老保险影响的主要是收入风险与健康风险,而这两种风险也是居民家庭资产配置过程中面临的主要背景风险,下面将具体对其与居民家庭资产配置结构之间的关系进行文献回顾。然后,在此基础上,从背景风险角度对社会养老保险影响家庭资产配置结构的相关实证研究进行梳理,从而为本书的研究形成铺垫。

2.2.2.1　收入风险与居民家庭资产配置

居民家庭的主要收入来源是劳动收入与资产性收入,其中劳动收入是大多数家庭的主要收入来源。如果将未来劳动收入的现值看作家庭的人力资本,则劳动收入的不确定性就是家庭的人力资本风险。

将未来的劳动收入进行折现,则形成家庭的人力资本,相应的劳动收入风险实际上就是人力资本风险,人力资本风险的变化会引起资产配置结构的变化。Bodie 等(1992)、Koo(1999)以及 Santos 和 Veronesi(2006)的研究发现居民个人的资产配置组合选择会受到人力资本风险的一定影响。Betermier 等(2012)关于瑞典的研究发现,居民家庭的资产配置结构会受到居民个人的工作转换的影响,且变动的幅度与频率取决于工资收入的波动程度。Palia 等(2014)对于美国的研究表明,收入不稳定的投资者持有风险性资产的比例较低,且持有股票的可能性较低。Betermier 等(2012)与 Campbell 等(2000)发现不同行业的收入波动性存在较大差异,Bagliano 等(2013)以及 Willen(2013)在生命周期模型中纳入劳动收入背景风险,并考虑了劳动收入与资产收益之间的相关性,研究发现投资者的资产配置决策会受到资产收益与劳动收入之间的相关性的作用,而且对于风险厌恶程度较高的投资者更为明显,随后 Tsai 与 Wu(2014)基于 Campbell(2000)的数据利用相同的方法进行研究,研究结果较为类似。Addoum(2017)研究了美国家庭退休前后资产配置结构的变化,发现夫妻家庭在退休后会显著降低持有股票的比例,而这一现象在单身家庭基本没有变化,而且妻子比丈夫表现出更强的风险厌恶程度的家庭中,资产重新配置的倾向更加明显。上述文献关于劳动收入背景风险与家庭资产配置之间关系的研究结论基本一致,均发现资产配置结构受到劳动收入风险的显著影响,劳动收入风险越大,风险性资产配置的比例相对越低。

随着背景收入风险这一概念逐渐为国内学者所接受,国内学者也进行了相应的研究。例如,樊潇彦等(2007)利用 20 世纪 90 年代国企转制和员工下岗造成的职工家庭收入风险波动为契机,对收入风险与居民耐用消费品之间的关系进行了研究,发现居民收入风险上升,会抑制耐用品的消费。何秀红和戴光辉(2007)利用消费者金融调查数据(Survey of Consumer Finances,SCF)数据,基于多种模型分析发现资产配置受到劳动收入风险以及流动性约束的影响,流动性约束与收入风险的上升会引起风险性资产占比的下降。何兴强等(2009)利用 2006 年中国九座城市"投资者行为调查"数据首次实证探讨劳动收入风险对居民风险金融资产配置结构的影响,研究发现劳动收入风险高及拥有商业或房产投资的居民风险金融资产投资概率较低。胡振和臧日宏(2016)利用城市居民消费金融调查数据,基于倾向分值匹配法研究了收入风险、金融教育对家庭金融市场参与的影响,发现收入越稳定,家庭参与金融市场的倾向性越高。总体而言,近些年随着微观数据可得性的增强,国内关于劳动收入背景风险的研究逐渐增多,且研究结论与国外大多接近,但主要集中于实证研究,更深入的理论探索尚不多见。

2.2.2.2 健康风险与居民家庭资产配置

相对于收入背景风险,健康背景风险影响居民家庭资产配置的路径与结果更加复杂(Berkowitz & Qiu, 2006)。首先,健康状况差的家庭,由于健康状况恶化,人力资本风险与医疗支出风险会显著上升,在双重风险的作用下,根据前面关于收入风险的分析可知会引发家庭持有更少的风险性资产。其次,健康风险恶化,意味着死亡风险加大,死亡风险上升意味着预期寿命可能会缩短,这会改变家庭规划的期限,而规划期限的缩短可能会改变家庭资产配置的结构与类型。再次,不同健康状况的家庭在当前与未来消费的替代关系上有所不同,健康状况恶化可能会让个体更加注重当下,产生及时行乐的想法,这会显著改变家庭的消费与资产配置决策。最后,由于资产配置尤其是风险性资产的配置需要一定的金融知识且信息搜寻成本较大,而健康状况的恶化可能会使得家庭对此力不从心,这会导致家庭选择收益更加稳定、管理起来更加简便的资产进行配置。总之,健康背景风险影响家庭资产配置的路径多样,得到国内外学者们的大量关注,但已有文献对此的研究结论不尽相同。

关于健康背景风险影响家庭资产配置结构的代表性研究要数 Rosen 和 Wu(2004)以及 Coile 和 Milligan(2009)的研究。Rosen 和 Wu(2004)利用自评健康指标基于健康与退休调查数据研究发现,健康状况是拥有不同类型金融资产的可能性及其比例的重要预测指标,健康状况不佳的家庭持有风险性金融资产的可能性较小。Coile 和 Milligan(2009)同样利用健康与退休调查数据研究了美国老年人退休后的健康冲击对于家庭资产配置结构的影响,发现老龄化与健康冲击对于家庭资产种类以及配置比例具有显著影响,随着年龄增长,家庭减少了对住房、车辆、金融资产、企业和房地产的持有,同时增加了流动资产和定期存款所持有的资产份额,而在存在身体与精神障碍的家庭,健康冲击的作用被放大,说明背景风险因素在资产配置结构中的作用较大。Feinstein(2007)通过构建资产管理模型进行模型分析,并在模型中纳入健康风险,研究当期收入在消费以及各种类型资产上的配置,结果发现健康状况不佳的个人面临更大的未来医疗支出风险,导致更多规避风险的投资行为。Cardak 和 Wilkins(2009)关于澳大利亚的研究也表明健康状况与风险资产持有之间具有正向关系,而且健康状况会影响寿命预期与规划视域。但 Berkowitz 和 Qiu(2006)关于健康状况变化对家庭金融财富和金融投资组合选择影响的研究表明,健康状况和投资组合选择之间的关系在控制了家庭所持有的金融资产数量的差异后消失,这说明健康冲击是通过降低家庭的总财务水平从而引起家庭重组其金融资产的构成,而非通过背景风险作用发生的,这与以往研究的结论有所不同。

近年来随着中国老龄化的不断加深以及国内微观调查的逐渐开展,国内学者也在这一领域进行了有益尝试。最有代表性的是雷晓燕和周月刚(2010)以及解垩和孙桂茹(2012)的研究。雷晓燕和周月刚(2010)利用中国健康与养老追踪调查 2008 年的试调查数据,从背景风险理论出发,在国内首次对居民健康与家庭资产选择之间的关系进行了研究,发现健康状况对于城市居民的资产配置具有非常重要的作用,健康状况变差会使其减少金融资产的持有,但对于农村家庭的影响并不显著。随后,解垩和孙桂茹(2012)利用同一数据中 60 岁以上老年家庭样本,将居民家庭的健康冲击划分为慢性健康冲击与急性健康冲击,发现在急性健康冲击下,家庭会降低风险资产的持有比例,而在慢性健康冲击下会降低耐用消费品的持有。陈琪和刘卫(2014)将健康指标划分为自评健康与健康支出,研究发现城市居民的自评健康对资产配置具有重要影响,但农村家庭作用不显著。同时,他们认为健康支出是一种奢侈品,即健康支出越多的家庭持有更多的风险资产,这与以往的研究发现有所不同。此外,吴卫星等(2011)基于奥尔多投资咨询中心 2009 年的调查数据发现,健康状况不会影响家庭持有风险性资产的可能性,但对持有比例具有显著影响。而李涛和郭杰(2009)基于 2007 年中国 15 个城市的居民投资行为调查数据研究发现,居民家庭资产组合选择不受健康状况的影响;何兴强(2009)利用同一数据进行研究也发现,居民的健康状况和风险规避程度对其持有风险资产的概率没有显著影响。

综上可知,关于健康风险与居民家庭资产配置结构之间的关系,国内外均没有形成统一的研究结论,其原因可能:一是所选样本覆盖的人群以及时间段存在差异。例如,吴卫星(2011)、李涛和郭杰(2009)的研究样本覆盖了所有年龄段,且调查时间较早,而解垩和孙桂茹(2012)以及雷晓燕和周月刚(2010)使用的中国健康与养老追踪调查数据主要覆盖中老年人群,调查时间也相对较晚。由于不同年龄段的影响可能存在一定差异,且在早期中国家庭持有风险性资产的比例整体较低,因此出现上述结论差异也是意料之中的。二是健康状况的测度方式有所不同,比如可以分为自评健康与客观健康,且健康指标的内涵本身较复杂,不同的测度方式对结论可能产生较大差异。三是正如前文所论述的,健康影响资产配置的渠道较为复杂,因此影响结果也可能不确定。

2.2.2.3　背景风险视角下的社会保险与家庭资产配置结构

上述文献梳理表明,背景风险会对居民家庭的资产配置结构选择产生一定的影响,而作为整个社会的安全网与稳定器,社会保险会对居民家庭面临的背景风险起到一定的缓冲与抵消作用,因此最终会影响居民家庭的资产配置结构选择。尽管社会保险制度早已有之,其重要性也为众多学者所认可,但在传统的资产配置理论中并没有得到关注,直到背景风险理论出现后,学者们才认识到其对于居民家庭资产配置选择的重要影响。正如上节有关背景风险的文献所揭示的,在背景风险理论研究的早期,学者们在研究背景风险对居民家庭资产配置的影响时,大多忽略了社会养老保险制度的存在,或者仅将其作为实证模型中的控制变量,而鲜有对两者之间的作用关系进行直接研究的(徐华、徐斌,2014)。随着研究的深入,资产配置选择中社会保险因素逐渐得到关注。由于常见的社会保险体系一般均包括养老、医疗与失业三大险种,且三大险种的影响路径有所不同,因此相关已有研究也主要围绕这三面分别展开。

1) 养老保险与居民家庭资产结构

作为社会保险体系的核心,养老保险由于涉及的因素众多,因此对于居民家庭资产配置选择的影响路径较为复杂。若仅从背景风险角度来看,只要参与者在工作期间缴纳养老保险费并满足一定年限,即可在退休后获得稳定的退休金,且退休金的支取有政府信用背书,因此为居民家庭的未来提供了稳定的收入来源,降低了退休后面临的收入不确定性风险。美国的社会保障制度建立较早,早在 20 世纪 80 年代初就有学者注意到养老金不仅会影响居民家庭其他类型资产的积累,而且会影响这些资产的构成(Dicks-Mireaux & King,1984)。他们利用加拿大 10 118 户家庭的微观调查数据,实证研究了居民家庭的私人养老金与公共养老金对于居民家庭资产构成的影响,结果发现虽然养老金财富对于家庭私人储蓄总量存在影响,但对资产构成的影响并不显著,即主要影响了特定资产的持有数量,而对于相互之间的比例影响不大,并且指出忽视决策过程的联合性将会导致估计错误。该文是有关养老金与家庭资产配置结构之间关系的首篇实证文献,贡献主要在于首次提出了家庭养老金财富影响居民家庭资产构成这一重要研究问题,但由于受到早期计量模型估计技术的限制,因此研究结论的可靠性大打折扣。随后,Hubbard 与 Judd(1987)在 Dicks-Mireaux 和 King(1984)的基础上,研究了个人所得税与公共养老金对于居民家庭资产配置组合的联合影响,发现税收与预期养老金领取金额均会显著影响居民家庭的资产配置结构。

虽然上述文献对于养老金财富影响家庭资产配置结构进行了实证分析,但由于没有从理论上证明两者之间的具体作用机制,因此相对于养老保险对于预防性储蓄的影响而言,这一问题在很长一段时间内未得到学者的明显关注。随着全球老龄化的逐渐加深以及背景风险理论与家庭金融研究的不断成熟,尤其是居民家庭资产如何配置问题被提出后(Campbell et al.,2000),养老保险对于家庭资产配置的影响才被学者们所重视。Gormley 等(2010)从背景风险理论出发,发现保险能够在很大程度上解释美国居民家庭的股票市场参与不足以及低消费—高储蓄之谜。该文进行了严密论证,首先通过构建包含财富冲击的两期生命周期模型进行了理论分析,基于理论分析提出了相应的命题假设,认为在缺乏保险的情况下,若外生的不利财富冲击非常大,即使概率较低,居民家庭也不会参与股票市场,反之若持有保险且风险溢价为正,则投资者均会持有股票;然后,在理论分析的基础,作者为了克服模型的内生性与异质性,利用国家、州级以及家庭层面的数据进行了系统的实证检验,发现无论是公共养老金还是个人养老金均对参与股市具有显著正向影响。Ding(2013)通过构建一个同时考虑遗赠动机、住房以及公共养老金的退休者的生命周期模型,并利用澳大利亚家庭支出调查以及家庭收入与住房数据对模型参数进行校验,发现澳大利亚居民的家庭资产集中于房产是受到公共养老金的影响。在西方国家除了公共养老金计划外,还有个人养老金计划。Ni(2005)以美国个人养老金制度由待遇确定型的 DB 计划向缴费确定型的 DC 计划的转变过程为契机,基于美国健康与退休调查的面板数据研究了养老金类型对于居民家庭资产配置结构的影响,发现养老金类型对于居民家庭资产配置结构的选择确实产生了影响。这是为数不多的研究养老金类型对于资产配置影响的文献。综观国外有关养老保险与资产配置结构的实证文献,大多表明养老保险对于居民家庭资产结构具有一定影响,持有养老保险能够提高股票等风险性资产的持有比例,这与背景风险理论的预测基本一致。

近年来,随着中国社会养老保险制度的不断完善以及家庭金融研究的逐渐深入,养老保险对于居民家庭金融影响的相关研究逐渐出现,最有代表性的是宗庆庆等(2015)的研究,其利用 2011 年中国家庭金融调查数据,研究了社会养老保险对中国居民家庭风险性金融资产投资的影响,发现持有社会养老保险能够显著提升居民家庭持有风险性金融资产的可能性与比重,并从社会养老保险降低未来收入不确定性的角度进行了解释,但区分农村与城镇样本后,发现在农村的影响并不显著。林靖等(2017)使用两期家庭最优决策模型,分析发现社会保险不仅能够提高家庭在风险资产中的投资广度和深度,而且对于不确定性更大、风险承受能力更强家庭的影响更为显著,随后基于宗庆庆等(2015)相同的数据以及省级截面数据实证检验了理论模型的结果。与宗庆庆等的研究不同的是,该文将社会保险中的养老保险、医疗保险以及失业保险作为一个总体进行处理,并没有将其区分,而宗庆庆等的研究主要关注的是社会养老保险。吴洪等(2017)基于中国家庭金融调查2013年数据,同样发现参与社会养老保险能在很大程度上增加家庭投资风险金融资产的概率和风险金融资产配额,且这一影响在财富水平较低的家庭中较为明显。李昂和廖俊平(2016)基于2012年中国家庭追踪调查数据,在考虑收入风险的条件下实证发现参加社会养老保险总体上能提高居民家庭风险性金融资产的持有比例与可能性,但对于临近退休的家庭而言影响并不显著。总之,国内目前关于社会养老保险与居民家庭资产配置的相关文献较少,在研究内容上仅关注了家庭是否参保对于持有风险性金融资产的影响,而使用的数据主要是中国家庭金融调查数据。由于研究方法与数据较为相似,因此研究结论也较为一致,大多得出了两者之间存在正向关系的结论,但部分研究也发现存在异质性影响。

2)医疗保险与居民家庭资产结构

相对于养老保险,医疗保险对于居民家庭资产配置结构的影响可能更加复杂(徐华、徐斌,2014)。若仅从背景风险理论来看,医疗保险对于居民家庭资产配置可能存在以下几个方面的影响(Rosen & Wu,2004)。

第一,居民在参加医疗保险后,如果发生疾病,则可以通过保险金支付一定的医疗费用,因此会在很大程度上降低家庭由于疾病造成的医疗支出的不确定性,尤其对于老年家庭这一影响可能更加明显。

第二,居民参加医疗保险,意味着患病后可以得到及时治疗,甚至有些医疗保险包含健康预防功能,因此会较大程度地降低家庭的健康风险,而健康风险的下降有利于家庭人力资本的积累,因此能够降低劳动收入风险。以上两种作用机制能够显著降低家庭的收入背景风险,可能会提升家庭的风险偏好程度。但医疗保险可能存在第三种影响机制,医疗保险可能会改变家庭的健康预期与预期寿命,而对未来健康状态预期的改变可能会影响家庭的效用函数形式,预期寿命的延长可能会拉长家庭规划视域的长度(Cardak & Wilkins,2009;Bodie et al.,1992),这两种变化的影响较为复杂,且对于不同家庭的影响可能存在差异(Edwards,2010)。总之,仅从背景风险的角度来看,医疗保险一般会降低家庭的风险厌恶程度;但若同时考虑其他影响渠道,净效应则较为复杂。

上述文献在研究健康背景风险与资产配置关系时,存在一个不足,即没有考虑到医疗保险对健康风险或者健康冲击影响居民家庭医疗支出的调节作用(Atella et al. ,2012)。随着健康背景风险研究的深入,近年来在背景风险理论基础上研究医疗保险对于资产配置影响的文献逐渐出现。Atella 等(2012)在这一领域进行了首次探索,构建了一个包括个体特征与健康保健系统的资产配置决策理论分析框架,并利用欧洲健康与退休调查数据研究了欧洲十个具有不同健康医疗系统的国家其居民家庭的当期健康状况、未来健康风险对于家庭持有风险性资产的影响,发现主观风险相对于客观风险更加重要,而且实证结果与背景风险理论预测相一致,即健康风险仅仅在医疗保障程度较低的国家对于资产配置会有影响,但这一影响也仅限于中等年龄以及受教育程度较高的家庭。该文的分析结论表明健康背景风险影响家庭资产配置结构可能受到医疗健康保险的调节作用,意味着在研究背景风险时考虑保险因素是必要的,否则可能得出错误的研究结论。Goldman 和 Maestas(2013)基于 1998 年与 2002 年两轮退休与健康调查数据,关注老年医疗保险的受益人这一子群体,研究了医疗支出风险对于医疗保险受益者持有风险性金融资产的影响,发现健康保险的可得性及其定价与老年人的财务行为之间存在重要联系,医疗保险的保障程度越高,持有风险资产的比例也相应较高,中等保障水平与较高保障水平的家庭在风险资产配置比例上相差约 6%,而最高与最低保障水平的家庭之间持有风险资产比例相差约 13%。由于参加医疗保险与持有风险性资产之间可能存在反向因果关系,为了解决内生性,作者使用补充医疗保险价格的地理差异作为工具变量,同时采用最新的离散系数最大似然法对模型进行估计。因此他们的识别策略依赖于一定的排他性假设,即遗漏因子均通过补充医疗保险这一作用路径影响风险资产配置。实际上,由于家庭资产配置结构的影响因素众多,而且可能与家庭持有的各种类型保险之间互为因果关系,因此在此类研究中模型估计的内生性是一个需要克服的难点,也是决定研究可靠性的关键因素之一。Christelis 等(2014)利用美国退休与健康调查数据,专门研究了美国老年健康保健保险覆盖面的扩大对于居民家庭持有股票的影响,发现对于接受过大学教育的个体而言,参加老年健康保健保险确实提升了其持有股票的可能性,但对于受教育程度较低的个体而言,这一影响并不显著,得出了背景风险的降低仅对于信息与参与成本较低的个体参与风险性金融市场具有一定作用的结论,这与Atella 等(2012)的结论较为一致。由于老年健康保健保险仅针对 65 岁以上人群,因此对于参保变量的内生性的处理,该文采用这一外生条件因素对模型进行识别。Qiu(2016)同时使用美国的消费者金融调查与健康养老调查数据对医疗保险与家庭资产结构之间的关系进行了研究,发现相对于非参保家庭,参保家庭在持有股票的可能性以及持有比例上均相对较高,这一结果对于不同年份、不同数据源以及控制因果关系与家庭其他特征后依然稳健,但没有证据表明这一影响是通过改变家庭风险偏好态度、规划视域等途径发挥作用,并认为医疗保险改变了家庭的储蓄动机,即医疗保险不仅会改变居民家庭的个人储蓄数量,而且会改变储蓄的配置结构。

国内针对医疗保险与居民家庭资产配置结构的文献相对较少。具代表性的是周钦等(2015)利用 2002 年中国居民家庭收入调查数据进行的研究。该文发现,医疗保险对于城镇与农村家庭的资产配置选择具有显著影响,无论是城镇还是农村,参保家庭对于高风险资产的偏好更强。吴庆跃和周钦(2015)利用中国家庭金融调查 2011 年数据讨论了医疗保险、风险偏好及其交互作用对家庭持有风险性金融资产的影响,同样发现医疗保险对于家庭参与股市的可能性和参与程度具有显著积极作用,但仅对风险中性和风险偏好家庭影响显著。另外,何杨平和何兴强(2018)利用 2009 年中国城镇居民经济状况与心态调查数据,构建家庭当前整体健康和未来健康风险的两维衡量指标,对家庭风险金融资产投资参与程度的影响及机制进行了研究,发现整体而言,家庭自评非健康成员占比和家庭老年成员占比是家庭健康风险的重要来源,均对家庭的风险金融资产投资比重有显著负影响。但该文由于模型估计内生性以及样本问题,结论的可靠性有待进一步验证。总之,国内目前关于这一问题的研究严重不足,仅凭已有的少量研究无法得出医疗保险对于居民家庭资产配置影响的确定性结论,这一问题仍有待不断加强研究。相信随着家庭微观数据可得性的逐渐增强,相关研究会不断涌现。

2.2.3　总结与评述

上述文献梳理表明,社会保险不仅可以改变居民家庭资产配置的规模,而且对资产配置结构也有一定影响,且主要通过改变家庭背景风险发挥作用。这些发现揭示了社会保险影响家庭资产配置结构的作用机制,对于后续研究具有重要指导意义。但综观这些研究,尤其是国内的实证研究,可以发现仍存在不小的改进空间。

第一,已有研究大多主要关注社会保险对于家庭是否持有风险性金融资产及其持有比例的影响,而对于家庭内部的其他资产则很少关注。之所以会出现这一现象,是因为按照背景风险理论,家庭参加社会保险会较大幅度地降低家庭的背景风险,而背景风险的降低很可能会较大幅度地提升家庭持有风险性金融资产的可能性,由于这一逻辑关系与影响机制更加直接,因此大部分研究,尤其是国内的实证研究大多是关于这方面的研究。但实际上,家庭在进行资产配置选择的过程中,会同时对各种类型的资产进行调整(Dicks-Mireaux & King,1984),且社会保险可能对于其他资产也有直接的影响。例如,周钦(2015)的研究发现,家庭持有社会医疗保险能够显著降低城镇家庭持有的生产性资产,而对于农村家庭却具有促进作用,说明社会保险不仅能够影响风险性金融资产的选择,对其他类型资产可能也有影响。实际上,根据后文第 3 章的分析可知,中国家庭持有的风险性金融资产的占比非常低,房产与安全性资产是居民家庭持有的主要资产类型,而目前尚未有关注社会养老保险对于中国居民家庭资产配置整体结构影响的研究文献。鉴于以上分析,本书将家庭内部除了参加社会养老保险形成的养老金财富之外的其他资产划分为安全性金融资产、风险性金融资产、房产、土地资产、生产经营性资产以及商业养老保险资产几大类,然后研究社会养老保险对于各种类型资产的影响方向与影响程度,从而系统分析社会养老保险对于家庭资产配置结构的整体影响。

第二,已有的实证研究,无论是国内还是国外,大多关注社会保险的保险广度对于家庭资产结构选择的影响,而鲜有从保险深度的角度进行研究。社会保险的广度仅能反映家庭是否参保,而不同参保家庭之间的保障水平可能存在非常大的差异,尤其在中国情境下,城乡二元结构以及多种社会养老保险并存,家庭之间的保险深度差异可能更加明显。因此,单纯从社会保险的覆盖率进行研究很可能无法得出具体而细致的结论。不仅如此,随着中国社会养老保险制度的逐渐完善,社会养老保险逐渐实现全民覆盖,家庭之间的社会保险覆盖率差异将不断缩小,而如何减小不同群体、不同区域人群之间保障水平的差异才应该是未来关注的重点,这也意味着从更加精确的养老金财富角度进行研究将更有意义。当前中国家庭的微观调查数据十分稀缺,再加上从养老金财富角度研究养老保险对于家庭资产配置结构的影响,不仅需要家庭配置的各种类型资产的详细数据,而且需要家庭参保的有关各种信息,这对于微观调查数据提出了较高要求。

第三,不同险种、城乡之间的保险深度差异对于居民家庭资产配置结构是否具有影响,在以往国内的研究中很少关注。中国的社会养老保险制度尽管通过一系列的改革,不断缩小了城乡之间的社会养老保险在制度上存在的差异,但由于城乡二元经济结构本身并未消除,城乡家庭在参保能力以及资产配置渠道上仍然存在着较大的差异,因此社会养老保险对于城乡家庭的影响可能大不相同。不仅如此,城镇职工养老保险制度与城乡居民养老保险制度适用于不同的人群,在保障水平以及制度设计上的差异十分明显,两者对于家庭资产配置结构的影响是否相同,在目前的研究中尚未得到关注。探清这两套不同社会保险制度以及同一套社会保险制度在城乡之间影响的差异,对于改革完善社会养老保险制度以及缩小城乡家庭在资产配置上的差异具有重要意义,而这些在已有的研究中尚未得到关注。

第四,囿于数据可得性的不足,目前国内关于家庭金融领域的研究大多是对整个人群进行研究,而缺少对细分人群的专项研究,尤其是对中老龄人群的研究。在老龄化日益严重的背景下,绝大多数家庭进行资产配置的一个主要目标就是为未来的养老进行储备,而随着家庭的不断老化,老年家庭在健康、消费、投资、养老以及面临的背景风险方面必然与年轻群体有所不同,因此对老年家庭的家庭金融进行专项研究更有意义,也更为迫切。中国健康与养老追踪调查的调查对象正是即将退休的中老年家庭,为本书的细分研究提供了宝贵的数据源。

2.3　社会养老保险与居民家庭资产配置效率

2.3.1　社会养老保险影响家庭资产配置效率的相关理论研究

Brinson 和 Beebower(1986)利用美国 91 家大型养老基金 1974—1983 年的相关数据进行定量研究发现,养老基金超过 90％的收益取决于资产配置,不到 10％的收益依靠市场时机的选择和证券产品的选择,由此可见合理的资产配置对实现养老资产保值增值起到关键性作用。张庆伟(2016)指出中国的养老资产配置效率较低,存在统筹层次低、替代率低以及投资收益率低的特点。资产配置效率方面的基础理论不外乎经典马科维茨均值—方差模型以及资本资产套利定价模型。

2.3.1.1　均值—方差模型

20 世纪 50 年代初,哈里·马科维茨(Harry Markowitz)出版的《资产选择》(*Portfolio Selection*)为资产组合选择理论提供了一个基本的分析框架,使资产组合选择理论成为现代金融学的理论基石(Markowitz,1952)。马科维茨分析了不同证券的收益和风险特征,构建了均值—方差模型,用于寻找最优的资产配置比例,其基本假设包括投资者厌恶风险,承担高风险需要高收益率回报,因此理性的投资者不会只考虑投资组合收益最大化,而是综合考虑收益和风险两个相互制约的目标达到最佳的平衡———定风险水平上选择收益最高的组合，一定收益水平上选择风险最小的组合。

马科维茨首次将数理统计方法运用到投资组合研究中，用资产组合期望收益率的波动率度量风险，强调多样化投资可以降低组合风险，成为现代投资特别是短期投资的理论指南。但在后续研究中，人们发现均值—方差模型的假设条件局限了理论的实际应用，例如均值—方差模型把偏离均值的收益都称为风险，假设风险资产收益率呈正态分布，投资者厌恶风险等。事实上组合收益超过均值时，投资者可以获得更大的效用，投资者真正需要规避的是收益低于均值的部分，因此 Hogan 和Warren(1972)、Stone(1973)研究了半方差最优计算法则并发展出均值—低于目标收益率半方差模型，Bawa(2006)将研究重心从半方差转向下偏矩(low partial moment，LPM)，构建均值以下矩模型，更好地反映出投资者风险偏好程度，依据现实中多数资产收益率具备尖峰厚尾特征，检验资产组合分布中的偏度效应。Konno 和 Yamazaki(1991)提出均值—绝对偏差模型，该模型的结论是如果投资者只关心均值和方差，将会面临相同的最佳风险资产组合，即切点组合，投资者只需选择风险资产和无风险资产的投资比例，而没必要改变切点组合风险资产的相对比例，这也是托宾共同基金定律(Tobin，1958)。

事实上投资者具有异质性，并不都是厌恶风险，面对不同风险收益特征的组合会有不同的选择，因此学者在研究资产组合选择时通常以期末财富效用最大化作为目标函数。近年来，文献中使用较多的效用函数有 Epstein-Zin 效用函数、常数相对风险厌恶函数、指数效用函数和二次效用函数、幂效用函数、双曲线绝对风险厌恶效用函数、生命周期效用函数等。

2.3.1.2 资本资产定价模型

资本资产定价模型(capital asset pricing model，CAPM)是由 Lintner(1965)与 Sharpe(1964)等人在马科维茨资产组合理论的基础上发展起来的，主要研究资产预期收益率和风险资产之间的关系。在资产配置应用方面，资本资产定价模型说明投资者可以选择不同贝塔系数的证券以平衡组合收益和风险之间的关系。但该模型只适用于资本资产,对于劳动收入形成的人力资本无法买卖的资产则不适用。另外资本资产定价模型有着严格的假设条件,其市场完备、投资者同质预期、借贷利率相等与现实情况不符,模型也未考虑通货膨胀、投资者风险规避等因素。

2.3.2　社会养老保险影响家庭资产配置效率的相关实证研究

家庭进行资产配置是为了实现既定风险下的期望收益最大化,即资产配置效率最优。在马科维茨的均值—方差模型中,资产配置的结构仅仅取决于家庭的风险偏好,在具体的资产配置过程中家庭仅仅需要根据自身的风险偏好将无风险资产与市场组合进行搭配即可,即任何家庭的风险性资产都是市场组合,按照这样的规则即可实现家庭资产配置效率最大化。然而,现实中家庭资产配置远比马科维茨经典投资组合理论复杂得多。马科维茨投资组合理论建立在一系列在现实中并不满足的假设条件之上,例如,市场完全有效、单期投资、资产收益率满足已知的正态分布、没有其他风险等假设,因此现实中的居民家庭几乎不可能完全按照这一理论进行投资决策。家庭金融领域的大量文献研究表明,现实中的居民家庭在风险资产的配置上,不是持有不足就是过度持有,而且不同家庭在持有结构上也千差万别,而不是按照经典理论所预测的那样持有市场组合(Canner et al., 1994),且即使持有风险性资产,种类也非常有限。根据行为金融学理论可知,家庭在资产配置过程中可能存在羊群效应等非理性行为。不仅如此,由于居民家庭之间异质性明显,不同家庭的效用函数可能千差万别。正是因为现实比理论复杂得多,因此实证研究中不可能从效用函数出发,通过居民家庭现实中的资产配置结构与经典理论预测的结果之间的差异来判别居民资产配置的效率高低。其实,在实证研究中我们并不关心居民家庭的资产配置是否达到最优,也不关心不同家庭之间的资产配置效率是否存在高低之分,我们更关心的是哪些因素影响资产配置效率,比如背景风险因素、金融知识因素等,并以此为基础进行政策干预,从而提升配置效率。

实证研究中资产配置效率的度量是一个难点,但若按照上面的分析对研究目标进行简化,则寻找到合适的测度指标也并非完全不可行。笔者通过对目前为数不多的几篇研究资产配置效率的实证文献的梳理发现,主要包括三种方法:资产种类或者多样性指数法、构造资产组合有效前沿法、夏普比率法。资产种类或者多样性指数法,是以家庭资产种类或者构建资产多样性指数间接测度居民家庭的资产配置效率,这种方法的理论基础是按照经典的投资组合理论,即为了降低资产组合的风险,需要进行分散化投资。例如,曾志耕等(2015)基于2013年的中国家庭金融调查数据,在测度中国居民家庭的资产配置效率时,分别使用了风险性资产种类以及多样性指数,研究表明居民家庭拥有的金融知识对于资产的多样性具有积极影响。但由于该方法建立在有效市场假设以及经典投资组合理论基础上,因此在现实中使用不一定合适,而且Gourieroux和Jouneau(1999)的研究认为仅配置一部分资产并不一定就是无效的,现实也确实如此,大部分家庭一般仅持有常见的数种资产。为此,Gourieroux和Jinmeau(1999)提出基于常见的几种资产类型构建资产组合的有效前沿,以此来检验组合的有效性。Flavin和Yamashita(2002)在考虑包括国债与股票的组合时,基于美国收入动态面板研究数据,构建了居民家庭的有效投资前沿。但Pelizzon和Weber(2008)指出,该方法对于组合中的资产种类非常敏感,加入或者减少部分资产类型,有效前沿变化非常大。该文使用意大利家庭1998年持有的投资组合以及各种资产在1989—1998年期间的收益率得到投资组合的有效前沿。结果发现是否考虑房产对于投资组合的有效前沿影响较大,因此对于判断家庭的资产组合是否有效影响较大,这一结果表明通过此方法进行判断存在较大的偏差。第三种方法是采用测度基金绩效的夏普比率进行衡量。夏普比率是资产的超额收益率与组合风险之间的比值,即单位风险带来的超额收益,该指标综合考虑了组合的收益与风险。利用夏普比率测度居民家庭资产配置效率的方法最早由Grinblatt等(2011)在研究芬兰不同智商投资者的资产配置效率时提出,该文利用2000年微观家庭调查数据与投资者资产配置账户数据进行了研究,发现智商越高的投资者持有股票的可能性越高,且资产组合的夏普比率也相对较高。

Gourieroux 和 Monfort(2005)更是从理论上阐明了夏普比率与期望效用的直接相关性,这为基于夏普比率测度资产配置效率提供了理论基础。

近年来,国内学者也对居民家庭资产配置效率的相关实证研究进行了探讨。吴卫星等(2015)借鉴 Grinblatt 等(2011)的方法测度家庭的资产配置效率,并研究了中国居民家庭资产配置效率的影响因素,发现家庭财富、户主的受教育层次具有显著正向作用,而单身家庭以及户主为男性家庭的资产配置效率相对较低。柴时军(2017)基于相同测度方法,利用中国家庭金融调查 2011 年数据研究社会网络对居民家庭资产配置效率的影响,发现社会资本能够改善资产配置效率,且对于农村与中西部家庭的影响更大。而吴卫星等(2018)在研究家庭金融素养与资产配置效率的关系时,同样使用这一指标测度资产配置效率,发现金融素养的提升有助于资产配置效率的改善。以上是资产配置效率的相关实证文献,笔者通过梳理发现,目前尚未有实证研究提供背景风险,尤其是社会保险与资产配置效率之间关系的直接证据。

2.3.3 总结与评述

社会养老保险作为一项覆盖全民的社会保障制度,其覆盖之广、影响之深均是其他保险制度所不能比拟的。研究这一社会保险制度对于居民家庭资产配置效率的改善作用,具有重要意义。

通过前文有关社会保险与家庭资产配置结构相关文献的梳理可知,目前社会保险与家庭资产配置的相关文献多集中于资产配置结构这一领域,而鲜有进一步研究社会保险引起的这种结构变动是否引起了资产配置效率的改变。根据背景风险理论,家庭参加社会养老保险很可能会提升家庭资产配置的多样性,尤其是增加风险性资产的持有倾向,改变家庭资产配置结构单一的问题。长期以来,现实中的家庭资产配置过度集中,尤其是风险性资产严重不足,这一与经典投资组合理论预期完全不同的资产配置现象一直是学者们试图揭开的谜团,并认为背景风险的降低引起的资产配置多样性的上升将改善资产配置效率,但由于经典投资理论中的假设在现实中并不满足,且缺乏相应的实证证据,因此这一论断存在一定逻辑问题。Campbell(2006)与 Melzer(2011)更是指出,居民家庭参与金融市场不一定能够提升自身的福利水平。由此可见,家庭参加社会养老保险,虽然可能引致家庭增加持有风险性资产的可能性与比例,从而提升家庭持有资产的多样性,但能否相应提升资产配置的效率则尚未可知。这也意味着,利用资产种类或者资产多样化指数间接地度量资产组合的有效性,很可能会得出资产配置效率提升的错误结论。

夏普比率综合考虑了家庭资产组合的收益率和风险,是经过风险调整后的相对收益指标,是测度基金绩效的标准评价指标之一。借鉴度量基金绩效的做法,用夏普比率度量居民家庭资产组合的有效性更直观、更合理。若家庭参加社会养老保险能够提升家庭资产配置的夏普比例,则能够提升家庭资产的配置效率。鉴于此,本书采用夏普比率对居民家庭的资产配置效率进行测度,对社会养老保险与家庭资产配置效率之间的关系进行实证分析,检验社会养老保险是否提升了家庭资产配置的有效性。

第 3 章

社会养老保险与居民家庭资产配置的现状分析

3.1 养老金财富的定义、测算与现状

3.1.1 养老金财富的定义

关于养老金财富及其对居民家庭资产的影响的相关研究,在西方发达国家已经较为丰富。养老金财富(pension wealth)这一概念最早由美国著名经济学家 Feldstein(1974)在研究社会保障对于资本积累的影响时提出,并由后续学者不断完善①。众多研究者沿用了这一概念,将其纳入家庭资产的定义范畴,拓宽了家庭资产概念的外延,并以此为基础考察家庭持有的养老金财富对于家庭各种经济与决策行为的影响。例如,Feldstein(1976)对公共养老金财富对于居民家庭财产不平等的影响进行了研究,发现在考虑公共养老金财富后,美国家庭财产不平等状况有所缓和。之后,随着美国养老金市场的不断发展,养老保险的品种逐渐多样化,养老金财富概念的内涵不断丰富,不仅包括了公共养老金财富,而且包括居民家庭持有的各种私人养老金财富。由于本研究的目的是研究社会养老保险对于中国居民家庭资产配置的影响,因此本书中的养老金财富仅限于居民家庭参加社会养老保险形成的社会保险养老金财富,而不包括参加商业养老保险或者养老基金形成的私人商业养老金

---

① 由于国内目前关于"pension wealth"这一概念的相关研究并不多,在译法上也存在一定差异。如王亚柯(2008)将其翻译为"养老金财产",而封进(2017)、何立新等(2008)以及阳义南等(2014)将其直译为"养老金财富"。为了便于学术对话,与国内大多数已有文献保持一致,本书将其译为"养老金财富"。

财富,为了简洁方便,将其简称为"养老金财富"。在此需要特别指出的是,后文中所有出现的养老金财富概念,在不特别说明的情况下,均专指社会保险养老金财富。

以往众多学者关于养老金财富的定义,除了包含的养老金类型有所不同之外,考察的时间跨度也有所不同,根据考察时间跨度长短可以分为终生养老金财富与余生养老金财富(封进,2017)。前者是指家庭在生命周期的整个历程当中,领取的养老金总收益与缴纳的保险费的现值之差;后者是指家庭未来领取的养老金总收益与缴纳的保险费的现值的差额,因此对于已经缴纳或者已经领取的家庭而言,两者并不相等。本书主要研究家庭参加社会养老保险后相应形成的养老金财富对于居民家庭资产配置的影响。家庭资产配置是动态调整的,且实际收集的微观数据只能观察到当期的家庭资产配置情况,而家庭在进行资产配置的过程中,主要是根据未来预期可以领取的养老金以及需要缴纳的保险费对当期的家庭资产配置规模与配置结构进行调整。鉴于以上状况,本书中的养老金财富主要是指余生养老金财富。此外,由于本书的研究对象是由户主及其配偶构成的家庭,不包括家庭中的其他成员,因此本书中的居民家庭养老金财富是指户主及其配偶的社会保险养老金财富之和,而不包括他们的成年子女或者其他家庭人员拥有的养老金财富。

3.1.2　养老金财富的测算

本书实证研究部分主要是基于2013年中国健康与养老追踪调查数据,而2013年在全国范围内居民参加的社会养老保险主要有:城镇职工养老保险、城乡居民养老保险、新型农村养老保险以及城镇居民养老保险,四种不同的养老保险制度并行。由于城镇职工养老保险与其他三种居民养老保险在缴费与待遇领取等制度设计上存在很大不同,三种居民养老保险除了在缴费与待遇水平上有所差异外,其他基本相同,因此城镇职工养老保险与居民养老保险在养老金财富的计算上存在很大差异,而三种居民养老保险的养老金财富计算方式基本相同。同时,由于同一家庭可能同时参与不同类型的社会养老保险,因此在最终计算家庭的养老金总财富时需要对不同险种的养老金总财富进行加总。根据上面关于居民家庭持有的养老金财富的定义可知,若要计算居民家庭拥有的养老金财富,大体上可以分为 4 个步骤(王亚柯,2011)。第一步,计算家庭未来预期可以领取的所有养老金的现值之和;第二步,计算未来预期缴纳的社会保险费的现值之和;第三步计算预期收益与预期缴费之差,所得结果即为该险种的养老金财富;第四步,将家庭内不同类型险种的养老金财富进行加总,得到家庭内拥有的养老金财富总量。

为了具体计算的方便,先引入一个生存年金的计算公式。假设参保人员 i 岁,从 i 岁开始领取一笔年金直至死亡为止,且第 t 岁时可以领取的年金的折现值为 a_t,此人最长可能寿命为 T,$S_{i,t}$ 为 i 岁的人在 t 岁仍然存活的概率,将此人未来可以领取的年金现值的期望值记为 PV_i,则有

$$PV_i = \sum_{t=i}^{T} a_t S_{i,t} \qquad (3-1)$$

下面给出式(3-1)的具体推导证明过程。

第一步,计算此人在 t 岁与 $t+1$ 岁之间死亡的概率 $d_i^{t,t+1}$。由于该死亡率应该等于此人在 t 岁存活的概率 $S_{i,t}$ 乘以 t 岁存活但 $t+1$ 岁死亡的概率 $1-S_{t,t+1}$,因此有

$$d_i^{t,t+1} = S_{i,t} \times (1-S_{t,t+1}) = S_{i,t} - S_{i,t} \times S_{t,t+1} = S_{i,t} - S_{i,t+1}$$

$$(3-2)$$

式(3-2)说明此人在 t 岁与 $t+1$ 岁之间死亡的概率,等于此人在 t 岁存活的概率与在 $t+1$ 岁存活的概率之差。

第二步,假设此人在 t 岁与 $t+1$ 岁之间死亡,则此人可以领取的终生年金现值为死亡之前各期内所领取的年金现值之和,即 $\sum_{k=i}^{t} a_k$。

第三步,基于上面两步,利用概率期望公式可以得到:

$$PV_i = \sum_{t=i}^{T} \left[\left(\sum_{k=i}^{t} a_k \right) (S_{i,t} - S_{i,t+1}) \right]$$
$$= a_i(S_{i,i} - S_{i,T+1}) + a_{i+1}(S_{i,i+1} - S_{i,T+1}) + \cdots$$
$$+ a_{i+j}(S_{i,i+j} - S_{i,T+1}) + \cdots + a_T(S_{i,T} - S_{i,T+1}) \quad (3-3)$$

由于最大存活年龄为 T，因此 $S_{i,T+1} = 0$，则有

$$PV_i = \sum_{t=i}^{T} \left[\left(\sum_{k=i}^{t} a_k \right) (S_{i,t} - S_{i,t+1}) \right]$$
$$= a_i S_{i,i} + a_{i+1} S_{i,i+1} + \cdots + a_{i+j} S_{i,i+j} + \cdots + a_T S_{i,T} \quad (3-4)$$
$$= \sum_{t=i}^{T} a_t S_{i,t}$$

至此，式(3-1)得到证明。由于式(3-1)中的 a_t 为此人在第 t 岁时可以领取的年金的折现值，但在实际中该折现值无法直接观测到，只能观测到各期实际领取的收益以及缴纳的保险费，因此若需要应用式(3-1)，则要对其进行拓展。假设此人在 k 岁时实际领取额的当期值为 b_k，且个人当年缴纳的保险费为 f_k，折现率记为 d 且保持不变。若此人尚未领取养老金则 $b_k = 0$，同理若已经退休正在领取则 $f_k = 0$。根据上述假设则有 $a_k = (b_k - f_k)d^{-(k-i)}$，将此式中的 a_k 带入式(3-1)，则有式(3-5)。从式(3-5)可知，若知道此人在各岁领取的养老金与缴纳的社会保险费水平以及折现率与各岁的生存率，则可以根据此式直接计算养老金财富的期望值。

$$PV_i = \sum_{t=i}^{T} \left[(b_t - f_t)d^{-(t-i)} \right] S_{i,t} \quad (3-5)$$

在实际计算中，通过中国银行保险监督管理委员会在 2016 年最新发布的《中国人身保险业 2010—2013 经验生命表》可以分别为不同性别、不同年龄的参保人员计算各期的生存概率 $S_{i,t}$，同时可以获取男性与女性的最大可能寿命 $T = 105$。而折现率参考已有的何立新(2008)与王亚柯(2011)的研究，设为 $d = 4\%$。因此，若能知道各期的领取水平 f_k 与缴费水平 b_k，即可以计算出养老金财富 PV_i，而中国健康与养老追踪调查问卷中设计的关于家庭参保的丰富问题为获取领取水平 f_k 与个人缴费水平

b_k 序列创造了条件。

由于城镇职工养老保险与居民养老保险在制度设计上存在较大差异,因此两者在缴费与领取依据上存在很大不同。职工养老保险的缴费与领取主要是以个人的工资收入以及领取当年的社会平均工资为计算依据;而在居民养老保险中,则是个人根据实际情况在政府规定的若干缴费档次中选择一档进行缴费,而领取待遇中的个人账户养老金水平取决于个人缴费水平,基础养老金部分的水平则由政府根据当地经济发展情况确定的财政补贴水平确定。不仅如此,中国健康与养老追踪调查问卷中设计的相关问题也有所不同,因此计算职工养老保险与居民养老保险的各期领取水平 f_k 与个人缴费水平 b_k 的具体方式有所不同。同时,该问卷在城镇职工养老保险模块设计中,询问已经退休者与尚未退休者的相关问题也存在很大不同,因此城镇职工养老保险参保人员中已经退休者与尚未退休者的养老金财富的计算方式也存在较大的差异。下面逐一介绍各种不同类型参保人员的养老金财富的计算方式。

(1)参加城镇职工养老保险的已经退休人员的养老金财富的计算方式。在中国健康与养老追踪调查对于已经退休人员的相关调研问题中,仅询问了调查当年被访者领取的养老金数量以及开始退休的当年领取的养老金数量,并没有对基础养老金与个人账户养老金进行区分。而若要计算养老金财富 PV_i,则需要知道未来各期领取的养老金数量,而未来各期领取的养老金由个人账户养老金与基础养老金构成。其中,个人账户养老金水平由个人账户余额与计发月数决定,计发月数由退休者的退休年龄决定,但问卷中并没有询问个人账户余额的相关信息;而基础养老金水平不仅取决于历年本人缴费工资基数、缴费年限,还取决于领取时上一年度当地在岗职工的社会平均工资,虽然上一年度当地在岗职工的社会平均工资可以通过预测得到,但由于缺乏个人缴费信息,因此缴费工资基数无法获得。不仅如此,由于大部分领取者属于“老人”与“中人”,因此基于已有的信息并通过分别计算个人养老金与基础养老金的方式来获取未来各期的养老金水平并不现实,为此本书采用一种更为直接的估计方法。首先,通过退休当年与数据调查当年两个年份的养老金领取水平计算出养老金水平的平均增长率；然后，假设增长速度在未来年份保持不变，记为 g，并设在 i 岁时的养老金领取水平为 b_i，套用上面的式(3-5)有式(3-6)：

$$PV_i = \sum_{t=i}^{T} [b_i(1+g)^{t-i}d^{-(t-i)}]S_{i,t} \qquad (3-6)$$

(2) 参加城镇职工养老保险但尚未退休人员的养老金财富的计算方式。与已经退休者不同，中国健康与养老追踪调查针对尚未退休人员调查了预期退休时领取的养老金（或者替代率）以及当前的缴费水平，因此本研究将被访者自估的养老金作为未来领取的养老金的估计值。由于该数据调查的对象大多为中老年家庭，在不久的将来即将退休，因此对于自己未来可以领取的养老金数量应该有比较清晰的认识，被访者对于退休时领取待遇水平的自我估计应该相对较为可靠。对于退休之后各年份养老金待遇水平增长率的确定，则采用同一地级市所在组其他已经领取者的养老金增长率 g 的平均值进行替代。而对于从调查年份至退休之前各个年份的缴费水平的确定，则是根据受访者自我汇报的调查年份的缴费以及各年度缴费水平的增长率进行预测，各年度缴费水平的增长率则采用该参保人员工资的增长率进行替代。由于中国健康与养老追踪调查不仅调查了被访者的参保信息，而且询问了参保人员的工作与当年的工资收入信息，这为预测未来的工资收入提供了可能。笔者借用何立新(2008)的估计方法，以参保人员工资收入的对数值作为被解释变量，以年龄、学历、职业等个人特征为解释变量对工资收入函数进行估计，从而达到预测不同时期工资收入的目的，并以此工资收入的增长率作为缴费水平增长率的替代。基于上述计算，可以确定参保人员各期的养老金领取待遇与缴费水平，并基于公式(3-5)计算参加城镇职工养老保险但尚未退休人员的养老金财富水平。

(3) 居民养老保险参保人员的养老金财富的计算方式。与职工养老保险相比，城镇居民养老保险、城乡居民养老保险以及新型农村养老保险三种居民养老保险在制度设计上存在很大的不同，居民养老保险的缴费水平由参保人员在国家所规定的若干缴费档次中根据自身的实际情况选择其中一档进行缴费,而不是由个人的工资收入所决定,而退休后领取的养老金主要也是由个人账户养老金与基础养老金构成。其中,个人养老金部分可以根据各期的缴费水平以及缴费年限进行确定,而基础养老金部分,除了个别地区存在集体补助外,绝大多数地区主要来自政府的财政补贴。2014 年,《国务院关于建立统一的城乡居民基本养老保险制度的意见》指出:"中央确定基础养老金最低标准,建立基础养老金最低标准正常调整机制,根据经济发展和物价变动等情况,适时调整全国基础养老金最低标准。地方人民政府可以根据实际情况适当提高基础养老金标准。"据此,本研究确定的未来年份基础养老金的增长率为当地实际人均可支配收入增长率与消费者价格指数之和。同样,随着经济发展,政府规定的各档次个人缴费标准也会逐年调整,这会引起参保人员的缴费水平的变化。同样,根据《国务院关于建立统一的城乡居民基本养老保险制度的意见》指出的"人力资源社会保障部会同财政部依据城乡居民收入增长等情况适时调整缴费档次标准",本研究假定各地区利用当地的实际人均可支配收入增长率与消费者价格指数之和作为各个档次的缴费标准的增长率,并取整后作为未来各期最终的缴费标准。由于中国健康与养老追踪调查问卷中询问了各参保人员在本调查年度的缴费水平以及已经领取人员的领取待遇水平(很多省份规定,年满 60 周岁且只要子女参保即可直接领取),因此基于调查当年的缴费与领取水平并根据上面介绍的估计方法可以计算出未来各年度的缴费与领取水平,从而根据公式(3 - 5)计算出相应的养老金财富水平。

　　根据上面介绍的测算方法为不同类型参保人员分别计算相应的养老金财富,然后以家庭为单位进行加总,从而汇总出各个家庭拥有的养老金财富。

3.1.3　居民家庭持有养老金财富的现状

3.1.3.1　养老金财富单变量统计分析

按照前文介绍的养老金财富的计算方式,可以为所有家庭计算出持有的养老金财富总量。表 3-1 给出了城镇与农村地区样本中,所有家庭持有的养老金财富的基本描述性统计,表 3-2 给出了农村与城镇参保家庭持有的养老金财富的统计摘要。

表 3-1　城乡家庭养老金财富的统计摘要　　　　　　单位:元

样本	最小值	下四分位数	中位数	均值	上四分位数	最大值
农村	0	0	0	30 377.68	23 306.16	1 407 463.00
城镇	0	0	29 431.53	268 638.70	436 253.40	4 134 096.00

表 3-2　城乡参保家庭持有的养老金财富的统计摘要　　　单位:元

样本	最小值	下四分位数	中位数	均值	上四分位数	最大值
农村	849.1	17 172.2	28 197.8	77 244.2	35 406.2	1 407 462.7
城镇	2 800	38 678	336 069	440 010	667 880	4 134 096

第一,从表 3-1 可以看出,截至调查日,在农村仍有超过一半的家庭没有参加任何社会养老保险,而在城镇家庭中也有超过 1/4 的家庭没有参保。2017 年国家统计局的统计公报显示,截至 2017 年末全国社会养老保险参保人数达 9.145 4 亿人,因此距离实现基本养老保险覆盖全民的目标仍然有不小差距。

第二,从表 3-1 中农村与城镇的均值来看,农村家庭的户均社会养老保险持有量仅为 30 377.68 元,而城镇家庭高达 268 638.70 元,后者接近前者的 9 倍,说明城乡家庭在养老金财富持有量上差异非常巨大,即使考虑到农村社会养老保险覆盖率较低的事实,农村与城镇的社会养老保险的保障水平仍然存在显著差距。从表 3-2 可以发现,农村参保家庭拥有的养老金财富均值为 77 244.2 元,而城镇为 440 010 元,后者接近前者的 6 倍,由此可见城乡家庭在养老金财富上差异巨大。

第三,城镇与农村各自的组内差异显著。无论是表 3-1 还是表 3-2,均值均比中位数大得多,说明无论是城镇家庭还是农村家庭,养老金财富的分布均存在明显的右偏,即少数家庭持有的养老金财富巨大,可以发现少数家庭的养老金财富可以达到百万元以上，这提升了农村与城镇家庭养老金财富的整体均值，但同时也放大了家庭间的差异。图 3-1 中双对数坐标下城乡家庭养老金财富的互补累计分布函数图也可以印证这一规律，可以发现在农村，超过 90% 的家庭持有的养老金财富在 30 万元以下，但仍有约 3% 的家庭持有的养老金财富超过 100 万元；同理，在城镇，90% 的家庭的养老金财富少于 100 万元，但个别家庭的养老金财富可以达到 300 万元以上，说明绝大多数家庭拥有的养老金财富数量较少，但个别家庭的持有量巨大。

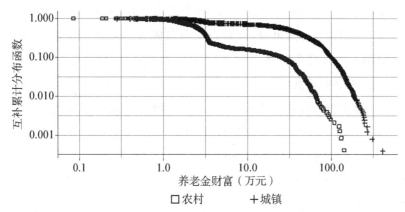

图 3-1　双对数坐标下家庭持有的养老金财富的互补累计分布函数图

第四，虽然无论是城镇还是农村，家庭之间的养老金财富均存在巨大差异，但对于减少家庭间财富不平等仍具有明显的正向促进作用。从表 3-3 可以看出，无论是农村与城镇分样本，还是城乡全样本，利用基尼系数度量的家庭财富不平等程度，在加入养老金财富后均显著下降，说明即使在覆盖面不全的情况下，社会养老保险也起到了一定的调节财富与收入分配的作用。但对比三组基尼系数的下降幅度可以看出，城镇组的基尼系数下降幅度较大，而农村组与城乡全样本组的基尼系数下降幅度很小，说明农村家庭的养老金财富以及城乡家庭之间的养老金财富差异可能较大，这应该引起政策制定者的警示，否则可能使社会养老保险制度丧失原本应该发挥的财富调节功能并形成新的城乡二元结构。

表3-3 不同情形下居民家庭资产规模基尼系数的比较

是否包括养老金财富	城镇样本	农村样本	全样本
除养老金财富之外的居民家庭资产规模	0.709 815 7	0.614 432 1	0.676 842 7
包括养老金财富在内的居民家庭资产总规模	0.610 301 3	0.597 471 5	0.665 173 1

3.1.3.2 养老金财富与其他变量的交叉统计分析

（1）年龄与养老金财富之间的关系。图3-2是不同年龄组的家庭养老金财富持有量的变化分布图，图中的横坐标"年龄"是被访者及其配偶的平均年龄（若为单身，则是户主自身的年龄），由于中国健康与养老追踪调查的人群主要是45岁及以上的人群及其配偶（可能小于45周岁），因此图中的最低年龄从40岁左右开始。从图中可以发现，无论是农村还是城镇家庭，养老金财富随家庭年龄的变化均呈现明显的倒U形，即在年龄较大的家庭与年龄较小的家庭中，家庭持有的养老金财富相对较少，而中间年龄段的家庭持有的养老金数量较多，60岁左右达到最大值。这一倒U形的分布规律与本书关于养老金财富的定义相互一致，在年龄较小的尚未退休的家庭中，未来不仅可以领取养老金，还需

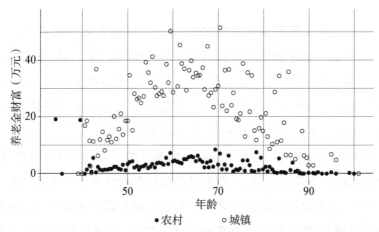

图3-2 城乡不同年龄的家庭平均持有的养老金财富分布图

要缴纳社会养老保险费;对于已经退休且年龄较大的家庭而言,随着年龄的逐渐增加,死亡的可能性也逐渐增大,未来可以领取的养老金数量不断减少;而对于退休边缘的人群,未来可以领取的养老金的年限较长,且不再需要缴费,因此养老金财富在法定退休与领取养老金的60岁年龄处达到最大。以上规律在城镇与农村均十分明显。

(2)家庭结构类型与养老金财富之间的关系。表3-4与表3-5分别给出了农村与城镇地区不同结构类型家庭的占比以及各自平均持有的养老金财富。从表3-4可以看出,虽然城镇与农村三种类型的家庭的占比整体上较为接近,但仍然存在一定的差异。第一,农村地区的单身男性家庭要比城镇地区高出1.5%,这与全部人口中农村男性占比偏高相一致。在婚姻梯度挤压的作用下,城市男性找农村女性,导致部分偏远地区的农村产生了较多的单身男性,因此在调查中发现农村地区的单身男性家庭要比城镇地区高出1.5%。第二,城镇地区的单身女性家庭占比比农村高出4.3%。一方面是由于上面的婚姻梯度挤压作用,另一方面是由于女性的预期寿命比男性长,而本书的研究对象主要是中老年人群,因此中老年人群中的女性占比相对较高。在对城乡不同类型家庭的占比进行分析的基础上,可以对表3-5进行分析,得到如下结论。第一,无论是农村还是城镇,单身女性家庭拥有的养老金财富均是最低的,不仅低于正常的婚姻家庭,而且比单身男性家庭也低得多。第二,对比农村家庭与城镇家庭可以看出,无论是单身家庭还是婚姻家庭,城市均远远高于农村,前者近乎是后者的10倍,这与前面城乡之间差异比较的结论完全一致。第三,由于正常婚姻家庭人口数量是单身家庭的两倍,因此如果考察人均拥有的养老金财富,则在农村地区,正常婚姻家庭最高,单身男性家庭其次,而单身女性家庭仍然是最低的,且比前两者低得多;而在城镇地区,则是单身男性家庭最高,单身女性家庭其次,而正常婚姻家庭最低;总体来看,农村的单身男性家庭与单身女性家庭拥有的人均养老金财富最低。而农村的单身老人本身就是社会的弱势群体,受教育水平低,健康状况差,配偶死亡或者离异,有的甚至终生未婚,家庭的抗风险性与家庭内部的支持功能较差。相比农村老年单身男性,老年单身女性的状况更加糟糕。在农村,劳动能力是家庭收入来源的重要保证,相较于老年单身男性,老年单身女性的劳动能力弱化更加明显,且预期余命又较长,在这种情况下,较低的养老金财富必然无法为老年单身女性提供有保障的晚年生活。由此可见,需要着重提升农村老年单身家庭,尤其是老年单身女性家庭的社会养老保险的保障水平。

表 3-4　城乡不同婚姻状况的家庭占比

地区	单身男性家庭	单身女性家庭	正常婚姻家庭
农村	0.099	0.138	0.761
城镇	0.084	0.181	0.735

表 3-5　城乡不同婚姻状况的家庭平均持有的养老金财富　　单位:元

地区	单身男性家庭	单身女性家庭	正常婚姻家庭
农村	15 975.746	7 380.661	36 455.516
城镇	170 875.605	167 945.009	304 657.081

　　(3) 受教育水平与养老金财富水平的关系。图 3-3 给出了不同受教育水平的家庭平均持有的养老金财富,其中受教育水平为户主及其配偶的平均受教育年限(若为单身,则指自身的受教育年限)。可以发现,在城镇家庭中,随着受教育水平的上升,养老金财富的数量虽然在个别点处有所下降,但整体呈现不断上升的态势,而且十分明显;在农村家庭中,虽然从文盲至 10 年受教育水平处,养老金财富也不断增加,但相对于城镇家庭,增长幅度较小,且在 10~15 年段,甚至出现略微下降的趋势,说明在农村养老金财富与教育之间可能也存在正向关系,但关系相对较弱。以上分布规律与实际情形相一致。在城镇家庭中,很大一部分家庭参加的是城镇职工养老保险,而城镇职工养老保险与参保人员的工作挂钩,受教育水平越高,工资越高,养老金财富水平也越高,因此养老金财富与受教育水平之间存在如图 3-3 所示的正向关系;而在农村家庭中,主要参加的是居民养老保险,养老金财富水平与受教育水平没

有必然联系,唯一存在的联系可能是,受教育水平更高的家庭收入水平更高,参保意识更强,因此更有可能选择更高档次的标准进行缴费,但这一关系的强弱可能因家庭而异。因此在农村家庭中,虽然养老金财富水平随受教育水平有所上升,但幅度不明显。

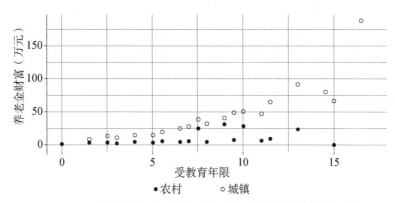

图 3-3　不同受教育水平的家庭平均持有的养老金财富分布图

(4)健康状况与养老金财富水平的关系。图 3-4 给出了城镇与农村不同健康状况的家庭持有的养老金财富水平,其中"家庭健康状况差"是指户主及其配偶中只要有一人在汇报健康状况时填写"差或者很差",则判定为健康状况差;反之,则判定为健康状况好。可以发现,无论是农村还是城镇,健康状况好的家庭持有的养老金财富均要高于健康状况差的家庭,且在城镇家庭中尤其明显。健康状况较差的家庭可能收

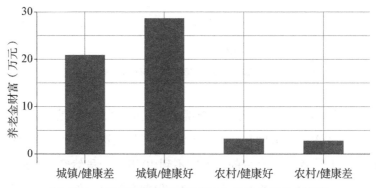

图 3-4　不同健康状况的家庭平均持有的养老金财富

入水平、受教育水平也较低,而这些因素会影响家庭的参保能力与参保意愿。在城镇家庭中,健康状况恶化意味着劳动能力削弱,而劳动能力会影响收入水平,若参加城镇职工养老保险且仍处于缴费阶段,则会直接导致缴费水平下降,因此对于城镇家庭的养老金财富水平的影响可能更大。

(5)不同省份家庭平均持有的养老金财富水平。图3-5给出了不同省份的农村与城镇家庭持有的养老金财富的平均水平,由于北京、上海、天津三个直辖市的城镇化率非常高,因此中国健康与养老追踪调查对这三个直辖市仅调查了城镇家庭,同理在青海省仅调查了农村家庭。从图3-5中可以发现如下几点规律。

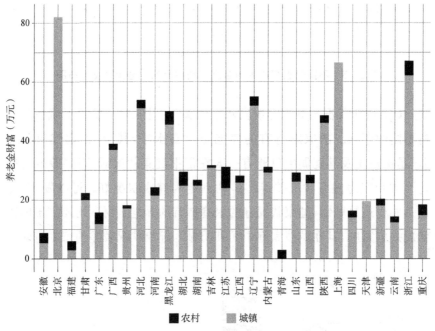

图3-5 不同省份的家庭平均持有的养老金财富

第一,不同省份之间的养老金财富水平差异巨大,尤其是城镇家庭的养老金财富水平差异十分明显,北京、上海、浙江的城镇家庭的养老金财富高达60万元以上,而较低水平的省份则不到10万元。虽然经济发展水平高的省份其养老金财富水平总体相对较高,但并非绝对。例如广东省经济发展水平较高,但养老金财富水平并不高,福建也是如此,东北三省的经济发展水平处于中游,但养老金财富水平却名列前茅,说明还有其他因素影响养老金财富水平。当然,由于中国健康与养老追踪调查在全国进行分层随机抽样,因此在局部个别省份可能存在样本不能代表总体的情形,比如在经济发展水平较高的省份恰好抽中了经济发展水平垫底的城市。

第二,虽然在所有省份中城镇家庭的养老金财富水平均明显高于农村家庭,但二者之间的差异程度在不同省份之间有所不同。例如,在安徽、福建与江苏,城乡家庭之间的养老金财富水平相对较为平衡,而在河北、陕西等省份,城乡之间的差异非常巨大。

总之,养老金财富与其他变量之间的交叉分析表明,无论是农村还是城镇,养老金财富随年龄的上升逐渐增加,即将退休的 60 岁左右的家庭持有的养老金财富量达到最大,随后随年龄上升而不断下降;不同结构类型的家庭中,人均持有的养老金财富有所不同,在农村家庭中,一般已婚家庭高于单身男性家庭,单身男性家庭高于单身女性家庭,而在城镇家庭中,单身男性家庭高于单身女性家庭,单身女性家庭高于一般已婚家庭;受教育年限越长的家庭养老金财富水平越高,这一规律在城镇比在农村明显;健康状况佳的家庭持有的养老金财富的数量大于健康状况差的家庭;养老金财富在不同省份家庭之间存在着巨大差异,且城乡二元差异水平在不同省份之间也有所不同。

3.2　中国居民家庭资产配置的现状分析

3.2.1　居民家庭资产配置规模特征

3.2.1.1　家庭资产配置规模的单变量分析

本研究的重点之一是社会养老保险对于家庭资产配置规模的影响,而家庭持有的土地资产主要受到家庭人口数量、国家土地政策以及当地政府所进行的土地动迁影响,一般而言不会受到养老金财富的影响。因此,后文中为了研究的方便,着重研究养老金财富对家庭持有的除土地与养老金财富之外的其他资产的规模及其结构比例的影响。笔者着重对除了土地与养老金财富之外的其他各种资产的总规模进行了详细分析，同时为了了解家庭中各种资产构成的总资产配置的现状，也对包括养老金财富与土地资产在内的家庭总资产的规模进行了描述性统计分析，从而为后续的实证模型分析提供基础与铺垫。

表 3-6 列出了上述两种资产规模的统计摘要。从表中不包括养老金财富与土地的其他资产总规模的统计摘要可以发现，规模最小的接近于 0，中位数为 29 100 元，说明大多数家庭的其他类型资产的规模较小，但个别家庭的资产规模超过 1 000 万元以上。不仅如此，上四分位数小于均值，说明家庭资产配置规模变量的分布明显右偏，暗含了家庭在其他类型资产上的配置规模存在巨大的差异。上述结论在图 3-6 资产配置规模的互补累计分布函数图中可以得到直观体现，虽然城镇家庭的互补累计分布函数图明显右移，但绝大多数家庭的其他资产配置规模均在 10 万元以下，个别家庭的资产配置规模高达数千万元以上。从互补累计分布函数的形状来看，接近于满足双段幂率分布，这说明变量存在明显的异质性特征，即家庭在持有其他类型资产上的规模差异十分显著。从表 3-6 中家庭总资产规模的统计摘要可以发现，相对于家庭资产配置规模（不包括养老金财富与土地），家庭总资产规模（包括养老金财富与土地）要大得多，说明养老金财富与土地在家庭总资产中的占比较大。家庭总资产规模也表现出明显的异质性特征，即居民家庭在总资产规模上存在巨大差异，大部分家庭的资产配置总规模较小，而少数家庭特别大，且城镇家庭之间的差异大于农村家庭之间的差异。

表 3-6　居民家庭资产配置规模的统计摘要　　　　单位：元

资产规模	最小值	下四分位数	中位数	均值	上四分位数	最大值
资产规模（不包括养老金财富与土地）	0	3 100	29 100	107 060	102 412	11 015 000
资产规模（包括养老金财富与土地）	100	36 136	106 529	275 034	302 682	14 110 341

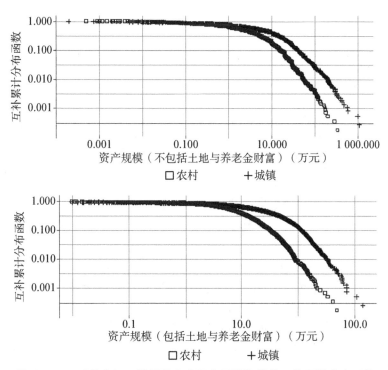

图 3-6　双对数坐标下的居民家庭资产配置规模的互补累计分布函数

3.2.1.2　家庭资产配置规模与其他变量的交叉统计分析

（1）年龄与家庭资产配置规模。图 3-7 中左图给出了年龄与除了养老金财富与土地之外的资产配置规模之间的散点图,右图给出了年龄与家庭总资产规模之间的散点图。可以看出,无论是否包括土地与养老金财富,两个变量与年龄之间均呈现明显的倒 U 形关系特征,这与前文所述的养老金财富与年龄之间的关系类似。由于家庭积累的资产是各期收入减去消费后的储蓄的结余,因此形成倒 U 形曲线的本质原因是储蓄的生命周期效应。根据生命周期假设,为了平滑消费,家庭在工作阶段会为未来老年阶段的消费进行储蓄,退休前的储蓄量一般达到最大,而退休后,随着积累的储蓄不断耗散,家庭持有的资产规模不断缩小,直至死亡时全部耗尽。年龄与资产配置规模之间的倒 U 形关系特征不仅说明了中国家庭储蓄具有明显的生命周期特征,也在一定程度上

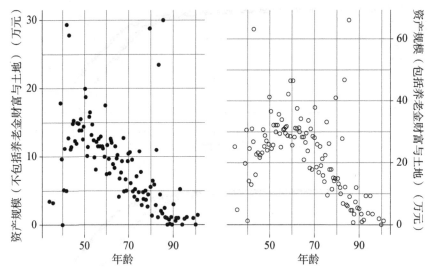

图3-7 年龄与资产配置规模之间的散点分布图

说明了本研究收集的实证数据是可靠的。

（2）家庭结构类型与家庭资产配置规模。家庭资产配置规模不仅受到家庭年龄的影响，还会受到家庭结构类型的影响，单身男性家庭、单身女性家庭以及正常的已婚家庭在资产配置规模上存在较大的差异。图3-8给出了城乡不同结构类型家庭的资产配置规模以及家庭总资产规模的对比图，可以发现虽然家庭总资产规模（包括养老金财富与土地）明显大于资产配置规模（不包括养老金财富与土地），但二者在城乡6种不同结构类型家庭之间的分布规律完全一致。第一，无论是家庭资产配置规模（不包括养老金财富与土地）还是家庭总资产规模（包括养老金财富与土地），城镇家庭均明显大于农村家庭，即使是城镇单身家庭的资产配置规模也大于农村已婚家庭。由此可见，城乡家庭在资产配置规模上的巨大差异，这与前述关于城乡家庭养老金财富差异的规律相一致。第二，无论是城镇还是农村，无论是否包括养老金财富与土地，均有正常已婚家庭大于单身男性家庭、单身男性家庭大于单身女性家庭的规律。第三，由于单身家庭与已婚家庭的人口数量不同，若考虑人均持有的资产规模，可以发现无论是否包括养老金财富与土地，在农村均呈现单身男性家庭大于一般已婚家庭,一般已婚家庭大于单身女性家庭,但在城镇却发现单身男性家庭大于单身女性家庭,单身女性家庭大于一般已婚家庭的规律,这一规律与前述关于不同结构类型家庭持有养老金财富的规律基本相同。由此可见,农村单身女性家庭不仅持有的养老金财富水平低,私人持有的其他资产规模也较小,再加上农村老年单身女性参加劳动的能力较弱、家庭内部与社区的支持功能较为欠缺,导致农村老年单身女性家庭的养老保障能力严重不足。

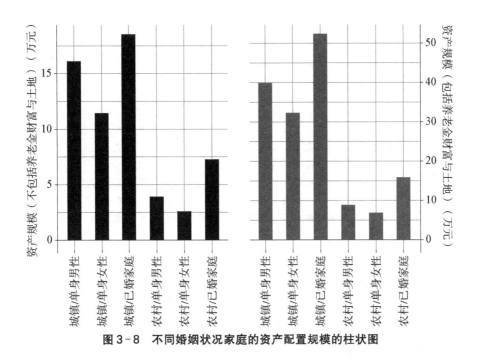

图 3-8　不同婚姻状况家庭的资产配置规模的柱状图

(3) 受教育水平与家庭资产配置规模。图 3-9 绘制了家庭资产配置规模随受教育水平变化的散点分布图。可以发现,无论是否包括土地与养老金财富,在农村与城镇家庭中,均呈现资产规模随受教育程度增加而不断扩大的趋势。但对比城镇与农村,可以发现城乡之间还是有所区别,随着受教育程度的增加,城镇家庭比农村家庭资产配置规模的上涨幅度更大,说明受教育水平对于城镇家庭资产规模的扩大作用更加明显。家庭资产配置规模随受教育水平的变化规律,与前述养老金财富随受教育水平的变化规律基本一致,说明教育对于家庭的影响具有普遍性,也意味着提升教育水平是扩大家庭资产配置规模、促进家庭财富积累的重要方式之一。

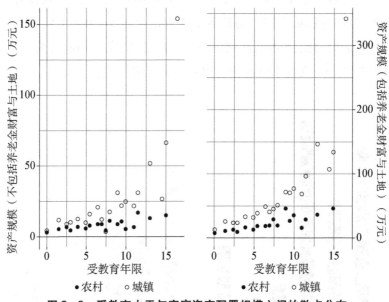

图3-9 受教育水平与家庭资产配置规模之间的散点分布

(4)健康状况与家庭资产配置规模。图3-10显示了城乡不同健康状况家庭的资产配置规模对比,发现无论是城镇还是农村家庭,无论是除了养老金财富与土地之外的家庭资产配置规模还是家庭总资产规模,均呈现家庭健康状况越好,资产规模越大的规律,且这一规律在资产配置规模不包括养老金财富与土地上的表现得更加明显,潜在的原因是相对于土地和养老金财富,其他资产受健康的影响可能更大。

健康影响家庭资产配置规模的原因主要有两点:第一,健康状况恶化会降低家庭的劳动能力,影响家庭人力资本积累,从而导致家庭收入下降,最终影响家庭储蓄以及积累的资产规模;第二,家庭健康恶化,会引起家庭医疗消费的大幅度上升,其必然挤压家庭储蓄,从而引起家庭资产积累能力的下降。由此可见,扩大家庭资产配置规模,增强家庭养老储备保障能力的一个重要手段就是通过医疗干预改善家庭健康

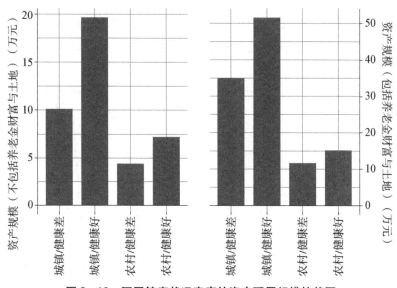

图 3-10　不同健康状况家庭的资产配置规模柱状图

状况。

　　总之,家庭年龄、受教育程度、家庭结构类型以及健康状况对于家庭资产配置规模均具有重要的影响。其中,家庭资产配置规模随家庭年龄的上升呈现先上升后下降的特征,具有明显的生命周期特征;家庭资产配置规模与受教育程度以及健康状况之间存在正向关系;农村单身女性家庭持有的家庭资产规模要远远小于其他类型的家庭,应该得到相应的关注。

3.2.2　居民家庭资产配置结构特征

3.2.2.1　居民家庭资产配置结构的整体分析

　　图 3-11 是城镇与农村家庭中不同类型资产占比(分母为除土地与社会保险养老金之外的资产总和)分布图,图 3-12 显示了城镇与农村家庭中不同类型资产占家庭资产总规模的比例分布。由于本研究的重点是社会养老保险对于家庭资产配置的影响,且正如前述所分析的,家庭持有的土地资产一般不会受到社会养老保险的影响,因此相对于包含

土地与养老金财富在内的家庭总资产的配置结构,本研究更关心除土地与养老金财富之外的其他资产的配置规模及其内部结构。当然,为了更全面地了解家庭资产配置的结构规律,本书对两种结构均进行了分析。

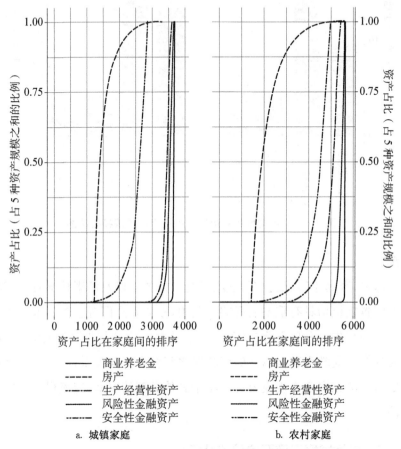

图 3-11 除土地与养老金财富之外的 5 种不同类型资产的结构分布
注:资产占比在家庭间按由低到高排序。

在对图 3-11 与图 3-12 进行具体分析之前,有必要先对图中资产配置比例分布曲线的绘制方式进行简要说明。以图 3-12 中左侧城镇家庭的房产占家庭总资产规模的比例为例,在绘制之前首先将所有城镇家庭持有的房产占家庭总资产的比重从小到大进行排列,并从自然数 1

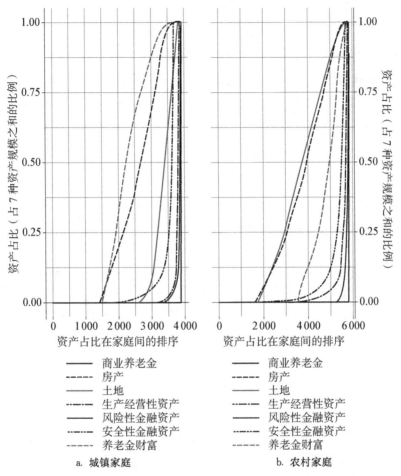

图 3-12　包括土地与养老金财富在内的 7 种不同资产的结构

注：资产占比在家庭间按由低到高排序。

开始利用正整数为其编上序号，以序号为横坐标、房产的占比为纵坐标进行描点，即可得到如图所示的房产曲线，其他资产可以进行类似处理。由于数据进行了升序排列处理，因此所有曲线的走向均是从左下角开始直至右上角结束。

在明确了曲线的绘制方式之后，可以从图 3-11 中提取相应的规律。

第一，在农村与城镇家庭中，房产、安全性金融资产、风险性金融资产、生产经营性资产以及商业养老金资产的相对大小及比例关系基本一致。从图中可以发现,5 条曲线从左到右依次是房产、安全性金融资产、生产经营性资产、风险性金融资产以及商业养老金,从下到上也是这一顺序,意味着绝大多数家庭持有的房产占比＞安全性金融资产占比＞生产经营性资产占比＞风险性金融资产占比＞商业养老金占比。对比左图与右图可以发现,两者保持一致。实际上在 5 种类型的资产中,所有样本中房产的平均占比高达 60％左右,安全性金融资产的平均占比也达到 25％以上,生产经营性资产的占比为 10％左右,风险性金融资产的占比约为 3％,而商业养老金的占比不到 1％(见表 3 - 7)。由此可见,房产与安全性金融资产占了家庭资产配置规模的绝大部分比重。

表 3 - 7　城乡家庭持有的 5 种不同类型资产在 5 种资产总规模中的平均占比(%)

样本	房产	安全性金融资产	生产经营性资产	风险性金融资产	商业养老金
农村	62. 810	22. 873	11. 643	2. 666	0. 314
城镇	58. 370	30. 779	6. 439	3. 854	0. 830
全样本	61. 050	26. 010	9. 580	3. 140	0. 520

第二,虽然总体上城乡家庭的资产配置结构比较接近,但在具体资产的配置比例上,城乡之间仍然存在一定的差异。结合图 3 - 11 以及表 3 - 7 可以发现,房产以及生产经营性资产在农村家庭中的占比相对更高,农村家庭持有更高比例的房产主要是由于农村家庭的房产持有率较高,而生产经营性资产较高的原因是农村家庭大多从事农业生产劳动,家庭中大多持有一定的生产资料与生产工具;而在安全性金融资产、风险性金融资产以及商业养老金的占比上,城镇家庭要明显高于农村家庭,原因可能是在城镇地区金融产品的可获得性较强,金融意识以及参与金融市场的可能性更高。

为了从整体上明确中国家庭内部所有类型资产的配置,笔者在图 3 - 11 的基础上加入了土地与养老金财富这种类型的资产,从而囊括了绝大部分家庭持有的全部资产类型,并进一步分析 7 种不同资产在家庭资产总规模当中的比例关系,得到如图 3-12 所示的城镇与农村家庭中 7 种不同类型资产占家庭资产总规模的比例分布图。可以发现,与图 3-11 不同,在图 3-12 中,7 种资产的占比大小在城镇与农村之间存在很大的差异。在城镇家庭中 7 种资产占比的相对大小关系是:养老金财富＞房产＞土地＞安全性金融资产＞生产经营性资产＞风险性金融资产＞商业养老金;而农村家庭中的相对大小顺序是:土地＞房产＞养老金财富＞安全性金融资产＞生产经营性资产＞风险性金融资产＞商业养老金。表 3-8 进一步表明,在城镇家庭中,养老金财富占据了整个家庭资产规模的 40％ 左右,是各项资产中占比最大的,房产占比超过 30％,土地资产占比为 13％ 左右,三项合计占比超过 85％,安全性金融资产占比排名第四。相比于城镇家庭,农村家庭中养老金财富的比重要低得多,不到 18％,而土地资产占比排在第一位,高达 35％,房产比土地资产略低,其他资产的相对顺序与表 3-7 中完全相同。上述城镇与农村之间各种资产占比的排序差异,表明在农村家庭中,土地依然是家庭资产与财富的最重要组成,养老金财富虽然占有一定的比例,但相对较小;而在城镇家庭中,养老金财富是家庭财富最重要的组成部分,表明即使仅仅考虑农村与城镇养老保险制度的相对水平,二者之间也存在巨大差距,因此着重提升农村家庭的社会养老保险保障水平迫在眉睫。

表 3-8　包括土地与养老金财富的 7 种资产在 7 种资产总规模中的平均占比(％)

样本	土地	房产	养老金财富	安全性金融资产	生产经营性资产	风险性金融资产	商业养老金
农村	35.48	34.02	17.18	8.39	3.68	1.38	0.189
城镇	13.12	32.61	40.81	9.58	2.45	1.43	0.463
全样本	26.52	33.46	26.68	8.87	3.19	1.39	0.299

3.2.2.2　居民家庭资产配置结构与其他变量的交叉统计分析

本小节通过居民家庭资产配置结构与常见人口学变量之间的二元

交叉分析,了解居民家庭资产配置结构在不同类型家庭中的配置结构特征,并通过与社会养老保险参保变量以及养老金财富变量之间的交叉分析,对家庭资产配置结构与社会保险之间的关系做初步的认识,从而为后续的实证模型研究奠定基础。

由于本研究主要关注社会养老保险对于家庭资产配置的影响,尤其是对资产配置结构的影响,而正如前文所指出的,土地资产一般不会受到社会保险的影响,因此相对于家庭内部7种类型资产在总资产中的结构关系,本研究更加关心除了养老金财富以及土地资产之外的其他5种类型资产之间的结构关系,以及其他因素尤其是社会养老保险对于这5种资产结构的影响。因此本章后续的交叉统计分析中,在不特别说明的情况下,资产配置比例或资产配置结构均是指除了土地与养老金财富之外的安全性金融资产、风险性金融资产、房产、生产经营性资产以及商业养老金5种资产之间的结构关系。

1)居民家庭资产配置结构与人口学变量之间的交叉分析

(1)家庭资产配置结构随年龄的变化。图3-13给出了城镇与农村家庭中,安全性金融资产、风险性金融资产、房产、生产经营性资产以及商业养老金5种资产的配置比例随年龄变化的散点分布,其中年龄为户主及其配偶年龄的平均值。第一,从图中可以发现,安全性金融资产的配置比例随着家庭年龄的上升整体上呈现不断上升态势,这与预期相一致。主要是由于随着家庭年龄的上升,家庭人力资本不大消耗,尤其是退休之后,家庭收入水平大幅度下降的同时收入风险大幅度上升;不仅如此,随着年龄的上升,家庭成员的健康不断恶化,医疗等支出风险增加,在收入风险与支出风险同时上升的情况下,根据背景风险理论,家庭会不断调整期资产配置结构,最明显的体现就是增加安全性金融资产的持有比例,因为安全性金融资产具有收益稳定、抗风险能力强的特性,适合家庭风险比较大的家庭持有。从图中也可以发现,在90岁以上的个别岁数点处,家庭的安全性金融资产的配置比例接近于零,这可能是由于90岁以上的人数在整个样本中非常少,因此通过年龄取平均后容易受到极端值的影响。第二,风险性金融资产的配置比例随年龄的上升呈现总体下降的态势。从图中可以看出,除了个别极端点外,无论是城镇还是农村家庭,虽然在 40 岁之前分布较为发散,但 40 岁后的整体走向呈下降趋势,下降的原因与安全性金融资产配置比例的上升相同。在 40 岁之前各点较为发散,是由于中国健康与养老追踪调查的对象为45 岁以上的户主及其配偶,因此家庭平均年龄在 40 岁以下的样本非常少,导致统计结果容易受到异常值的影响。第三,房产配置比例随年龄上升呈明显的递减趋势。可以发现,除了右上角个别极端点以及左下角的两个极端点之外,散点分布呈现明显的下降趋势,而且相对于其他资产,这一趋势非常明显。随着年龄上升,家庭配置房产的比例逐渐下降的原因主要有两点。首先,配置房产的管理与交易成本很高,比如房屋出租或者买卖手续均非常烦琐,而随着年龄的上升尤其老年人健康的恶化,显然会加大房产管理与交易的难度,增加相应成本;其次,随着家庭老化程度的加深,家庭规模会不断缩小,同时生活能力会迅速下降,老年人会选择与子女同住或者改住较小的房子,在以上两点的综合作用下房产的持有比例会不断下降。第四,关于生产经营性资产,农村与城镇表现出不同的规律。在农村家庭中,随着年龄的上升,除了右下角处的个别点外,生产经营性资产的占比持续扩大,而在城镇家庭中,除了右上角个别极端点外,整体呈现先上升后下降的趋势,且前一段上升的趋势也小于农村。农村家庭的生产经营性资产占比持续上升的原因主要有两点:一是随着家庭老化,人力资本的不断丧失,收入水平不断下降,家庭资产总体规模会不断缩小,为了减缓家庭老化引起的收入水平的下降,家庭不得不配置相对较高比例的生产经营性资产;二是已有研究表明,农村家庭由于社会养老保险水平较低,不得不终生从事劳动,这也是为什么农村家庭的生产经营性资产占比只升不降的原因。而在城镇家庭中,由于家庭的养老金财富水平相对较高,且生产经营性资产实际上是需要和人力资本相结合才能发挥较大的作用,因此在较大年龄的家庭中整体上配置较小的生产经营性资产。第五,商业养老金仅在接近退休或者刚退休的家庭中配置较多,持有的家庭数量以及持有的资产占比均比较低,平均不到 1‰,且农村家庭中只有极少数家庭持有商业养老保险。参与商业养老保险的家庭数量以及资产占比水平较低，主要原因有两点：一是在供给侧，中国的商业养老保险市场发展较为滞后，品种比较单一，居民家庭难以购买到合适的产品；二是在需求侧，中国家庭通过购买商业保险提高养老保障水平的意识并不强，多数家庭属于"被动养老"，家庭理财与养老意识并不强，同时，居民家庭的收入水平不高也限制了购买商业养老保险的能力。以上两个因素也是农村家庭的持有比例明显低于城镇家庭背后的原因。而接近退休年龄的家庭持有商业养老保险比例相对较高的原因主要是，这一年龄段的家庭拥有的财富规模较大，且即将或正在为未来的退休进行规划，养老需求与养老意识相对较强，因此持有比例较高也是合理的。

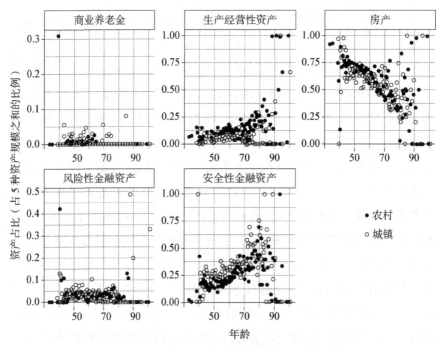

图 3-13　城乡家庭中 5 种资产配置比例随家庭年龄的变化图

（2）家庭资产配置结构随受教育水平的变化。图 3-14 显示了城乡家庭中 5 种资产配置比例随家庭平均受教育年限的变化状况。第一，安全性金融资产配置比例随受教育水平的上升而下降。从图中的走势来看,除了个别点外,教育水平越高,持有的安全性资产的配置比例越低,且这一趋势在农村尤其明显。已有研究表明,受教育水平尤其是金融知识的提升能够大幅度降低家庭持有的存款等安全性金融资产的比例,由于安全性金融资产不仅配置风险较低,而且不需要复杂的金融知识,因此成为低收入群体尤其是低教育群体家庭资产配置的主体,这也是中国家庭持有较高比例的存款等安全性金融资产的原因。第二,在农村家庭中,风险性金融资产的配置比例随受教育水平的提升整体呈下降的态势,而在城镇家庭中,却呈现整体上升的趋势。农村家庭与城镇家庭不同的变化主要是由两种因素的共同作用导致的。首先,通过进一步的分析可知,农村家庭与城镇家庭持有的风险性金融资产的构成存在很大的差异,农村家庭的风险性金融资产主要是民间借出款,而城镇家庭主要是金融机构发行的正规金融产品;其次,城乡家庭在正规金融产品的可获得性以及金融知识上存在巨大差异,在农村即使是受教育程度较高的家庭也很少能够参与正规的风险性金融市场,这可能也是受教育水平更高的农村家庭持有更低的风险性金融资产的原因。第三,房产持有比例随受教育水平的提升呈先升后降的趋势。从图中可以看出,无论是农村还是城镇,除了个别点外,散点近似分布在一条倒 U 形曲线上,这表明持有房产较多的家庭主要是中高等受教育群体。受过中等教育的群体持有较高比例房产的原因是,这部分家庭持有一定的家庭财富,但由于没有受过高等教育,金融与投资知识仍然较为缺乏,因此配置风险性资产的能力不高,但相对于低教育群体又具备一定的养老与理财意识,因此只能配置较大比例的房产。上述结论与已有研究发现的中国中产家庭喜好配置较高比例房产的结论相一致。第四,生产性资产的配置比例随家庭受教育水平的提升而不断下降。可以发现,无论是农村还是城镇,散点分布均呈现明显向下的趋势。由于中国健康与养老追踪调查的对象是 45 岁以上户主及其配偶,这部分人群的受教育程度总体较低,大部分受访者仅有小学或者初中文化水平,年龄较大者多为文盲,因此调查对象中受教育水平较高者大多在政府机关或企事业单位工作,拥有稳定的工作,从事生产经营活动的可能性较低,家庭持有的生产经营性资产占比较低,而受教育程度较低者中可能有较大比例的一部分人不得不从事个体经营活动或者农业生产,因此家庭中生产经营性资产的持有比例相对较高。进一步分析发现,受教育水平最低的人群持有的生产经营性资产主要为农业生产资料,这也印证了上述规律。第五,观察图中商业养老金配置比例随受教育水平的变化,没有发现明显的规律。

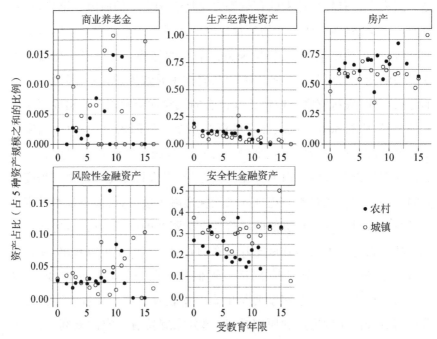

图 3-14　城乡家庭中 5 种资产配置比例随家庭平均受教育水平的变化图

(3)健康状况与家庭资产配置结构。图 3-15 对 5 种资产在城乡不同健康状况家庭中的配置比例进行了比较。

第一,在安全性金融资产的配置比例上,在农村样本中,健康家庭与非健康家庭几乎无差异;而在城镇样本中,健康较差的家庭持有的安全性金融资产的比例明显相对较低,原因可能是健康差的家庭其医疗支出较大,消耗了较高比例的安全性金融资产。

第二,在风险性金融资产的配置比例上,城镇与农村家庭之间有所不同。在农村家庭中,相对于健康好的家庭,健康差的家庭持有更多的风险性金融资产,而城镇家庭则相反。背景风险理论以及已有研究表明,家庭健康恶化会降低风险性金融资产的持有比例,因此城镇家庭的变化规律与预期相一致;农村家庭的该配置比例反而上升需要后续进一步的研究。

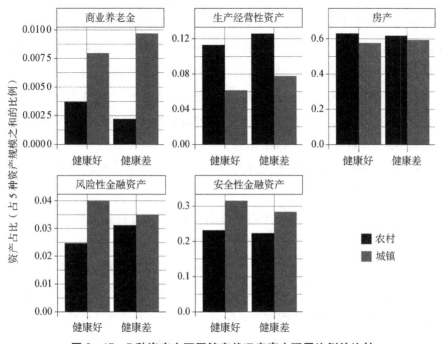

图 3‑15　5 种资产在不同健康状况家庭中配置比例的比较

　　第三,在房产配置比例上,城镇家庭中变化不明显,而在农村家庭中,虽然健康状况恶化会导致持有比例略有下降,但幅度较小。

　　第四,在生产经营性资产的配置比例上,无论是城镇还是农村,健康状况较差的家庭持有比例相对更高。家庭健康状况的恶化会降低家庭人力资本,而生产经营性资产需要与人力资本相结合,因此会降低生产经营性资产的持有比例;同时,健康状况的恶化会导致医疗支出的上升,家庭内部仍有其他人力资本的情况下,为了弥补因健康恶化而导致的收入下降或者医疗支出的上升,可能会配置更高比例的生产性资产。

第五，在商业养老金的配置比例上，城乡之间有所差异，相对于健康好的家庭，农村样本中健康差的家庭其配置比例更低，而城镇家庭则相反。城镇样本中，健康较差的家庭配置较高比例的商业养老保险可能是出于预防风险的角度考虑，健康恶化会增加家庭医疗支出，增加支出风险，而购买商业养老保险可以提升未来尤其是退休后的收入保障，能够降低家庭背景风险；在农村样本中，不增加反而减少的原因可能是在农村家庭收入水平不高的情况下，健康恶化会紧缩家庭流动性约束，这会降低持有商业养老保险的可能性，同时农村家庭的养老保障意识以及商业养老保险的可获得性均较低，这也限制了持有比例的上升。

（4）家庭结构类型与资产配置结构。图3-16对城乡不同结构类型家庭的资产配置结构进行了比较，3种家庭结构类型分别是单身男性家庭、单身女性家庭以及婚姻家庭。

第一，从图中可以发现，各种资产配置比例随家庭结构类型的变化在城乡之间基本一致。

第二，在安全性金融资产的配置比例上，单身女性家庭最高，原因是相对于男性，女性在资产配置上更加保守。

第三，在风险性金融资产的配置比例上，单身家庭相对较高，婚姻家庭相对较低，原因可能是单身家庭在风险性资产的投资上更容易形成投资决策，风险性金融资产的投资风险较大，投资决策过程往往难以达成一致。已有研究表明，夫妻之间在风险资产配置决策过程中会存在较为严重的争议，因此单身家庭的决策呈现可能更加简单，配置比例可能较高。

第四，对于房产的持有比例，婚姻家庭最高，单身男性家庭次之，而单身女性家庭最低，这一结论与预期相一致。婚姻家庭最高是因为家庭规模较大，需要的居住空间较大，而已有研究也表明男性更偏好于持有房产且对于居住空间的要求更高。

第五，在生产经营性资产的配置比例上，单身女性最高，单身男性居中，而婚姻家庭最低，背后的原因可能和受教育水平与生产经营性资产配置比例的关系相一致。

第六，在商业养老保险的配置比例上，婚姻家庭的持有比例较高。

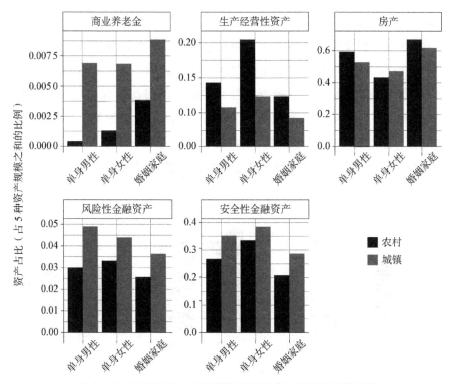

图 3-16　5 种资产在不同婚姻状况家庭中配置比例的比较

原因可能是，在正常婚姻家庭中，家庭资产规模相对较大且养老总需求相对较高，支付能力与支付意愿均相对较高。

2）居民家庭资产配置结构与社会养老保险之间的交叉统计分析

本书研究的一个重要问题就是社会养老保险对家庭资产配置结构的影响，因此在利用实证模型对两者之间的影响关系进行分析之前，有必要对两者之间的统计关系进行简单的统计分析。这样不仅能够熟悉变量特征，对两者之间的关系做出初步的判断，为后续实证模型的选择提供必要的技术支撑，而且可以与实证模型的研究结果进行相互验证，从而提高研究结果的可靠性。本小节将分别对"家庭是否参保"以及"养老金财富"两个变量与居民家庭各种类型资产的持有比例进行二元交叉统计分析。对"家庭是否参保"与"养老金财富"两个变量进行区别对待有着重要的现实意义，因为"家庭是否参保"对应着社会养老保险覆盖面的扩大,而"养老金财富"对应着社会养老保险保障水平的提高,对两者进行细分对于具体的政策制定与实施更具有针对性。

(1)家庭是否参保与家庭资产配置结构。图 3-17 显示了城乡参保家庭与非参保家庭在 5 种资产持有比例上的对比状况。户主及其配偶中至少有一人参加了社会养老保险,就视为"参保家庭",反之则为"非参保家庭",若是单身家庭,则户主参保就记为参保家庭。下面对 5 种类型资产配置比例在参保与非参保家庭中的差异进行分析。

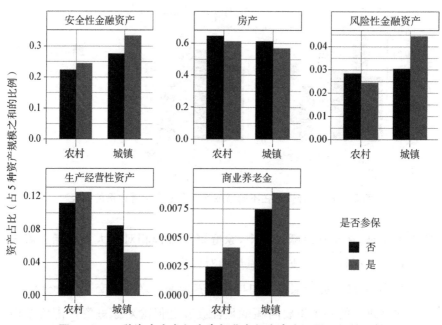

图 3-17　5 种资产在参保家庭与非参保家庭中配置比例的比较

第一,可以发现,无论是城镇还是农村,参保家庭均持有较高比例的安全性金融资产,且这一差异平均接近 10%。但值得注意的是,以上规律仅能说明家庭参保与安全性金融资产的持有比例之间存在正向关系,并不能就此给出家庭参加社会养老保险会显著提升家庭持有安全性金融资产的配置比例的因果推断,因为也可能存在反向的因果关系,即持有更多安全性金融资产的家庭流动性更好,从而会提升家庭参保的可能性,也有可能是因为持有更高比例安全性资产的家庭本身就属于典型的风险厌恶型,因此参加社会养老保险的可能性也相对更高。

第二,从持有的房产比例的变化来看,无论是农村还是城镇,相对于非参保家庭,参保家庭均持有较低比例的房产,且差异在 5% 以上。

第三,在风险性金融资产上,农村与城镇家庭之间存在一定的差异。在农村,参保家庭持有较低比例的风险性金融资产,而在城镇,参保家庭持有的风险性金融资产比例较高。

第四,生产经营性资产的持有情况与风险性金融资产较为类似,但方向恰好相反。在农村,参保家庭持有更高比例的生产经营性资产,而在城镇则相反。无论是城镇还是农村,参保组与非参保组之间的差异均高达 5% 以上,说明差异非常显著。关于风险性金融资产与生产经营性资产的上述规律在城镇与农村家庭之间的差异,将会在后续章节中进行详细阐述。

第五,无论是城镇还是农村,相对于非参保家庭,参保家庭持有的商业养老保险资产均更高。虽然,从绝对值上来看,参保组与非参保组持有比例的差异非常小,但由于整体的持有水平非常低,因此相对变化幅度并不小。总之,5 种不同类型的资产在参保家庭与非参保家庭中配置比例的差异,表明家庭是否参保对于资产配置结构可能存在着显著的影响,本书第 6 章将对这一问题进行深入分析。

(2)养老金财富与家庭资产配置结构。上文分析了居民家庭是否参保与家庭资产配置结构之间的关系,下文在此基础上进一步分析家庭参保形成的养老金财富与资产配置结构之间的关系。图 3-18 显示了在城镇与农村家庭中,持有的 5 种不同类型资产的比例与拥有的养老金财富之间的散点分布状况。下面逐个对图 3-18 中的各种类型资产进行分析。

第一,安全性金融资产与养老金财富。从第一行安全性金融资产的散点分布来看,无论是城镇还是农村,散点均主要分布在左下角与左上角。主要原因如前面 3.2.3 节所论述的,养老金财富近似满足幂率分布,大部分家庭的养老金财富水平非常低,个别家庭的养老金财富水平

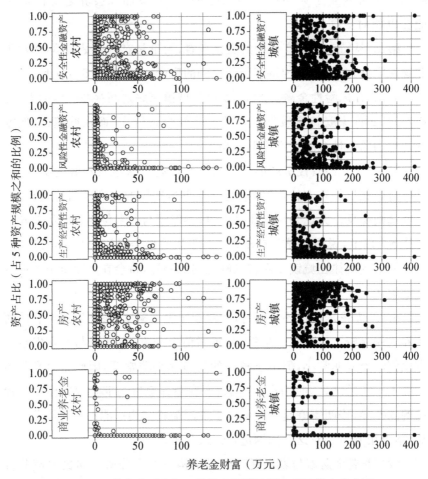

图 3-18　养老金财富与 5 种资产配置比例之间的散点分布图

非常高,从图中的散点分布来看,没有发现明显的分布趋势,因此无法判断二者之间的关系。为此,进一步对二者的相关性进行检验,检验结果见表 3-9。可以发现,无论是城镇家庭还是农村家庭,社会养老金财富与安全性金融资产持有比例之间的皮尔逊(pearson)相关系数均为正,且 5% 显著性水平内拒绝相关系数为零的原假设,说明从统计意义上来看,养老金财富与安全性金融资产配置比例之间存在非常显著的正相关关系。

表 3-9　养老金财富与 5 种资产配置比例之间的相关性检验

样本	统计量	安全性金融资产	风险性金融资产	生产经营性资产	房产	商业养老金
城镇	相关系数	0.088	0.084	-0.101	-0.067	0.007
	t 统计量	5.376	5.122	-6.142	-4.048	0.437
	p-value	0.000	0.000	0.000	0.000	0.662
农村	相关系数	0.037	-0.005	-0.042	-0.014	0.087
	t 统计量	2.774	-0.378	-3.135	-1.059	6.545
	p-value	0.005	0.706	0.002	0.289	0.000

注：表中的相关系数为 pearson 相关系数，t 统计量为样本配对相关性检验的 t 统计量，p-value 为 t 统计量双侧检验的 P 值。

第二，风险性金融资产与养老金财富。观察第二行风险性金融资产的散点分布，农村家庭中呈现非常明显的反向关系，而城镇家庭虽然也表现出一定反向关系，但并不明显。表 3-9 中的样本配对相关性检验也表明，在农村家庭中，养老金财富与风险性金融资产配置比例之间的相关系数确实小于零，且在 95% 置信区间内拒绝原假设，说明养老金财富与风险性金融资产之间确实存在反向关系；而城镇家庭中，二者之间的相关系数显著为正，这与图 3-17 中反映的参保家庭与非参保家庭的规律相一致，说明社会养老保险对于家庭持有的风险性金融资产的影响可能存在城乡差异。

第三，生产经营性资产与养老金财富。观察第三行生产经营性资产的散点分布可以发现，大部分点主要集中于右下角以及横纵坐标轴处，散点分布呈双曲线状，说明生产经营性资产与养老金财富之间具有负向关系。表 3-9 中城乡样本的相关系数均显著小于零也印证了上述结果，但与图 3-17 中家庭是否参保的城乡家庭之间存在差异的结论有所不同，说明养老金财富与家庭参保对于生产经营性资产的影响可能有所不同。

第四，房产与养老金财富。与前面的安全性金融资产类似，仅从图 3-18 第四行的散点分布无法发现两者之间明显的分布规律。但

表3-9中的统计结果表明,在城镇家庭中养老金财富与房产持有比例之间存在显著的负向关系,这与图3-17中家庭是否参保的结论相互一致。值得注意的是,在农村家庭中虽然相关系数为负,但在5‰显著性水平上不显著。

第五,商业养老保险金与养老金财富。从最后一行商业养老保险金的散点分布来看,由于大多数家庭并不持有商业养老保险,或者持有的比例非常低,因此绝大多数点集中在横轴附近,根据散点的分布态势并不能对两者之间的关系做出判断。相关性统计检验表明,无论是城镇样本还是农村样本,养老金财富与商业养老保险金之间的相关系数为正,这与图3-17中的结论相一致,其中农村样本在95‰置信区间内显著为正,而城镇样本中并不显著,意味着城乡之间可能存在着一定的差异。

上述关于家庭参保以及养老金财富与家庭资产配置结构之间的交叉统计分析表明,社会养老保险与家庭资产配置结构之间很可能存在非常强的作用关系,且个别种类资产的影响关系在城乡之间可能有所不同,这一结论同时也意味本研究是可以进行下去的。具体而言,家庭参加社会养老保险以及养老金财富的增加,可能会提升城乡家庭持有安全性金融资产与商业养老保险资产的比例、降低房产的持有比例,增加城镇家庭持有风险性金融资产的比例,降低农村家庭持有风险性金融资产的比例,降低城镇家庭持有生产经营性资产的比例,而对于农村家庭持有生产经营性资产的影响则无法给出初步判断。

3.3 本章小结

首先,本章对中国社会养老保险制度的发展与改革过程进行了初步的梳理,从而明确家庭参保以及资产配置所面临的制度环境与约束。其次,在上述制度改革梳理的基础上,为居民家庭的养老金财富给出了明确的定义,并基于上述定义为家庭养老金财富给出了具体的切实可行的估计与测算方式,并以此为基础对家庭养老金财富进行了具体计算。再次,对居民家庭养老金财富的现状进行了统计分析,分别利用单变量统计分析以及交叉统计分析,提取养老金财富变量分布特征以及其他常见人口学因素对于养老金财富的影响规律。最后,着重从规模与结构两方面对家庭资产配置特征进行了详细分析,为后续的实证研究奠定基础。

通过以上研究,得出如下主要结论:

第一,无论是养老金财富还是家庭资产配置规模,整体上均表现出很强的极值分布特征,即大多数家庭的持有规模均较小,少数家庭持有规模特别巨大,家庭之间的差异特别巨大,这一极值分布特征对于后续实证模型研究中的模型选择具有重要意义。

第二,尽管养老金财富在家庭之间存在巨大差异,但对于减缓总资产的不平等仍然具有正向促进作用,同时也需要注意提升农村家庭的养老金财富水平,否则可能会造成新的城乡二元分割。

第三,家庭结构类型、年龄、受教育程度、健康状况等常见人口学因素对于家庭持有的养老金财富、家庭资产配置规模以及配置结构均具有重要影响,且在城乡之间可能存在差异。

第四,在资产配置结构中,在安全性金融资产、风险性金融资产、房产、生产经营性资产以及商业养老保险资产构成的 5 种资产中,房产的平均占比高达 60% 左右,安全性金融资产的平均占比也达到 25% 以上,生产经营性资产的占比在 10% 左右,风险性金融资产的占比约为 3%,而商业养老保险资产不到 1%,且城乡家庭在上述 5 种资产配置比例上的顺序基本一致,但具体大小存在一定差异;在包括养老金财富以及土地在内的所有类型资产中,各类型资产占比的排序在城乡之间存在很大差异,养老金财富在城乡家庭内的地位存在明显不同,城镇家庭中养老金财富占到家庭总资产的 40% 以上,而农村家庭不到 18%,土地与家庭内部存款储蓄仍然是农村家庭养老资金的重要来源。

第五,家庭参保与养老金财富对于家庭资产配置结构具有重要影响。

第 4 章　社会养老保险的居民家庭资产配置效应的理论分析与命题假设

4.1　社会养老保险与家庭资产配置规模

　　家庭资产配置规模即家庭资产总量,在本书中指的是居民家庭所持有的除养老金财富与土地之外的全部资产的总净值,是一个存量概念,可以视为家庭各期消费剩余后的结余加总。由于家庭各期消费后的剩余实际上是家庭各期的储蓄,因此家庭资产配置规模实际上就是家庭各期储蓄的积累值。在这个意义上而言,社会养老保险与家庭资产配置规模之间的关系实际上是与家庭各期储蓄之间的关系。社会养老保险的储蓄效应是社会保障研究中的一个经典问题,然而多年来众多的研究并没有达成相对统一的研究结论。

　　根据经典的 Modigliani(1970)的生命周期假说可知,在理性人的假设下,为了平滑消费实现终身效用最大化,人们会进行储蓄。由于参加社会养老保险需要缴纳社会保险费并在退休后领取养老金,这在一定程度上代替了家庭的储蓄行为,因此在生命周期这一经典假设下,家庭参保以及养老金财富的增加会相应地减少家庭持有的私人储蓄。在完全积累制下,由于家庭的终身收入并未因为家庭参保而发生改变,因此形成的养老金财富与家庭私人储蓄的总和并未改变,这意味着在这一理想假设下养老金财富的增加势必会降低居民家庭持有的私人储蓄。但显然这一经典理论的假设与现实并不完全相符,实际上在劳动力供给内生的情况下,由于社会养老保险使家庭退休后的生活保障程度大幅度提升,这可能引致居民尽早退休,同时也意味着为了满足更长退休期间的消费需要在工作期间进行更多的储蓄,因此会在一定程度上与替代效应相互抵消。在关于养老保险与家庭储蓄的开创性研究中,Feldstein(1974)对社会养老保险对家庭储蓄的以上两种效应进行了区分,将降低储蓄的影响称之为资产替代效应,增加储蓄的效应称之为退休效应,养老保险对家庭储蓄的最终影响由两者的相对大小决定。

在以上的分析当中,实际上暗含家庭储蓄的动机主要是为养老做准备的前提假设,但实际家庭中的储蓄动机要复杂得多,例如为了应对未来不确定的支出或者收入下降而储蓄,相应形成的储蓄也称为预防性储蓄。而家庭参加社会养老保险实际上保证了未来尤其是老年收入下降后能够获得稳定的收入来源,降低了家庭面临的收入不确定性风险,因此社会养老保险也具有降低预防性储蓄的功能,从而能够降低家庭的整体储蓄水平,Abel(1985)与 Hubbard 等(1995)从理论上证实了社会养老保险的这一特性。正因为如此,预防性储蓄在家庭储蓄中的占比越高,社会养老保险降低储蓄的作用可能越明显(Carrol,1997),社会养老保险的这一影响也可称为预防性储蓄效应。当然,若家庭储蓄的目的,既不是为养老做准备,也不属于预防性储蓄,那么应该不会受到社会养老保险的影响。

基于以上理论分析可知社会养老保险对家庭储蓄的影响比较复杂,替代效应与预防性储蓄效应的影响为负,而退休效应的影响为正,因此即使在仅存这三种效应的理想情况下,也难以确定最终的影响方向,需要利用实际数据进行实证检验。结合中国家庭的实际情况可以对影响方向做出大体判断,由于中国家庭的收入与财富水平相对不高,且养老、医疗、住房等民生保障体系并不完善,因此可以认为家庭为应对未来突发性支出上升而进行储蓄的可能性较大,社会养老保险的预防性储蓄效应可能比较明显。此外,在目前中国养老储备水平普遍不高的情况下,社会养老保险引致的提前退休进而导致储蓄增加的情况出现的可能性相对较低,且城镇职工养老保险的参保人员一般只有达到法定退休年龄才能领取养老金,因此提前退休的可能性不大,相应形成的退休效应也较弱。三种效应中的替代效应一般均是存在的,结合中国家庭的实际

情况,可以认为替代效应与预防性储蓄效应占主导,而退休效应较弱。为此可以提出如下假设:

假设 A1:社会养老保险对中国家庭资产配置规模具有显著影响,且整体影响方向可能为负,即社会养老保险对家庭私人财富积累存在一定程度的挤出效应。

前文得出了社会养老保险对于家庭资产配置规模存在挤出效应的大体判断,那能否对挤出程度的大小进行判断呢?实际上,社会养老保险对于家庭资产配置规模的挤出程度既可能为部分挤出,也可能为完全挤出。若为部分挤出,意味着养老金财富的增加量大于被挤出的私人资产储备,此时包括养老金财富在内的家庭资产总规模应该仍然是有所扩大的;然而,在替代效应与预防性储蓄效应非常大的情况下,私人家庭资产储备的被挤出量可能等于甚至超过养老金财富的增加量,此时即为完全挤出,在这种情况下,包括养老金财富在内的家庭资产总规模不仅不会扩大甚至可能有所缩小。由此可知,以上两种情形皆有可能在现实中出现,因此关于社会养老保险对于中国家庭资产配置规模的具体挤出程度无法通过理论分析直接进行判断,需要依靠计量模型进行精确估计。为此提出如下的假设:

假设 A2:养老金财富对于居民家庭资产配置规模的挤出程度,可能是部分挤出,也可能是完全挤出。

尽管无法通过理论分析对养老金财富的具体挤出程度进行判断,但对于不同险种的挤出程度的相对大小仍然可以进行大致的分析比较。中国目前存在的社会养老保险制度主要包括城镇职工养老保险与城乡居民养老保险(包括新农保以及城镇居民养老保险),这两套保险制度无论在参保对象、制度设计还是保障水平上均存在非常大的差异。城镇职工养老保险主要适用于拥有正式工作的城镇就业人员,社会保险费由单位与个人共同缴纳,保障水平相对较高;而居民养老保险的参保对象为没有囊括在职工基本养老保险制度覆盖范围内的城乡居民,保费来源主要采用个人缴费、集体补助与政府补贴相结合的方式,且由于个人缴费能力较低以及集体补助与政府补贴有限,因此保障水平较低。前面第

3 章的描述性统计分析也可以印证以上事实,参加城镇职工养老保险的家庭拥有的养老金财富要远远多于参加居民养老保险家庭拥有的养老金财富。两种险种在保障水平上的巨大差异意味着参加两种社会养老保险所引起的挤出效应的大小可能有所不同,较高的保障水平可能预示着较强的挤出效应。

但值得注意的是,上面比较的仅是关于是否参加两种社会养老保险引起的整体挤出效应的大小,而单位养老金财富的增加对于家庭资产配置规模的边际影响大小则可能有所差异。由于参加城镇职工养老保险的家庭其整体财富水平相对较高,且收入相对较为稳定,而参加居民养老保险的家庭大多没有稳定的工作,财富与收入水平相对较低,这部分家庭中的预防性储蓄所占的比重相对较高,单位养老金财富的增加引起的预防性储蓄效应可能较大,因此对于家庭资产配置规模的挤出效应相对较大。为此,基于上面的分析结果,可以提出以下命题假设:

假设 A3:参加城镇职工养老保险对于家庭资产配置规模的挤出效应可能大于参加居民养老保险的挤出效应;但城镇职工保险养老金财富的边际效应可能要小于居民保险养老金财富的边际效应。

上面理论分析的结果是关于社会养老保险对于所有家庭影响的一般整体规律,是一种平均意义上的影响结果。由于中国目前的社会养老保险制度采用现收现付制与个人账户相结合的制度模式,在不同收入与财富水平的家庭之间具有一定的收入调节作用,因此对于不同收入与财富水平家庭的影响可能存在一定的差异。不仅如此,不同家庭在财富与收入水平、受教育程度、健康状况以及风险偏好等方面均存在较大的差异,家庭之间的上述异质性决定了社会养老保险对于家庭资产配置规模的影响可能也存在一定不同,例如相对于健康状况较好的家庭,健康状况较差的家庭参加社会养老保险及其形成的养老金财富对于家庭资产配置规模的挤出效应可能较小。基于上述的分析可以提出下面的命题:

假设 A4:社会养老保险对家庭资产配置规模的影响具有异质性特征,不同类型的家庭之间存在一定差异。

4.2 社会养老保险与家庭资产配置结构

居民家庭在资产配置决策过程中,除了需要决定如何在消费与储蓄之间分配收入外,同时也需要决定配置的资产种类以及各种类型资产的配置比重,前者为资产配置规模问题,而后者即为此处的配置结构问题。为了研究的方便,在经典投资组合理论中,通常将家庭持有的各种类型资产划分为风险性资产与无风险资产,从而研究家庭如何在风险性资产与无风险资产之间进行配置。在经典投资组合理论的完全市场假设下,家庭的风险偏好决定了家庭资产配置的选择,但由于现实中的市场并不完全,很多家庭并未配置风险性资产,或者配置的资产过分集中于其中的少数类型。例如,在中国大多数家庭中,家庭资产主要集中于房产与银行存款。为了对这种与理想状态下的配置结果相违背的资产配置现状进行解释,研究者们逐渐在经典投资组合理论中不断引入交易与信息成本、不确定性、流动性约束以及背景风险等解释因素(徐华、徐斌,2014)。而社会养老保险正是通过以上因素对家庭资产配置结构产生影响。

第一,社会养老保险通过改变家庭背景风险影响家庭资产配置结构。家庭在进行资产配置时,不仅需要承担资产组合本身的风险,而且受到其他背景环境因素的影响,这些背景环境因素统称为背景风险(Eeckhoudt et al.,1996)。家庭参加社会养老保险保证了家庭在进入老年劳动收入下降后能够有一定的收入来源,且这种收入相对稳定,不会随着家庭人力资本风险的变化而变化,因此社会养老保险在一定程度上降低了家庭的收入风险。收入风险是家庭资产配置背景风险中的一种,因此收入风险的降低会使得家庭总体背景风险下降,进而降低家庭资产配置的风险厌恶程度,使得家庭更倾向于配置风险性较高的资产。

第二,社会养老保险通过改变家庭流动性约束影响家庭资产配置结构(Mericle,2012)。家庭参加社会养老保险需要缴纳社会保险费,而社会保险费的缴纳会减少家庭的可支配收入,从而紧缩家庭流动性,这会导致家庭将资产配置在流动性水平较高的资产上。在前面所划分的安全性金融资产、风险性金融资产、房产、生产经营性资产、商业养老保险资产以及土地这 6 种类型的资产当中,构成安全性金融资产的现金与存款的流动性水平最高,因此从流动性约束视角来看,家庭参加社会养老保险会提升家庭配置由现金与银行存款构成的安全性金融资产的比例,相应的其他资产的比例会有所下降。

第三,社会养老保险为家庭资产配置提供新的渠道并降低交易与信息成本,从而改变家庭资产配置结构。由于中国金融市场发展还不完善,居民家庭缺乏有效的投资渠道,因此中国居民家庭资产主要集中于银行存款与房产两种类型。银行存款利息低,房地产市场又受到政府的严格管控,因此一些地区的居民家庭为了寻求家庭资产的保值增值,只能参与风险非常高的民间借贷或者 P2P 业务(路晓蒙等,2017)。发展社会养老保险制度,不仅能够提升家庭未来进入老年后收入的保障程度,实际上也能为居民家庭提供新的资产配置渠道,在一定程度保证了家庭资产的增值保值能力,同时避免了家庭通过其他渠道进行资产配置时需要的信息搜寻成本与丰富的金融知识,这也在一定程度上解释了中国社会养老保险能够在短短数年时间内迅速扩大覆盖面的原因。因此,发展社会养老保险为居民家庭提供了新的资产配置渠道,让居民家庭将部分风险性较高的资产转移到养老金财富上来,这在很大程度上降低了居民家庭资产中风险性资产的比重。

综上可知,从背景风险的角度来看,家庭参加社会养老保险会使得家庭配置风险性资产的比例提升,降低安全性资产的配置比例;从流动性约束角度来看,家庭参加社会养老保险会提升家庭配置安全性资产的比例,降低风险性资产的比例;从投资渠道角度来看,家庭参加社会养老保险会降低风险性资产的配置比例,相应的安全性资产的配置比例会有所下降,但由于三种影响的相对大小无法确定,因此总体影响的方向无法确定。

基于以上三种理论视角,下面逐一分析社会养老保险对于安全性金融资产、风险性金融资产、房产、生产经营性资产、商业养老保险资产 5 种不同类型资产的影响,并提出相应的命题假设。

（1）社会养老保险对于家庭持有风险性金融资产的影响。本书中定义的风险性金融资产主要是债券、基金、股票三种狭义风险性金融产品以及民间借出款，这几种类型的风险性金融资产在中国家庭中占比较高，具有一定的代表性。从前述家庭资产配置结构现状的描述性统计分析可知，城镇与农村家庭配置的风险性金融资产的类型存在较大差异，债券、基金与股票三种狭义风险性金融资产是城镇家庭配置的风险性金融资产的主要类型，而农村家庭配置的主要是民间借出款，背后的原因主要是城镇与农村家庭在家庭财富水平、抗风险能力、受教育程度、金融素养以及金融产品的可获得性上存在巨大差异。由于债券、基金、股票市场的参与需要丰富的金融知识且对于家庭财富水平的要求较高，而农村家庭往往缺乏相应的金融知识，且远离正规性金融市场，因此参与的可能性较低。在家庭内部存有闲置资金的情况下，为了寻求家庭资产的增值，而不得不参与不受政府监管的风险水平更高的民间借贷市场（甘犁，2012）。这种城乡家庭之间完全不同的风险性金融资产配置结构及其背后的原因也决定了社会养老保险对于城乡家庭风险性金融资产的配置比例的影响可能有所不同。

具体而言，在城镇家庭中，从背景风险角度来看，家庭参加社会养老保险可能会提升这三种类型资产的持有比例；从流动性约束角度来看，由于城镇家庭的家庭财富与收入水平相对较高，因此缴纳社会保险并不会造成家庭流动性明显下降，所以流动性约束效应并不明显；从渠道效应来看，已有的配置了债券、基金、股票三种类型资产的家庭是主动配置，而非被动，因此渠道效应几乎不存在。从三种效应的整体作用结果来看，背景风险效应占主导，因此社会养老保险会使得城镇家庭配置更高比例的债券、基金、股票三种类型风险性金融资产。而在农村家庭中，由于家庭金融素养水平低，且对于债券、基金、股票等正规性金融产品的可获得性较低，因此虽然家庭参保降低了家庭面临的背景风险，但债券、基金、股票等金融资产的配置比例并不会显著上升；由于农村家庭的流动性约束较强，参加社会养老保险缴费会紧缩家庭面临的流动性约束，因此社会养老保险的流动性约束效应可能比较明显（张琳琬、吴卫星，2016；王波，2016）；

由于家庭参与民间借贷市场是不得已而为之,因此社会养老保险的渠道效应十分突出(甘犁,2012)。在三种效应的综合作用下,家庭参加社会养老保险对于农村家庭配置债券、基金、股票三种风险性金融资产的比例的影响可能并不明显,但可能显著降低家庭持有的民间借出款的持有比例。

基于以上分析可以提出如下命题:

假设 B1:家庭参加社会养老保险以及养老金财富的增加对于城乡家庭持有风险性金融资产的影响可能有所差异,对于城镇家庭持有的狭义风险性金融资产的比例可能具有显著提升作用,而对于农村家庭持有的民间借出款可能具有显著抑制作用。

(2)社会养老保险对于家庭持有房产的影响。在中国家庭的资产配置中,房产的占比非常高,绝大部分家庭都拥有自己的自住房屋,且房产在总资产中的占比超过 50%。中国家庭配置房产的原因主要有两点:一是中国的金融市场还不完善,家庭参与风险性金融市场的可能性比较低,因为参与风险性金融市场对金融知识与信息搜寻成本的要求非常高,且风险较大,因此普通家庭只能敬而远之,在缺乏有效的资产增值保值渠道以及近些年中国房产价格大幅度上涨的情况下,绝大多数家庭只能投资于房产(甘犁等,2013)。二是在中国社会保障水平不足的情况下,绝大部分家庭,尤其是中老年家庭投资房产的一个主要目的就是实现以房养老,利用房屋出租或者出售后获取的收入作为自己老年收入的一个重要来源(朱涛等,2014)。基于以上两点关于家庭配置房产的动机分析可知,社会养老保险的资产配置渠道效应非常突出,会引起养老金财富与家庭持有房产之间的替代,因此会导致家庭持有房产比例的较大幅度下降。基于上述分析,可以提出如下假设:

假设 B2:家庭参加社会养老保险以及养老金财富的增加可能会导致家庭持有房产比例的较大幅度下降。

(3)社会养老保险对于家庭持有生产经营性资产的影响。生产经营性资产从风险程度上来看与风险性金融资产较为接近,因此社会养老保险的背景风险效应可能较为明显。但与风险性金融资产有所不同的是,生产经营性资产主要服务于家庭生产经营活动,而生产经营活动的开展同时需要人力资本的支持,随着家庭年龄的上升,家庭人力资本不断下降,因此对于处于生命周期不同时间段的家庭,社会养老保险对于生产经营性资产持有的影响有所不同(程杰,2014)。对于中青年家庭而言,家庭人力资本充足,社会养老保险的资产配置渠道效应较弱,即居民家庭在拥有参加社会养老保险机会的情况下,一般不会因为家庭参保而大幅度削减家庭持有的生产经营性资产。同时由于背景风险效应非常明显,因此对于中青年家庭而言,家庭参加社会养老保险会一定程度地提升家庭配置生产经营性资产的比例。对于中老年家庭而言,家庭人力资本大幅度下降,虽然家庭参加社会养老保险降低了家庭的背景风险,但由于家庭老化,拥有的人力资本较少,背景风险的降低引起的生产经营性资产配置比例的上升幅度可能并不大。同时,社会养老保险的资产配置渠道效应可能十分明显,即居民家庭在拥有参加社会养老保险机会的情况下,可能会将生产经营性资产转移到养老金财富上,因此对于中老年家庭而言渠道效应可能大于背景风险效应。基于上述理论分析可以提出如下命题:

假设 B3:家庭参加社会养老保险以及养老金财富的增加,对于中青年家庭而言可能会引起家庭生产经营性资产配置比例的上升,而对于中老年家庭而言可能会引起家庭生产经营性资产配置比例的下降。

(4)社会养老保险对于家庭持有商业养老保险资产的影响。家庭配置商业养老保险资产与社会养老保险都是为了保障家庭在进入老年期后能够获得稳定的收入来源,降低家庭的收入风险,二者在很大程度上具有相互替代性,因此社会养老保险对于商业养老保险资产配置的渠道效应可能非常明显(李静萍,2013;马敏、韩世红,1998)。同时,由于商业养老保险与社会养老保险同属于保险类产品,因此背景风险效应可能并不突出。与前面几种资产不同,家庭参加社会养老保险可能会提升家庭的养老与保险意识,尤其是政府的社会养老保险政策宣传对广大民众起到了很好的教育、引导作用。由于社会养老保险的缴费与保障水平由政策外生给定,家庭的选择空间不大,这会导致家庭在参加社会养老保险的同时,提升商业养老保险资产配置的可能性与比例,这种效应被称为"宣传教育效应"(李哲,2011;周小川,2007;胡振、臧日宏,2016)。由于这两种效应的影响方向相反,且无法直观判断两者之间的相对大小,因此总体影响无法确定。

假设 B4:家庭参加社会养老保险以及养老金财富的增加,可能会引起家庭持有商业养老保险资产的可能性及其比例的上升或下降。

(5)社会养老保险对于家庭持有安全性金融资产的影响。中国家庭除了配置上述几种类型的资产之外,剩下的主要就是土地与安全性金融资产。家庭持有土地的可能性以及比例主要由家庭人口数量以及国家相关政策决定,一般不会受到家庭参加社会养老保险的影响。由于社会养老保险对于家庭持有风险性金融资产、房产、生产经营性资产以及商业养老保险资产的总体影响方向不能确定,因此对于安全性金融资产的影响也不能确定,需要基于实际数据建立计量模型进行判断。基于上述分析提出如下假设:

假设 B5:家庭参加社会养老保险以及养老金财富的增加,会引起家庭持有安全性金融资产的比例上升或下降。

4.3　社会养老保险与家庭资产配置效率

家庭资产配置效率是指居民家庭资产配置的有效性。通过前面的分析可知,社会养老保险可能会显著改变居民家庭资产配置的结构,而资产配置的结构直接决定了资产配置的效率,因此社会养老保险引起的家庭资产配置结构的改变可能会最终引起资产配置效率的变化。由于社会养老保险对于家庭资产配置结构的影响可能存在城乡差异,因此社会养老保险对于资产配置效率的影响在城乡之间可能也存在一定的不同。为此提出如下假设:

假设 C1:家庭参加社会养老保险以及养老金财富的增加,对于城乡家庭资产配置效率的影响可能存在一定的差异。

在农村家庭中,家庭参保会降低家庭持有的民间借出款的比例,降低房产的持有比例,因此参加社会养老保险可能会降低家庭参与高风险民间借贷活动的可能性以及持有房产的比例,这在很大程度上优化了农村家庭资产配置的结构(杜朝运、丁超,2017;曾志耕等,2015)。但是,对于生产经营性资产、商业养老保险资产以及安全性金融资产配置的影响并不确定,因此从理论上并不能确定其对于资产配置效率的总体影响。可以肯定的是,农村家庭参加社会养老保险并不会显著降低家庭资产配置的效率,原因在于农村家庭是否参加社会养老保险由家庭根据自身的情况内生自愿决定,如果参加社会养老保险可能会降低资产配置的效率,则可以选择不参加。参加社会养老保险并不一定能够改善家庭资产配置的效率,虽然资产配置效率由资产配置结构决定,但资产配置结构的改变能否引起资产配置效率在统计上的显著上升则需要进一步利用实际数据进行计量检验。基于上述分析提出如下假设:

假设 C2:农村家庭参加社会养老保险不会引起家庭资产配置效率的下降,对于家庭资产配置效率的改善作用可能显著/不显著。

相对于农村家庭,参加社会养老保险对于城镇家庭的影响则可能有所不同。由于城镇家庭既可能参加居民养老保险,也可能参加职工养老保险,而其中的居民养老保险由居民家庭自愿决定是否参加,因此,与农村养老保险类似,参加居民养老保险至少不会引起家庭资产配置效率的显著下降。根据前文对社会养老保险对于城镇家庭资产配置结构影响的分析可知,城镇家庭参加社会养老保险有助于提升风险性金融资产的持有比例并降低房产的持有比例。房产持有比例的降低,在一定程度上有助于解决中国家庭过度持有房产的问题,但风险性金融资产持有比例的上升并不意味着配置效率一定会改善。Cocco 等(2005)的研究表明参与股票等金融市场的家庭具有较大可能的福利改善,但 Campbell(2006)的研究又表明,精通金融市场交易的参与者通过金融市场掠夺不精通市场运作参与者的财富,从这个意义上来看,配置较多的债券、股票以及基金等狭义风险性金融资产也不一定能提升资产配置的效率。不仅如此,其他几种类型资产的持有可能性及其比例的影响方向从理论上也不能完全确定。在城镇家庭中,居民养老保险不会显著降低家庭资产配置的效率,城镇职工养老保险的影响方向并不确定,净效应的影响方向也不确定,需要依靠实际数据建立计量模型进行估计,并确定两种养老保险对于家庭资产配置效率的影响方向与影响程度。基于上面的分析提出如下命题假设：

　　假设 C3：在城镇家庭中，参加居民养老保险不会引起家庭资产配置效率的下降，对于家庭资产配置效率的改善作用可能显著/不显著；参加城镇职工养老保险对于家庭资产配置效率的影响方向可能为正/负/不影响。

4.4　本章小结

　　本章从理论上对家庭参加社会养老保险及其形成的养老保险财富对于居民家庭配置资产的规模、结构以及效率的影响进行了具体分析，对可能的影响方向进行了初步判断，提出了相应的命题假设，并对不同险种以及城乡的影响差异进行了分析。上述各命题假设仅仅是基于理论视角下的分析结果而得出的，在实际中不一定完全成立。为了进一步检验各命题假设的真伪，下文将构建微观计量模型，基于真实的家庭参保与资产配置数据对以上各命题逐一进行实证检验。

第 5 章　社会养老保险对居民家庭资产配置规模影响的实证检验

5.1　引言

　　社会养老保险作为社会保障体系的核心组成部分,其覆盖面之广,在个人生命周期中持续时间之长,均是社会保障体系的其他组成部分所不能比拟的,因而在宏观国家层面与微观家庭层面均会产生持久而深远的影响。在广义上,家庭在社会养老保险参与过程中所形成的养老金财富属于家庭资产中的一种,与其他资产共同构成家庭老年生活的重要经济来源。如果将养老金财富与其他家庭资产共同视为家庭储蓄,那么前者可以看作是由社会养老保险外生制度因素所决定的强制性储蓄,而后者则是由家庭各期消费剩余加总后形成的私人储蓄。那么由外部制度因素决定的家庭参保行为及其形成的养老金财富对私人自主选择的其他资产配置规模的影响如何? 前者对于后者是否存在挤出效应? 挤出效应的大小如何? 对于由养老金财富与家庭其他资产共同构成的家庭总资产规模的影响又如何? 如果养老金财富对于其他资产的挤出系数介于 0 和 1 之间,说明挤出部分小于养老金财富的增加,那么家庭资产的总规模则应是有所扩大;反之,如果挤出系数大于 1,则总规模应是缩小的。

　　研究居民家庭的社会养老保险参与行为及其形成的养老金财富对于家庭其他养老资产的影响,不仅从新的视角回答了社会保障影响家庭储蓄这一经典命题,有利于进一步认识社会养老保险对家庭微观决策行为的影响,而且对于完善社会养老保险制度,扩大家庭养老资产整体规模,保障家庭养老能力,具有一定的现实指导意义。

本章的贡献主要在于：一是对国内家庭的养老金财富对于除养老金财富与土地之外的其他资产的挤出效应以及对家庭总资产规模的影响进行了研究。国内目前从养老金财富角度进行的研究比较少见，更鲜有研究养老金财富对于家庭资产配置规模影响的文献。二是从一个新的角度回答了养老保险对家庭储蓄影响这一经典命题。在以往的国内相关研究中，多是从储蓄流量入手，研究当期储蓄率与养老保险参与行为之间的关系，而本研究则借用 Feldstein(1974) 的方法，利用各期私人储蓄累计形成的家庭资产这一存量概念，考察该变量与养老金财富之间的关系，不仅避免了偶然性因素以及生命周期因素对流量储蓄的影响，而且能够对养老金财富对其他资产的总体影响及其大小给出精确判断。三是系统分析了不同养老保险制度以及其他异质性背景下，社会养老保险金资产对于家庭总资产的不同影响，使得研究结论与对策更具有针对性与有效性。四是城镇职工养老保险的参与与否主要由制度因素与工作单位决定，而城乡居民养老保险的选择具有自愿性，更重要的是养老金财富与其他家庭养老资产不可避免地受到一些不可观测因素的共同影响，且容易出现测量误差，从而导致内生性。因此，使用同一社区同一年龄段的其他家庭的养老金财富作为工具变量进行重新估计，同时考虑到资产规模数据右偏以及容易出现极端值的特点，使用分位数回归以及工具变量分位数回归作为主要的估计方法，从而提高研究结果的可靠性与稳健性，也为这些方法在这一领域的应用提供有益探索。

5.2　实证模型构建

家庭"是否参保"对家庭其他养老资产配置规模影响的模型设定如式(5-1)所示：

$$otherasset_i = \beta_0 + \beta_1 participation_i + \beta_2 controls_i + \varepsilon_i \quad (5-1)$$

其中，$otherasset_i$ 表示家庭 i 除了养老金财富以及土地之外的其他资产的规模，即第 1 章中所定义的居民家庭资产配置规模。

participation$_i$ 为家庭是否参加社会养老保险的哑变量,如果参加则设为 1,否则设为 0。β_1 为相应的估计系数,如果该系数显著为负,则表明家庭的参保行为会对家庭的其他私人储蓄资产造成一定的挤出;反之,则存在挤入效应。controls$_i$ 为其他控制变量构成的向量,β_2 为相应的各控制变量的系数向量,β_0 为截距项,ε_1 为模型的扰动项。

养老金财富对家庭其他养老资产配置规模影响的模型设定如式 (5-2)所示:

$$otherasset_i = \beta_0 + \beta_1 pensionwealth_i + \beta_2 controls_i + \varepsilon_i \quad (5-2)$$

其中,pensionwealth$_i$ 为养老金财富,β_1 为相应的估计系数,如果该系数显著为负,说明养老金财富对家庭其他资产存在挤出效应,系数的绝对值反映了挤出效应的大小。若 β_1 的绝对值介于 0 与 1 之间,表明挤出部分小于养老金财富的增加量,那么家庭养老资产总规模应该有所扩大;反之,若 β_1 的绝对值大于 1,表明挤出部分大于养老金财富的增加量,则养老资产总规模有所缩小。otherasset$_i$ 与 controls$_i$ 的设定与模型(5-1)相同。

5.3 数据、变量与计量方法选择

5.3.1 数据来源

本章使用的数据来自 2013 年开展的第二轮中国健康与养老追踪调查。该数据是已经被国内外学者普遍使用的健康与退休调查(health and retirement study,HRS)数据的中国子系列,采用科学的四层抽样方法,样本覆盖全国 28 个省份,150 个县、区的 450 个村与居委会,获得了 10 257 户家庭的人口特征、健康状况、收入支出、资产负债、就业退休与参保数据。

本研究选择中国健康与养老追踪调查数据作为研究样本主要基于以下两点考虑:第一,相比于其他调查,中国健康与养老追踪调查旨在获取中老年群体的健康与养老信息,调查对象为随机抽取的家庭中 45

岁及以上的人员及其配偶。而本研究的目的主要是考察养老金财富对家庭资产规模的影响,45 岁及以上的家庭已经或即将步入老年,需要为老年生活进行必要的资产储备,同时子女大多已经成年,这些家庭进行资产储备的目的更加明确而纯粹,为养老而准备成为家庭进行资产储备与配置的主要目的,因此该调查群体更适合本书的研究。第二,中国健康与养老追踪调查中的工作、退休与养老保险模块,不仅涵盖了工作、退休以及家庭各类养老保险的参保与缴费信息,而且涉及养老金的待遇领取,这是当前已有的其他调查数据所没有的;同时,收入与资产模块详细调查了家庭与个人持有的房屋资产、土地资产、各类金融资产、生产经营性资产以及其他各项资产情况,以上数据为本章计算家庭持有的养老金财富以及其他各类养老资产提供了有力的数据支持。

　　区别于以往研究,本研究将受访家庭的户主及其配偶作为一个整体进行研究,而非以个人为研究对象,因为夫妻双方在进行经济决策时大多以家庭为单位。同时,在计算养老金财富以及家庭其他资产时,由于中国健康与养老追踪调查对夫妻双方拥有的资产与家庭其他成员拥有的资产(如成年孩子拥有的)进行了明确区分,因此可以计算专属于主要受访人及其配偶的资产。进行资产剥离的好处主要有两点:第一,剥离后的资产主要由受访人及其配偶支配,是影响夫妻双方进行经济决策的关键因素,可以避免家庭其他成员拥有的资产对研究造成干扰,当然在后续的回归分析中对家庭其他成员人口特征等经济因素进行了相应控制;第二,由于剥离后的资产专属于受访者及其配偶,且夫妻双方即将或者已经步入老年,因此储备与配置这些资产的主要目的是为养老做准备。对于单身家庭,同样进行上述处理。在去掉关键变量缺失严重的数据后,合计得到 9 735 户家庭的研究样本,其中婚姻家庭 7 309 户、单身男性家庭 911 户、单身女性家庭 1 515 户。

5.3.2　变量选择与说明

　　(1)社会养老保险家庭参保变量。本章所定义的参保家庭是指主要受访者及其配偶中至少有一人参加了社会养老保险。由于中国健康与养老追踪调查询问了受访者参加各种社会养老保险的情况,因此此处的社会养老保险包括城镇职工养老保险、城乡居民养老保险、城镇居民养老保险以及新型农村养老保险。只要受访者及其配偶中有一人参加了以上任何一种社会养老保险,则将该家庭定义为参保家庭,并设置参保家庭哑变量,若参保则为1;否则为0。此外,为了进一步考察不同险种的影响差异,按照不同的社会养老保险进行了细分,分别定义参加不同险种的参保哑变量。例如,若主要受访者及其配偶中至少有一人参加了城镇职工养老保险,则城镇职工参保哑变量设为1,否则为0,同理可以对其他养老保险进行类似操作。

本书仅考察社会养老保险出于以下两个原因:一是由本研究的目的所决定;二是相对于商业养老保险,社会养老保险作为政府的一项主要公共政策,具有一定的强制性,个人能够选择的空间不大。虽然除了城镇职工养老保险外,其他养老保险的参保与否由个人自愿决定,但是缴费水平、缴费年限、领取待遇均受到较大的限制,制度给予个人选择的空间有限;而商业养老保险的参加具有较大的自由选择性,是个人根据家庭经济水平所做出的内在选择,具有内生性,因此将商业养老保险排除在外,从而考察由外生制度因素决定的社会养老保险对于家庭养老资产配置的影响。此外,企业年金等其他补充养老保险也不在本书的研究范围内。通过样本分析发现,拥有企业年金等其他补充性养老保险的家庭比例非常低,不足1‰,不具有代表性,研究意义不大。

(2)养老金财富。根据前面第3章关于养老金财富的定义与计算可知,养老金财富主要是指家庭拥有的社会养老保险的未来待遇支取的净现值与需要缴纳的保险费的净现值的差值,将这一净收益定义为养老金财富。如果家庭同时参加了多种社会养老保险,则养老金财富为各种养老金财富的总和。同时,为了考察不同险种的养老金财富的影响差异,根据不同险种,划分为不同的养老金财富。

(3)家庭资产配置规模。根据前文对居民家庭资产的类型划分可知,除养老金财富与土地之外的其他资产主要包括生产经营性资产、房产、安全性金融资产、风险性金融资产以及商业养老金五大类。由于家庭的土地资产主要由家庭人口数、国家土地政策、城市动迁以及土地市场的租金价格所决定,家庭自身无法决定其配置规模,也不会受到家庭社会养老保险参保行为的影响,故将土地资产从其他非养老金财富中排除。最终,本章节所定义的家庭其他资产规模主要是指排除土地以及养老金财富以外的其他资产的规模,并通过分析养老金财富对于家庭其他养老资产规模的影响,考察其对于家庭养老资产整体规模的影响。

(4)其他控制变量。为了排除其他因素对于家庭持有的非养老金财富规模的影响,本研究还控制了家庭人口统计学特征变量,包括夫妇二人的平均年龄及其平方项,受教育水平以及家庭结构(主要分为婚姻家庭、单身男性家庭以及单身女性家庭)。根据生命周期理论可知,在年轻时家庭距离退休的时间相对较长,进行养老资产储备的动机相对不足,而当家庭成员即将面临退休时,为退休而进行资产储备便变得迫切,因此家庭资产储备此时达到峰值;而退休后,家庭收入水平迅速下降,需要通过不断变现养老资产储备来满足退休后的生活消费,因此家庭资产配置规模具有明显的生命周期特征,与年龄之间满足倒 U 形关系。另外,家庭结构也会对家庭其他资产的规模形成重要影响,正常的夫妻二人家庭与单身家庭在人口规模上存在明显差异,因此家庭资产规模也会明显不同。

除家庭的人口统计学特征变量外,本章还控制了夫妻双方的健康状况、医疗保险参保情况、家庭收入以及所属财富阶层等变量(见表 5－1)。雷晓燕和周月刚(2010)的研究表明健康状况对于家庭资产配置具有重要影响,健康状况较差的家庭具有较强的风险厌恶特征,预防性储蓄动机较强,而医疗保险能在一定程度上缓解这一状况(周钦等,2015)。在家庭收入的度量上,借用雷晓燕和周月刚(2010)的做法,采用消费作为收入的代理变量,主要是因为收入与消费之间具有很强的正相关性,同时消费更加平稳、更能够反映永久性收入的高低,且测量误差相对较低。在控制家庭收入的同时,还控制了家庭财富阶层,主要是考虑到本研究的对象主要为中老年家庭,收入水平不高,但财富积累水平较高,不同阶层的资产配置偏好可能存在明显差异,且统计检验表明收入与财富之间的相关性比较低,不会引起较强的共线性。在财富阶层划分上,将家庭总资产减去家庭负债后得到的家庭净财富分别按照20%分位点、40%分位点、60%分位点以及80%分位点划分为四个不同的财富阶层。在所有回归中,均控制了城乡以及社区层面的固定效应。

表5-1　关于社会养老保险对家庭资产配置规模影响的相关变量的定义与说明

所属类别	变量	变量符号	定义
因变量	家庭资产配置规模	otherasset	除养老金财富以及土地之外的其他所有资产的净值
解释变量	是否参加社会养老保险	participation	夫妻中任意一人参加社会养老保险则为1,否则为0
	社会保险养老金总财富	pensionwealth	夫妻双方拥有的养老金财富总值
	是否参加城镇职工养老保险	parEmploy	夫妻中任意一人参加城镇职工或政府公务员、事业单位养老保险则为1,否则为0
	城镇职工保险养老金财富	pensEmploy	夫妻双方拥有的城镇职工(包括政府与事业单位)社会保险养老金的财富总值
	是否参加居民养老保险	parResident	夫妻中任意一人参加城乡居民、城镇居民或新型农村养老保险则为1,否则为0
	居民保险养老金财富	pensResident	夫妻双方拥有的城乡居民、城镇居民或新型农村养老保险的养老金财富总值
人口学控制变量	年龄	age	夫妻双方的平均年龄及其平方
	教育水平	edu	夫妻双方的平均受教育年限
	婚姻状况	Married	若为已婚家庭则为1,单身家庭则为0
		singleFemale	若为单身女性家庭则为1,否则为0
	健康状况	helath	夫妻中一人自报健康为差或很差则为1
	未成年子女数量	children	未成年子女数量
	居住地	urban	若居住地为城镇则为1,农村为0

（续表）

所属类别	变量	变量符号	定义
经济学控制变量	收入	income	夫妻二人除养老金外的其他收入之和
	是否参加医疗保险	medicalInsur	夫妻中一人参加医疗保险则为1
	医疗支出	medicalExp	家庭年度医疗消费
	所属财富阶层	wealthStage	将总财富（包括养老金、土地等家庭其他所有净资产）按照20%、40%、60%与80%四个分位点划分为五个不同阶层，并以最低层为基准设置四个不同虚拟变量，位于相应的阶层则为1，否则为0

注：① 由于在各项资产的计算过程中已将家庭其他成员拥有的资产排除在外，因此在不特别说明的情况下均指夫妻双方（单身家庭则为单身者本人）拥有的资产。

② 养老金财富的具体计算过程见第3章。

③ 表中所指"夫妻"在单身家庭指单身者本人。

5.3.3　计量方法选择

（1）极端值影响与数据右偏分布。由于模型(5-1)与(5-2)的因变量为资产配置规模，根据第3章的分析可知，其概率分布存在明显的向右拖尾特征，即个别家庭的资产规模特别大，而大部分家庭的资产规模较小，对于这种具有明显右偏分布特征的因变量，不适合使用一般普通最小二乘回归方法对模型进行估计，容易受到样本中极端值的影响，使得模型回归结果不稳健。不仅如此，均值回归模型仅仅刻画了条件分布的集中趋势，如果因变量存在明显右偏，则条件分布很可能为不满足对称分布（陈强，2014），那么利用均值回归模型估计出的条件期望函数很难刻画条件分布的全貌。相反如果能够估计出条件分布的重要的分位数，则对条件分布具有更加全面的认识。基于以上考虑，本章将首先选择对极端值不敏感的稳健回归与中位数回归为主要方法对基准模型进行估计（格林，2001）；然后利用分位数回归对家庭资产规模不同分位点处的条件分布进行估计,从而对不同资产规模家庭的挤出效应进行比较;最后综合考虑上面提到的内生性,利用工具变量分位数回归(IV-QR)与工具变量两阶段最小二乘法(2SLS)对模型进行重新估计。

(2)内生性问题。模型(5-1)与(5-2)可能面临严重的内生性问题。第一,在模型(5-1)中,家庭是否参保,在城镇职工养老保险中内生性问题可能并不严重,因为是否参保取决于家庭成员的工作属性,个人选择空间不大。但是否参加居民养老保险则由个人自愿决定,因此可能与家庭资产配置规模同时受到一些不可观测的其他因素的共同影响。第二,相对于模型(5-1)的是否参保,模型(5-2)中养老金财富的内生性可能更加严重,因为参保水平是家庭根据自身经济状况内在决定的,二者之间可能存在双向因果关系。不仅如此,相对于参保与否,养老金财富更容易受到一些影响家庭储蓄的其他因素的共同影响。例如,如果家庭本身具有很强的储蓄偏好,则不仅愿意多缴纳社会养老保险费,从而形成较多的养老金财富,同时也愿意配置更大规模的其他资产。被访者在调查过程中汇报自己的养老金待遇、缴费水平以及家庭其他资产的价值时,容易出现错误与较大偏差,因此会导致较大的测量误差问题,而较大测量误差尤其是因变量的测量误差可能会产生严重的内生性。

为了尽可能降低模型估计过程中内生性导致的估计偏误,首先,考虑尽量多的控制变量,包括社区层面的虚拟变量,以减少因为遗漏变量导致的内生性。其次,通过选择合适的工具变量,利用工具变量法(IV)进行重新估计。根据工具变量既要满足相关性又要满足排他性约束的双重要求(伍德里奇,2007),本书借鉴 Engelhardt 和 Kumar(2011)构造工具变量的思想,在模型(5-1)中选择各家庭所在县或区的同年龄组(60 岁以下、60~70 岁、70 岁以上)其他家庭的参保率作为家庭是否参保的工具变量。由于同一群组内其他家庭的参保率与本家庭是否参保存在很大的正相关性,例如同时受到本地区社会养老保险制度差异以及普及宣传的影响,但其他家庭成员的参保与否并不会影响该家庭的资产配置规模,因此选择该变量作为家庭是否参保的工具变量具有一定的合理性。同理,在模型(5-2)中选择各家庭所在县或区的同年龄段其他家庭的社会养老保险养老金财富的中位数作为该家庭养老金财富的工具变量。

5.4　实证结果与分析

5.4.1　描述性统计

　　表 5-2 列出了不同类型家庭各变量的均值统计量。在家庭平均年龄上,城镇与农村比较接近,但是参保家庭的平均年龄要大于非参保家庭,这一方面是因为随着年龄增大家庭的参保意愿逐渐增强,另一方面是由于新农保与城乡居民养老保险在推广的过程中规定年龄大于 60 岁的只要子女参保则可以直接领取养老金,因此会提升参保者的整体年龄。在平均受教育年限上,城镇明显高于农村,参保者明显高于非参保者。在不健康家庭的比例上,农村明显高于城镇,非参保家庭明显高于参保家庭。在已婚家庭与单身男性家庭比例上,农村高于城市,但是单身女性家庭的比例则正好相反,这可能是由于在农村地区存在一定数量的老龄未婚男性,而城市中存在相对较多的单身女性家庭是由于女性比她们的男性配偶存活得更久的缘故。在参保家庭中已婚家庭的占比较高,单身家庭的占比相对较低;而在非参保家庭中则相反,说明单身家庭参保率较低。在家庭收入、消费以及医疗保险参与方面,城镇家庭均明显高于农村家庭,参保家庭均明显高于非参保家庭。而在本章核心关键变量养老金财富与家庭资产配置规模上,也是城镇家庭显著高于农村家庭,参保家庭显著高于非参保家庭。总之,城镇家庭在教育、健康以及经济状况上均显著好于农村家庭,而参保家庭好于非参保家庭,这表明家庭参保可能受到家庭教育、健康以及经济状况的影响,也意味着回归模型(5-1)以及(5-2)中家庭是否参保以及养老金财富的规模可能具有较强的内生性。

表 5-2　不同类型家庭的各变量的均值

变量	农村家庭	城镇家庭	参保家庭	非参保家庭
平均年龄	59.9	59.6	60.6	58.9
平均受教育年限	3.7	6.1	5.25	4.06
不健康比例	0.34	0.23	0.28	0.32
婚姻家庭比例	0.76	0.73	0.77	0.73
单身男性家庭比例	0.10	0.08	0.08	0.11
单身女性家庭比例	0.14	0.19	0.14	0.16
家庭年收入(元)	27 995	50 447	42 169	31 695
家庭年消费(元)	7 007	10 820	9 658	7 414
参加医疗保险占比	0.88	0.92	0.92	0.89
养老金财富(元)	26 329	266 063	245 867	0
家庭资产配置规模(元)	61 469	171 509	133 996	77 511
样本数	5 823	3 913	4 858	4 878

　　表 5-3 给出了本章的两个核心变量养老金财富以及家庭资产配置规模(除养老金与土地之外的其他资产规模)的统计摘要。可以看出,将近一半家庭养老金财富的价值接近于 0,这是因为 2013 年新型农村养老保险以及城乡居民养老保险刚推行不久且养老保障水平较低,因此大部分家庭的养老金财富水平很低。这与第 3 章现状分析中的结论相一致,资产配置规模的厚尾分布特征也意味着利用均值回归模型对其进行估计可能难以刻画条件分布的全貌,会导致估计结果受到极端值的较大影响,影响估计准确性。

表 5-3　主要变量的统计摘要

单位:元

变量	最小值	上四分位数	中位数	均值	下四分位数	最大值
养老金财富	0	0	0	122 700	30 980	4 134 000
家庭资产配置规模	0	3 088	28 000	105 700	102 000	11 020 000

为了对家庭是否参保以及养老金财富对于家庭资产配置规模的影响做出初步判断,绘制了表 5－4。可以看出,在上四分位数处,无论是城镇还是农村,参保家庭的资产配置规模均比非参保家庭小,而在其他分位点处,城镇与农村之间则有所不同。在农村,除了在均值处参保家庭大于非参保家庭外,在其他分位点处,参保家庭均小于非参保家庭;而在城镇,除了上四分位数外,参保家庭的其他分位数均高于非参保家庭,因此仅仅通过简单的二元变量交叉分析难以判断参保与否对家庭其他资产规模的准确影响。进一步,对于养老金财富与家庭资产配置规模之间的关系,可以绘制如图 5－1 所示的散点分布图。从图中可以看出,两者之间呈现一定的负相关关系,但相关分析表明两者之间的相关性较弱。综合以上两点,要精确判断参保与否以及养老金财富对家庭资产配置规模的具体影响方向以及影响大小还需通过建立模型进行回归分析。

表 5－4　城乡家庭的家庭资产配置规模的比较　　　　单位:元

样本	是否参保	最小值	上四分位数	中位数	均值	下四分位数	最大值
全样本	是	0	2 000	30 380	133 996	150 000	11 020 000
	否	0	4 062	25 500	77 511	100 000	6 010 000
城镇	是	0	2 000	53 500	208 700	210 900	11 020 000
	否	0	5 000	50 070	129 500	150 300	6 010 000
农村	是	0	2 000	15 650	63 340	70 150	2 002 000
	否	0	4 000	20 600	60 830	70 500	3 322 000

5.4.2　社会养老保险对家庭资产配置规模影响的基准模型估计

5.4.2.1　家庭是否参保对家庭资产配置规模影响的估计

　　表 5－5 汇总了家庭是否参加社会养老保险对家庭资产配置规模影响的基准模型的估计结果。为了进行对比,在进行稳健回归与中位数回归之前,同时给出了基于普通最小二乘法的估计结果。从表中的第(1)

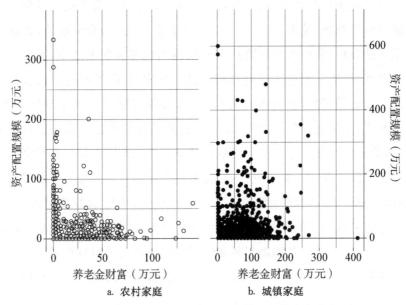

a. 农村家庭   b. 城镇家庭

图 5-1 养老金财富与资产配置规模之间的散点分布图

列、第(3)列以及第(5)列可以看出,三个模型中是否参保项的系数均在
1%的显著性水平内显著为负,说明家庭是否参加社会养老保险对家庭
资产规模具有负向作用,养老金财富对于家庭其他资产可能存在挤出效
应。仔细对比可以发现,稳健回归与中位数回归的估计结果较为接近,
而最小二乘法(OLS)的回归结果则有较大不同。第(1)列最小二乘模型
中参保变量的估计系数达到 - 67 894 元,在绝对值上明显大于第(3)列
的稳健回归,更是超过第(5)列中位数回归的相应系数两倍以上,在其
他变量的估计值上也与中位数回归以及稳健回归存在较大差异,说明最
小二乘回归对于样本中的极端值确实比较敏感,会高估参保行为对家庭
资产挤出的整体影响,这与前面模型选择部分的理论分析相一致。有必
要选择更为可靠的稳健回归与中位数回归,因此将模型(3)与模型(5)
作为后续分析的基准模型。同时,由于家庭资产规模的分布为右偏,即
个别家庭的资产规模特别大,因此根据最小二乘回归系数、稳健回归系
数以及中位数回归系数的大小关系可以推断,相对于资产规模较小的家
庭,资产规模较大家庭的挤出效应可能相对较大,即家庭是否参保的影

表5-5 是否参保对家庭资产配置规模影响的基准模型的估计结果

变量	最小二乘回归		稳健回归		中位数回归	
	(1)	(2)	(3)	(4)	(5)	(6)
是否参保	-67894.490*** (3234.523)	-67624.050*** (3255.030)	-43320.260*** (1651.096)	-43130.550*** (1656.471)	-32445.560*** (1162.284)	-32011.560*** (1143.590)
年龄	-9008.994*** (1195.959)	-8764.457*** (1204.103)	-5775.951*** (610.490)	-5527.691*** (612.763)	-4447.058*** (269.896)	-4176.504*** (374.421)
年龄平方	62.397*** (9.386)	60.688*** (9.449)	39.472*** (4.791)	37.708*** (4.809)	30.724*** (2.147)	28.738*** (2.896)
城镇	15492.640*** (3256.100)	15927.140*** (3272.183)	10605.750*** (1662.110)	10604.630*** (1665.200)	7196.077*** (1276.482)	7333.041*** (1268.320)
家庭结构类型(以单身男性家庭为参照)						
单身女性家庭	-13776.830*** (4990.582)	-13528.410*** (5012.962)	-3630.000 (2547.495)	-3625.220 (2551.074)	-1329.036 (1369.746)	-1450.066 (1251.038)
已婚家庭	-9445.311** (4389.890)	-9495.424** (4404.001)	-81.322 (2240.866)	-110.052 (2241.177)	191.305 (1276.313)	-424.572 (1158.357)
未成年子女数量	-7172.497** (3573.395)	-7252.446** (3585.948)	-5283.013*** (1824.077)	-5129.891*** (1824.873)	-3489.665** (1737.879)	-3568.948** (1676.453)
受教育水平	676.730 (459.321)	621.848 (461.977)	893.794*** (234.465)	859.580*** (235.098)	775.309*** (156.182)	708.931*** (169.976)

（续表）

变量	最小二乘回归		稳健回归		中位数回归	
	(1)	(2)	(3)	(4)	(5)	(6)
健康状况差	-7535.399*** (2554.266)	-7122.778*** (2577.836)	-4735.560*** (1303.852)	-4456.753*** (1311.849)	-2351.105*** (608.866)	-1914.822*** (635.851)
家庭收入	0.811*** (0.137)	0.975*** (0.166)	0.341*** (0.070)	0.568*** (0.085)	0.174 (0.130)	0.332* (0.173)
医疗支出		-0.627* (0.332)		-0.506*** (0.169)		-0.296 (0.223)
参加医疗保险		2141.511 (4030.938)		-94.996 (2051.327)		-1718.831 (1344.960)
家庭所属财富阶层（以第一财富阶层为参照）						
第二财富阶层	25552.920*** (3737.550)	25627.350*** (3747.939)	20687.510*** (1907.872)	20727.190*** (1907.310)	17199.980*** (583.521)	17953.670*** (612.740)
第三财富阶层	61095.070*** (3867.785)	61430.550*** (3880.033)	57074.220*** (1974.352)	57292.940*** (1974.532)	55508.160*** (1187.562)	56824.130*** (1210.689)
第四财富阶层	129748.600*** (4055.060)	129543.000*** (4065.385)	115370.000*** (2069.948)	114755.400*** (2068.856)	112753.400*** (2603.884)	113062.600*** (2775.674)
第五财富阶层	261009.700*** (4755.341)	261409.000*** (4775.052)	182316.700*** (2427.414)	182272.800*** (2430.003)	176117.300*** (7788.318)	177227.600*** (7715.928)

（续表）

变量	最小二乘回归		稳健回归		中位数回归	
	(1)	(2)	(3)	(4)	(5)	(6)
常数项	295 989.500*** (41 623.760)	285 149.800*** (41 899.070)	193 912.800*** (21 247.280)	184 814.900*** (21 322.250)	151 493.200*** (11 357.760)	143 596.600*** (13 859.920)
N	9 227	9 146	9 227	9 146	9 227	9 146
R^2	0.455	0.457				
AdjustedR^2	0.447	0.448				
F-Statistic	55.019*** (df = 138;9 088)	54.063*** (df = 140;9 005)				

注：表中所有回归均控制了城市层面的固定效应；括号中为系数的标准误；* p<0.1，** p<0.05，*** p<0.01。

响可能随家庭资产配置规模有所变化。关于这一点将在后文利用分位数回归进行具体分析。

下面对模型中其他变量的估计结果进行分析。对比第(1)、第(3)、第(5)各列的回归结果可以发现,其他各变量在三个模型中的估计系数的符号均没有发生变化,大部分变量的显著性也较为一致,且作为基准模型第(3)列的稳健回归与第(5)列的中位数回归的各系数估计值也较为接近,说明模型的整体估计结果相对稳健。各控制变量的估计系数的符号大多与理论预期相一致。年龄的估计系数显著为负符合生命周期理论,表明随着年龄增长家庭会逐渐减少资产配置规模;同时年龄平方项显著表明年龄与家庭资产规模之间并非简单的线性关系,而是满足非线性,这与以往的众多研究结果相一致(何立新,2009)。城镇一项的系数显著为正,说明在其他条件相同的情况下,城镇家庭比农村家庭的资产规模更大,这与直觉基本一致。单身女性家庭一项的估计系数为负,且在最小二乘回归模型中在1‰显著性水平内显著,而在另外两个模型中不显著,符号为负说明相对于单身男性家庭单身女性家庭的资产规模相对较小,这与前面第3章的单身女性家庭平均资产规模小于单身男性家庭平均资产规模的结论相一致。由于研究对象为45周岁及以上家庭,这些中老年家庭配置家庭资产的主要目的是进行养老储备,因此上面的研究结论表明相对于单身老年男性家庭,更应该关注单身老年女性家庭养老资产储备不足的问题。已婚家庭一项的系数在第(3)列与第(5)列不一致,且均不显著,说明在控制其他变量后影响不明显。未成年子女数量在几个模型中一致显著为负,说明未成年子女增加了家庭的消费负担,减少了家庭可供储蓄的资产规模。受教育水平显著为正,由于控制了收入水平,因此受教育水平对于家庭资产规模的促进作用并不是通过提高收入起作用,可能是教育水平较高的家庭拥有更高的养老意识与更多的金融知识,能够更积极地进行家庭资产配置与养老规划。健康状况系数显著为负表明,健康恶化会显著降低家庭资产配置规模,这与常识相一致。同时,收入与家庭所属财富阶层均显著为正,也与直觉相符,在此不再一一解释。

由于家庭不仅仅为了养老进行资产储备,还可能存在其他储蓄动机,如为应对突发性的医疗支出而进行预防性储蓄等(周钦,2011),因此有必要进一步控制医疗支出的影响,而医疗支出的影响可能与医疗保险有关,因此在模型(1)、(3)与(5)的基础上加入医疗支出与医疗保险变量。实证结果发现,在加入医疗保险与医疗支出变量后,是否参与养老保险这一核心解释变量的系数并没有发生明显变化,说明模型结果相对比较稳健。此外,医疗支出项的系数为负值,说明医疗支出可能降低了家庭储备的资产规模,但由于在模型(6)并不显著,因此并不能给出准确的判断。同理,是否参加医疗保险在各模型中的系数均不显著,说明医疗保险对于家庭资产配置规模可能没有影响。总之,以上各模型的回归结果表明,家庭参加社会养老保险对于家庭资产配置规模可能具有一定的挤出效应,挤出大小平均为 3 万~4 万元。

5.4.2.2　养老金财富对家庭资产配置规模影响的估计

上文分析了家庭是否参保对养老资产配置规模的影响,发现家庭参保会显著降低家庭资产配置规模,挤出大小平均在 3 万~4 万元。然而,上述数值仅给出了参保家庭相对于非参保家庭的平均挤出规模,并没有给出养老金财富与家庭资产规模之间的准确关系,为此利用与表5-5 相同的方法,对养老金财富对家庭资产配置规模的影响进行了估计,结果如表 5-6 所示。

与表 5-5 类似,在进行稳健回归与中位数回归之前,首先利用最小二乘法进行回归。从第(1)、第(3)、第(5)列的对比可以发现,养老金财富项的估计系数在三个模型中均在 1% 显著性水平内小于 0,且系数集中在 -0.2~-0.3 之间,说明养老金财富对于家庭其他资产确实可能存在挤出效应,这与前面家庭参保影响的结论相互印证。关于各模型中养老金财富项的估计系数的进一步统计检验表明,均在 1% 显著性水平内拒绝估计系数等于 -1 的原假设,说明养老金财富对于家庭其他资产造成部分挤出,部分挤出意味着增加家庭持有的养老金财富会提升家庭养老金财富与其他家庭资产的总体规模。

进一步对三个模型的估计系数进行比较可以发现,稳健回归与中位

表5-6 养老金财富对家庭资产配置规模影响的基准模型的估计结果

变量	最小二乘回归		稳健回归		中位数回归	
	(1)	(2)	(3)	(4)	(5)	(6)
养老金财富	-0.215*** (0.008)	-0.213*** (0.008)	-0.268*** (0.004)	-0.266*** (0.004)	-0.286*** (0.014)	-0.283*** (0.014)
年龄	-5674.178*** (1184.970)	-5465.998*** (1194.059)	-3650.401*** (558.820)	-3440.298*** (563.624)	-3025.103*** (263.143)	-2900.254*** (252.658)
年龄平方	37.576*** (9.283)	36.150*** (9.354)	23.838*** (4.378)	22.344*** (4.415)	20.119*** (1.961)	19.153*** (1.884)
城镇	26648.120*** (3225.551)	26720.770*** (3244.497)	17087.930*** (1521.136)	16909.590*** (1531.480)	12034.310*** (953.024)	12285.980*** (832.051)
家庭结构类型(以单身男性家庭为参照)						
单身女性家庭	-10355.360** (4902.881)	-10055.910** (4929.490)	-2142.193 (2312.148)	-2123.871 (2326.838)	-1795.540** (781.798)	-1824.909** (736.981)
已婚家庭	-2281.084 (4323.760)	-2349.206 (4341.968)	2224.486 (2039.040)	2235.711 (2049.513)	265.486 (766.146)	454.499 (700.015)
未成年子女数量	-5857.646*** (3509.362)	-5948.181* (3524.909)	-4218.650*** (1654.979)	-4141.681** (1663.842)	-3021.427*** (1287.210)	-2924.128** (1471.878)
受教育水平	2539.155*** (457.696)	2484.439*** (460.908)	1640.553*** (215.845)	1615.618*** (217.559)	1120.141*** (128.525)	1113.251*** (110.732)

（续表）

变量	最小二乘回归		稳健回归		中位数回归	
	(1)	(2)	(3)	(4)	(5)	(6)
健康状况差	-8 666.907*** (2 507.526)	-8 262.181*** (2 533.049)	-4 230.991*** (1 182.523)	-3 874.789*** (1 195.660)	-1 897.644*** (512.174)	-1 808.281*** (456.294)
家庭收入	0.955*** (0.135)	1.121*** (0.164)	0.503*** (0.064)	0.726*** (0.077)	0.342*** (0.115)	0.473*** (0.127)
医疗支出		-587.077 (3 954.747)		-2 516.872 (1 866.736)		-1 784.502** (719.704)
参加医疗保险		-0.636* (0.326)		-0.622*** (0.154)		-0.416*** (0.160)
家庭所属财富阶层（以第一财富阶层为参照）						
第二财富阶层	16 310.990*** (3 633.334)	16 499.570*** (3 647.416)	17 161.080*** (1 713.442)	17 164.840*** (1 721.668)	15 296.450*** (626.462)	15 241.730*** (591.624)
第三财富阶层	50 322.530*** (3 739.871)	50 790.150*** (3 756.289)	53 411.370*** (1 763.684)	53 592.040*** (1 773.059)	54 192.060*** (1 251.611)	54 060.990*** (1 244.202)
第四财富阶层	117 622*** (3 846.403)	117 740*** (3 860.077)	118 117*** (1 813.924)	117 290*** (1 822.049)	120 284*** (3 012.508)	119 239*** (3 018.292)
第五财富阶层	302 621*** (5 161.819)	302 130*** (5 188.340)	284 973*** (2 434.260)	283 195*** (2 449.021)	298 385*** (11 146.200)	295 912*** (11 206.900)

（续表）

变量	最小二乘回归		稳健回归		中位数回归	
	(1)	(2)	(3)	(4)	(5)	(6)
常数项	162 529*** (41 362. 420)	155 181*** (41 670. 300)	110 715*** (19 506. 090)	104 743*** (19 669. 380)	100 419*** (11 643. 220)	97 373*** (13 019. 590)
N	9 227	9 146	9 227	9 146	9 227	9 146
R^2	0. 475	0. 475				
Adjusted R^2	0. 467	0. 467				
F-Statistic	59. 518*** df＝138；9 088	58. 246*** df＝140；9 005				

注：表中所有回归均控制了城市层面的固定效应；括号中为系数的标准误；* $p<0.1$，** $p<0.05$，*** $p<0.01$。

数回归的系数较为接近,而最小二乘回归的系数则要小得多,这与表 5 - 5 相一致。由于受到资产规模极端值的影响,最小二乘回归估计存在较大偏差,进一步说明使用稳健回归与中位数回归的必要性。与表 5 - 5 不同的是,相对于稳健回归与中位数回归,第(1)列的最小二乘回归低估了挤出效应。同样,为了控制医疗支出与医疗保险的影响,在第(2)、第(4)与第(6)列中分别加入了医疗支出与医疗保险变量,发现医疗保险的系数显著为负,说明家庭在医疗保险参保过程中可能存在逆向选择问题,而医疗支出系数的显著性在第(4)列与第(6)列中不一致,可能的原因是在医疗保险的作用下,家庭为应对医疗支出而进行预防性储蓄的动机逐渐减弱。但无论如何,各模型中核心解释变量养老金财富项的系数基本保持不变,说明医疗保险以及医疗支出对社会保险养老金对于家庭资产配置规模的影响的干扰不大。表 5 - 6 中其他各控制变量的估计系数的符号及显著性与表 5 - 5 基本相同,不再一一赘述,这同时也说明模型的估计结果较为可靠。

5.4.2.3　内生性问题

前文的估计中存在的一个较大缺陷是没有考虑模型中可能存在的内生性,互为因果关系、不可观测的异质性因素以及由于被访者对养老金制度缺乏了解而在报告养老金相关事项时可能出现的错误,均可能使得估计结果与真实的挤出效应之间存在一定偏差。为了在一定程度上克服模型存在的内生性,笔者使用前面估计方法部分介绍的方法分别为家庭"是否参保"变量以及"养老金财富"变量构造了相应的工具变量,并分别使用工具变量两阶段最小二乘法(2SLS)与工具变量分位数回归(IV - QR)重新对模型(5 - 1)与(5 - 2)进行估计(由于稳健回归的工具变量估计法目前在计量理论上仍不成熟,此处不再使用),估计结果如表 5 - 7 所示。

表 5 - 7　考虑内生性的社会保险对家庭资产配置规模影响的工具变量法估计

变量	工具变量最小二乘回归		工具变量分位数回归	
	(1)	(2)	(3)	(4)
常数项	286 726.00*** (41 889.55)	207 017.50*** (42 732.69)	144 190.7*** (53 002.7)	101 508.4** (51 532.1)

（续表）

变量	工具变量最小二乘回归		工具变量分位数回归	
	（1）	（2）	（3）	（4）
是否参保	−55964.56*** （5086.13）		−13391.0*** （4194.7）	
养老金财富		−0.15*** （0.01）		−0.22*** （0.0255）
年龄	−9033.02*** （1208.31）	−6872.83*** （1225.61）	−4048.9** （1671.0）	−2835.4* （1618.9）
年龄的平方	62.10*** （9.47）	45.64*** （9.55）	28.20** （13.12）	19.52 （12.70）
城镇	15718.95*** （3275.26）	23244.00*** （3317.54）	941.2 （3644.1）	2458.8 （3629.6）
家庭结构类型（以正常婚姻家庭为参照）				
单身男性家庭	10079.98** （4411.49）	5401.71 （4393.03）	−211.5 （6101.3）	−2207.5 （5875.5）
单身女性家庭	−3719.44 （3508.34）	−6115.57* （3473.08）	−1442.9 （4782.6）	−2255.9 （4602.9）
未成年子女数量	−7438.27** （3589.04）	−6638.26* （3539.70）	−1068.5 （4928.9）	−398.5 （4743.9）
受教育水平	554.42 （462.86）	1831.55*** （477.71）	335.6 （592.6）	673.3 （580.4）
健康状况差	−7291.51*** （2580.29）	−8215.61*** （2542.08）	−2140.2 （3524.8）	−2810.2 （3392.0）
参加医疗保险	1230.88 （4045.33）	−1326.69 （3971.13）	1012.5 （5474.0）	495.4 （5264.4）
家庭收入	0.99*** （0.17）	1.10*** （0.16）	0.431* （0.228）	0.625*** （0.220）
医疗支出	−0.65* （0.33）	−0.66** （0.33）	−0.300 （0.459）	−0.502 （0.442）
家庭所属财富阶层（以第一财富阶层为参照）				
第二财富阶层	23739.33*** （3803.57）	15971.56*** （3661.67）	13319.6*** （5107.5）	10545.1** （4864.7）

（续表）

变量	工具变量最小二乘回归		工具变量分位数回归	
	（1）	（2）	（3）	（4）
第三财富阶层	58 993. 43*** (3 967. 72)	49 777. 72*** (3 774. 20)	52 667. 7*** (5 219. 0)	50 599. 1*** (4 946. 9)
第四财富阶层	125 500. 50*** (4 287. 79)	114 127. 40*** (3 919. 85)	103 588. 0*** (5 354. 5)	110 945. 0*** (5 021. 9)
第五财富阶层	254 724. 00*** (5 277. 28)	279 100. 80*** (6 696. 80)	156 185. 7*** (6 090. 5)	288 798. 6*** (6 017. 3)
城市哑变量	Yes	Yes	Yes	Yes
N	9 146	9 146	9 146	9 146

注：表中所有回归均控制了城市层面的固定效应；括号中为系数的标准误；*** $p <$ 0. 01，** $p < 0.05$，* $p < 0.1$。

针对第（1）列与第（2）列的工具变量检验表明，杜宾-吴-豪斯曼（Durbin-Wu-Hausman）检验在 1‰ 显著性内拒绝模型（5-1）与模型（5-2）不存在内生性的原假设。同时，第一阶段的 F 值分别为 6 261. 87 与 4 223. 70，均在 1‰ 显著性水平下拒绝弱工具变量的原假设，说明模型中使用的工具变量具有一定的合理性。如果将表 5-7 中的第（1）列、第（2）列分别与表 5-5、表 5-6 中的第（2）列进行对比，可以发现各变量的符号与显著性基本保持不变，但核心变量"是否参保"以及"养老金财富"的估计系数的大小发生了较大的变化。"是否参保"的估计系数由表 5-5 中的 -67 624 上升至 -55 964，而"养老金财富"的估计系数由表 5-6 中的 -0. 213 上升为 -0. 15，说明不消除内生性可能会高估社会保险对家庭资产配置规模的挤出效应。杜宾-吴-豪斯曼检验也表明在模型（5-1）与（5-2）中均存在一定的内生性，同时，弱工具变量检验也在 99‰ 置信水平上拒绝了弱工具变量的原假设，说明模型使用的工具变量具有一定的合理性。

与最小二乘回归结果类似，工具变量两阶段最小二乘估计法同样对样本右偏与离群值比较敏感，因此进一步采用 Chernozhukov 与 Hansen（2005，2006，2008）的工具变量分位数回归进行重新估计，如表 5-7 第

(3)列及第(4)列所示。将第(3)列、第(4)列工具变量分位数回归的估计结果与第(1)、第(2)列普通工具变量法的估计结果进行比较发现,两者之间存在较大差异,说明普通工具变量法的估计结果受样本中极端值的影响较大。同时,若将表 5-7 中第(3)、第(4)列的估计结果与表 5-5 及表 5-6 中一般中位数的相应估计结果进行比较可以发现,第(4)列中"养老金财富"的估计系数由 -0.26 上升为 -0.22,而第(3)列中"是否参保"的估计系数也由 -32 011 上升为 -13 391。总结上述比较结果可以发现,一般工具变量法与分位数工具变量估计法的估计结果同时表明,模型内生性的存在使得普通最小二乘法以及普通中位数回归的估计存在一定偏误,会高估社会养老保险对于家庭私人资产储备的挤出程度。

5.4.3 社会养老保险对家庭资产配置规模影响的异质性分析

5.4.3.1 不同险种的异质性影响

以上分析存在的一个明显不足是没有考察不同险种的影响差异,因此得出的挤出效应是不同险种在样本内的平均挤出大小。实际上,由于城乡二元分割以及中国养老保险制度发展的历史原因,不同养老保险制度之间存在明显的差异与分割。近些年,中央政府试图改变这一局面,以促进劳动力的自由迁徙与在部门间的流动,例如将新型农村养老保险与城镇居民养老保险进行合并,将政府机关事业单位工作人员纳入城镇职工养老保险制度体系。上述改革虽然消除了城乡之间、不同工作部门之间的制度差异,但城乡居民养老保险与城镇职工养老保险在账户设计、筹资机制以及基金运营等具体制度设计上均有所不同。更重要的是,与城镇职工养老保险相比,居民养老保险在缴费水平、领取待遇以及保障水平上都明显偏低,因此相应的养老金财富对于家庭资产配置等经济决策的影响必然有所不同。此外,不同险种适用于不同的人群,城镇职工养老保险的参保对象为城镇就业人员,而居民养老保险的参保对象为未能参加城镇职工养老保险的城乡居民,这两类人群在工作单位性质、收入水平以及消费与储蓄偏好等方面均存在较大差异,因此在家庭资产配置过程中受到养老金财富的影响必然有所不同。鉴于以上分析，有必要对不同险种的挤出效应进行比较研究，尤其需要重点分析职工养老保险与居民养老保险之间的差异，从而使研究结论更具有针对性与具体性。

表 5-8 对城镇职工养老保险与居民养老保险的挤出效应进行了比较。第一，从四个模型的整体估计结果可以看出稳健性回归与中位数回归的各系数估计值及显著性水平较为接近，且与表 5-5 中基准模型的估计结果相差不大，说明模型整体估计较为稳健。第二，比较第（1）列与第（2）列的结果可以看出，参加职工养老保险与参加居民养老保险的系数均在 1％显著性水平内为负，说明无论是参加城镇职工养老保险还是参加居民养老保险均对家庭资产规模形成负向影响，养老金财富与家庭私人储备之间具有替代关系。进一步对二者系数大小进行比较发现，参加职工养老保险的估计系数是参加居民养老保险估计系数的 10 倍左右，说明参加城镇职工养老保险对家庭资产的平均挤出规模较大，而参加居民养老保险的挤出规模较小，两者之间差异巨大是因为参加城镇职工养老保险的家庭拥有的社会养老保险养老金财富规模要远大于参加居民养老保险的家庭拥有的社会养老保险金财富规模，也体现了城乡居民养老保险与城镇职工养老保险之间的巨大鸿沟；第三，相对于第（1）列与第（2）列的总体挤出效应，第（3）列与第（4）列给出了单位养老金财富增加引起的挤出效应大小，可以看出城镇职工养老保险养老金财富和城乡居民养老保险养老金财富的估计系数均在 1％显著性内显著为负，单位城镇职工养老保险养老金财富的增加会使家庭资产降低 0.25～0.27 单位，而单位居民养老保险养老金财富的增加会导致家庭资产下降 0.31～0.33 单位，表 5-6 中混合回归的估计系数介于两者之间，这与预期一致，进一步说明两种保险均存在显著的挤出效应。但与第（1）列以及第（2）列不同的是，居民养老保险养老金财富的挤出系数（绝对值）大于职工养老保险养老金财富的挤出系数，进一步的统计检验表明在 99％置信区间内拒绝两估计系数相等的原假设，且两估计系数之差达到 0.06 左右，说明两者之间的差异不仅在统计上显著，在经济在也

是显著的。因此,职工养老保险与居民养老保险虽然对于家庭资产均存在挤出影响,但挤出程度有所差异。相对于居民养老保险,职工养老保险的挤出效应相对较小,但由于城镇职工养老金财富规模要远大于居民养老金财富规模,因此前者对于家庭资产的整体挤出规模要远大于后者。

表5-8 职工养老保险与居民养老保险的挤出效应比较

变量	稳健回归		中位数回归	
	(1)	(3)	(2)	(4)
参加职工养老保险	-120 638.800*** (2 082.927)		-125 925.200*** (2 476.014)	
参加居民养老保险	-11 807.790*** (1 608.839)		-10 177.680*** (896.756)	
职工养老金财富		-0.253*** (0.004)		-0.270*** (0.014)
居民养老金财富		-0.311*** (0.015)		-0.339*** (0.040)
年龄	-5 025.872*** (559.745)	-3 696.540*** (570.591)	-3 626.898*** (243.644)	-3 048.309*** (283.969)
年龄平方	37.330*** (4.392)	24.178*** (4.471)	26.373*** (1.837)	20.255*** (2.152)
家庭结构类型(以正常婚姻家庭为参照)				
单身男性家庭	541.967 (2 048.251)	-1 939.153 (2 074.711)	418.535 (713.948)	-838.486 (1 015.256)
单身女性家庭	-3 467.829** (1 630.156)	-4 211.407** (1 647.944)	-2 161.326*** (623.479)	-2 455.657*** (644.400)
城镇	18 992.490*** (1 538.374)	16 925.120*** (1 550.912)	14 071.880*** (877.892)	12 410.510*** (1 269.782)
未成年子女数量	-3 162.124* (1 667.903)	-4 205.896** (1 684.235)	-1 982.536** (919.406)	-3 074.259** (1 447.711)
受教育水平	1 349.714*** (216.536)	1 631.944*** (220.718)	814.439*** (115.912)	1 144.040*** (129.300)

(续表)

变量	稳健回归		中位数回归	
	(1)	(3)	(2)	(4)
健康状况差	−3 445.300***	−3 922.079***	−1 724.106***	−2 048.816***
	(1 198.603)	(1 210.449)	(454.568)	(532.018)
参加医疗保险	−3 007.373	−2 664.582	−2 004.055**	−2 779.053***
	(1 874.425)	(1 889.653)	(812.773)	(979.249)
家庭收入	0.719***	0.728***	0.454***	0.479***
	(0.077)	(0.078)	(0.100)	(0.145)
医疗支出	−0.632***	−0.628***	−0.405***	−0.420**
	(0.154)	(0.156)	(0.110)	(0.189)
家庭所属财富阶层(以第一财富阶层为参照)				
第二财富阶层	20 085.040***	16 868.120***	16 821.770***	14 698.570***
	(1 733.830)	(1 743.176)	(674.571)	(722.077)
第三财富阶层	60 050.130***	52 966.340***	60 306.720***	53 528.350***
	(1 794.041)	(1 795.525)	(1 146.410)	(1 265.202)
第四财富阶层	136 828.300***	115 504.600***	139 124.900***	116 637.900***
	(1 899.936)	(1 845.225)	(2 355.779)	(2 942.112)
第五财富阶层	250 480.900***	276 804.100***	256 304.000***	289 355.600***
	(2 452.335)	(2 466.625)	(7 993.448)	(11 243.360)
常数项	149 441.000***	115 422.700***	116 327.900***	98 676.360***
	(19 408.260)	(19 784.830)	(8 233.132)	(13 396.120)
N	9 146	9 146	9 146	9 146

注：表中所有回归均控制了城市层面的固定效应；括号中为系数的标准误；* p<0.1,** p<0.05,*** p<0.01。

关于职工养老保险与居民养老保险的单位养老金财富增加对家庭资产配置规模的挤出效应大小有所不同，且前者大于后者的原因比较复杂，在解释时必须谨慎，可能有以下三个方面的原因。第一，参保对象的消费储蓄倾向存在差异。由于参加城镇职工养老保险的人群主要为城镇有稳定正式工作的就业人员，收入水平相对较高，而居民养老保险的参保对象是未能参加城镇职工养老保险的城乡居民，其中绝大多数是农村居民,收入水平比较低,且消费倾向随收入下降逐渐递减,因此对于主要由农村居民构成的居民养老保险的参保对象而言,单位养老金财富的增加引致的消费上升幅度要大于职工养老保险的参保人群,而消费的增长必然引起家庭资产储备规模的下降。第二,参保对象的养老意识存在差异。城镇职工养老保险的参保人员总体受教育水平较高,对于中国老龄化以及养老保障明显不足的国情有一定的认识,且长期参与养老保险缴费,尤其是个人账户的建立强化了个人进行储蓄养老的意识(王亚柯,2007),而居民养老保险的参保人群受教育水平低,不了解中国老龄化与未来养老金不足的严峻形势,养老意识仍然停留在家庭养老与政府兜底层面,个人进行储蓄养老的意识与愿望并不强烈,因此单位养老金财富的增加对家庭资产的挤出效应相对较大。第三,除了参保对象的不同外,两种养老保险制度的差异也是可能的原因。居民养老保险采用个人缴费、集体补助、政府补贴的筹资机制,但在实际运行中集体补助几乎可以忽略不计。由于参保对象的缴费能力有限,大部分参保对象均选择最低缴费档次,个人账户积累非常有限,因此政府补贴成为居民养老保险的主要资金来源,形成的基础养老金成为养老金的主要组成部分,较大幅度的政府补贴不仅迅速扩大了覆盖面,而且形成的养老金财富对参保家庭的消费具有较大的促进作用,尤其是对于 60 岁以上不需缴费直接领取人员,最终对家庭储蓄形成较大的挤出效应。而王亚柯(2007)的研究表明城镇职工养老保险的个人账户对家庭私人储蓄不仅不存在替代效应,反而增加了私人储蓄,因此形成的挤出效应相对于居民养老保险可能较小。

5.4.3.2 社会养老保险对不同类型家庭的异质性影响

上文从总体上分析了家庭是否参保及其形成的养老金财富对家庭资产配置规模的影响,并对职工养老保险与居民养老保险的挤出效应进行了比较。然而,以上分析所得到的挤出效应系数只是刻画了社会养老保险参与及养老金财富对家庭资产配置规模影响的集中趋势的一个指标而已,仅能反映社会养老保险对于家庭资产配置规模在样本内的平均影响。由于不同家庭之间存在较强的异质性,因此在不同家庭中,家庭参保与养老金财富对家庭资产配置规模的影响可能有所不同。为此,笔者针对不同年龄、受教育水平以及健康状况的家庭,考察家庭参保与养老金财富对家庭资产规模的影响差异,结果如表5-9所示。

表5-9 养老金财富对家庭资产配置规模的异质性影响

变量	(1)	(2)	(3)	(4)
养老金财富	−0.11*** (0.02)		−0.44*** (0.01)	−0.25*** (0.004)
已经领取者的养老金财富		−0.26*** (0.004)		
尚未领取者的养老金财富		−0.22*** (0.01)		
年龄	−3 150.62*** (566.53)	−3 573.68*** (576.94)	−3 211.53*** (548.69)	−3 418.93*** (563.97)
年龄×养老金财富	−0.003*** (0.000 3)			
受教育年限	1 655.67*** (217.15)	1 668.69*** (220.35)	198.27 (230.43)	1 575.56*** (217.73)
受教育年限×养老金财富			0.02*** (0.001)	
健康状况差	−3 877.30*** (1 192.65)	−3 757.54*** (1 210.28)	−3 504.78*** (1 163.67)	−1 366.08 (1 289.11)
健康状况差×养老金财富				−0.05*** (0.01)
N	9 164	9 164	9 164	9 164

注:限于篇幅,其他变量的估计系数没有汇总;表中所有回归均控制了城市层面的固定效应;括号中为标准误;* p<0.1,** p<0.05,*** p<0.01。

首先,表5-9中的第(1)列考察了不同年龄家庭的养老金财富对家庭资产配置规模的影响差异。从估计结果来看,年龄与养老金财富两项的估计系数的符号及显著性与之前的估计结果完全一致,新添加的养老金财富与年龄交互项的估计系数在1%显著性水平内显著为负,说明养老金财富对于资产规模的边际影响随家庭年龄而变化,且年龄越大挤出

程度越大。出现这种现象的原因是随着家庭年龄的上升,为养老而进行
资产储备逐渐成为家庭储蓄的唯一动机,因此养老金财富与家庭私人储
蓄之间存在比较强的替代关系,当养老金财富增加时会对其他资产形成
较强的挤出影响。为了验证这一结论的可靠性,在表5-9中笔者将养
老金财富分为已经领取者的养老金财富与尚未领取者的养老金财富。
对于样本中任一个体,若其已经开始领取养老金,那么该个体的"已经
领取者的养老金财富"变量的取值为该个体的全部养老金财富,"尚未
领取者的养老金财富"变量的取值则为0;反之,若其尚未开始领取养老
金,则正好相反。无论是城镇职工养老保险还是城乡居民养老保险,只
有在参保者达到了法定的退休与领取年龄后才能领取养老金,因此已经
领取者的年龄普遍大于尚未领取者。从第(2)列的"已经领取者的养老
金财富"与"尚未领取者的养老金财富"两项的估计系数可以看出,二者
均在1%显著性水平内显著为负,但前者要比后者大0.04个单位,说明
已经领取者的养老金财富对于家庭资产配置规模的挤出效应更大。这
和第(1)列中年龄与养老金财富交互项估计系数的结果完全一致,说明
养老金财富对于家庭资产配置规模的挤出程度在不同年龄段有所不同,
且随着年龄上升挤出效应越大。当然,由于中国健康与养老追踪调查的
对象主要为中老年人群,因此年龄普遍较大,以上结论能否适用于较年
轻的群体有待进一步检验。

其次,第(3)列对不同教育水平下养老金财富对家庭资产配置规模
的影响进行了分析。家庭受教育年限与养老金财富之间的交互项的估
计系数为负,说明养老金财富对家庭资产配置规模的边际影响系数随年
龄的增加逐渐上升,即在受教育水平较高的家庭中,养老金财富对家庭
资产配置规模的挤出效应相对较小,这一结论与 Gale(1998)关于美国
的研究正好相反。出现截然相反的结论的原因有两个方面:一是 Gale
(1998)的研究中不仅包括了社会保障养老金,还包括企业年金(401k 计
划)以及私人年金计划(IRA)中的个人储蓄型养老金以及其他商业养老
金,而本研究中的养老金仅指城镇职工养老保险养老金以及居民养老保
险养老金,因此定义的范畴有所不同。二是中美两国的国情不同。虽然

随着人口老龄化的深入,养老储备不足是世界各国普遍面临的问题,但相对于中国,美国家庭的养老储备要充裕得多,尤其是那些受教育水平较高的人群不仅拥有足够的养老意识与金融知识,而且财富整体水平相对较高,大多配置了较为充足的养老储备,当养老金财富进一步增加时会通过削减相应的私人储蓄来进行抵消,因此挤出效应较大;而在中国由于经济发展水平整体尚不高,且随着老龄化的逐渐深入,无论是公共养老金体系还是家庭个人储备的养老资产都较为有限,面对严峻的养老形势,受教育水平更高的家庭拥有更多的金融知识与远见,可能采取更为积极的应对策略(Thaler,1990),因此当养老金财富增加时对于其他资产的挤出相对较小,总资产规模得到了更大幅度的提升,这也是城镇职工养老保险的挤出效应小于居民养老保险的原因之一。上面的结论说明进行老龄化国情教育以及提高家庭的养老与资产配置意识对于有效应对老龄化非常重要。

最后,第(4)列对不同健康状况的家庭的挤出效应进行了考察。健康状况差与养老金财富之间的交互项的估计系数在1%显著性水平内显著为负,说明相对于健康状况好或者一般的家庭而言,在健康状况较差的家庭中,养老金财富对家庭资产规模的挤出效应要高出 0.05 个单位。这主要是由于在健康状况差的家庭中,当养老金财富增加后,具有更高的提升医疗消费支出的倾向,因此对家庭其他资产储备形成相对较大的挤出,家庭总资产规模的扩大相对较小。

此外,笔者还使用分位数回归在家庭资产规模的不同分位点处分别进行估计,考察养老金财富在不同资产规模家庭间影响的差异,估计结果如表 5-10 所示。表 5-10 列出了一般分位数回归与工具变量分位数回归在家庭资产规模的 10%～90% 的 9 个不同分位点处的挤出系数。首先,从表中可以看出,两种估计方法在 9 个不同分位点处的估计系数均在 1% 显著性水平内拒绝系数为 0 的原假设,同时进一步的统计检验表明所有估计系数均拒绝等于 -1 的原假设,这表明养老金财富对不同资产规模的家庭均存在挤出效应,且挤出程度为部分挤出。其次,对比资产规模不同分位点处的估计系数可以发现,无论是一般分位数回归还是工具变量分位数回归,随着分位点的右移,即随着家庭资产规模的扩大,估计系数的绝对值逐渐增大,在 60%~70% 分位点处达到 0.3 左右的最大值,然后虽然有所下降,但下降的幅度不明显。这一结论说明在不同资产规模的家庭中,虽然养老金财富对家庭资产规模均存在挤出影响,但挤出程度具有差异,对资产规模较小家庭的挤出效应几乎为零,对资产规模较大家庭的挤出效应较大,达到 0.3 左右,这与 Engelhardt 和 kumar(2011)、Gale(1998)以及 Chernozhukov 与 Hansen (2004)关于美国的研究结论完全一致。最后,从各分位点处的估计系数的标准误来看,两种估计方法的标准误均随着分位点的右移而扩大,说明对于较大资产规模家庭估计出的挤出效应虽然较大,但同时精确程度有所降低,这意味着最右侧分位点处的估计系数虽然有所下降,但由于估计精度的下降,真实挤出效应大小的下降可能并不明显。关于这一点从表中两种方法估计系数的差异也可以得到印证,可以发现在低分位点处两种估计方法的估计系数非常接近,但随着分位点的右移,二者之间的偏差逐渐扩大,且在 90% 分位点处达到最大。其中一般分位数回归估计系数的下降并不明显,但工具变量分位数回归的估计系数有较大下降,同时标准误也较大,接近一般分位数回归标准误的两倍。

表 5-10　养老金财富对不同分位点资产规模家庭的挤出效应估计

估计方法	10th	20th	30th	40th	50th	60th	70th	80th	90th
一般分位数回归	-0.03*** (0.005)	-0.10*** (0.007)	-0.17*** (0.011)	-0.24*** (0.010)	-0.28*** (0.014)	-0.30*** (0.015)	-0.31*** (0.018)	-0.30*** (0.023)	-0.28*** (0.032)
工具变量分位数回归	-0.03*** 0.007	-0.10*** 0.016	-0.16*** 0.021	-0.25*** 0.025	-0.26*** 0.022	-0.29*** 0.022	-0.26*** 0.028	-0.25*** 0.028	-0.19*** 0.056
N	9164	9164	9164	9164	9164	9164	9164	9164	9164

注:限于篇幅,其他变量的估计系数没有汇总;表中所有回归均控制了城市层面的固定效应;括号中为系数的标准误,通过 500 次自助抽样获得;* $p<0.1$,** $p<0.05$,*** $p<0.01$。

关于养老金财富对家庭资产配置规模挤出效应的大小随家庭资产规模增大而逐渐增大的原因可能是,不同资产规模的家庭面临不同的流动性与借贷约束(Hubbard et al.,1987)。在资产规模较小的家庭中,流动性与借贷约束较强,因此养老金财富的增加并不会造成家庭私人资产储备的大幅度减少。而资产规模较大的家庭并没有严重的流动性与借贷约束,且大多数家庭已经储备了相当规模的个人养老资产,因此养老金财富的增加会对家庭私人资产储备形成较大程度的挤出。以上结论对于养老金政策的改革与完善具有重要意义,由于低资产家庭的挤出效应较小,因此适当提高这部分家庭的养老金财富水平能够较大幅度地提高这些家庭的财富总规模,并降低与高资产家庭之间的财富不平等。

5.5　稳健性检验

在养老金财富挤出效应的估计过程中,核心解释变量"养老金财富"的测算由于被访者自我报告过程中的错误、计算过程中缺失数据的插值以及计算公式中关键参数的设定均会导致估算结果与实际结果之间存在较大的误差,相应也会对挤出效应的估计产生较大的影响。正如 Gale(1998)所指出的,不论采用何种方法对养老金财富进行测算,测量误差都是不可避免的,误差的大小决定了研究结论的可靠与否。为了检验挤出效应的大小随养老金财富测算变动的敏感程度,借鉴 Dicks-Mireaux 与 King(1982)的关于美国养老金财富对家庭储蓄挤出效应研究中使用的稳健性检验方法,笔者对养老金财富测算过程中的三个关键外生设定的参数分别设定了不同的参数组合值,并重新对模型进行估计,通过比较不同参数组合下挤出效应的变动情况来对模型的稳健性进行判断。其中三个关键参数分别是折现率、城镇职工养老保险参与者中尚未退休者的实际工资增长率以及城乡居民养老保险的基础养老金增长率。如果微小变动的参数组合引起了挤出效应的较大变动,则说明挤出效应对这三个参数的微小变动较为敏感,模型不够稳健,反之若变动幅度不大则模型的估计结果较为可靠。

表 5 - 11 中的参数设置与前面基准模型中的参数设置一致,因此可以作为表 5 - 11 中其他参数组合的比较基准。可以发现,当折现率保持不变,同时城镇职工养老保险的基础养老金增长率与居民养老保险的基础养老金增长率同时由 4% 下降为 3% 时,一般分位数回归与工具变量中位数回归的挤出系数均在 1% 显著性水平下显著小于 0,但挤出程度均有所上升,上升了 0.03~0.04 个单位,变化幅度在可接受的范围内。也可以对折现率进行调整,当折现率由 3% 上升到 4% 后,从最后三行的估计结果可以看出,相对于基准模型的估计,各模型挤出效应的大小均有所下降,但变化幅度均维持在 0.05 个单位以内。综合以上结论说明,在不同参数组合下,估计的挤出效应的大小较为稳定,随养老金财富估算参数变化而调整的幅度相对较小。

表 5 - 11　不同参数组合设置下养老金财富的挤出系数估计

参数组合选择			挤出效应估计	
折现率 (%)	城镇职工养老 保险基础养老 金增长率(%)	居民养老保险 基础养老金增 长率(%)	一般分位数回归	工具变量 分位数回归
3	4	4	− 0.283*** (0.014)	− 0.22*** (0.026)
3	3	3	− 0.313*** (0.021)	− 0.26*** (0.025)
3	4	3	− 0.298*** (0.019)	− 0.24*** (0.0265)
3	3	4	− 0.288*** (0.014)	− 0.22*** (0.0276)
4	3	3	− 0.251*** (0.022)	− 0.22*** (0.032)
4	4	4	− 0.269*** (0.019)	− 0.23*** (0.036)
4	3	4	− 0.250*** (0.032)	− 0.24*** (0.029)

注:其余变量略去且控制了城市层面的固定效应;括号中为标准误,通过 1 000 次 bootstrap 抽样得到。

为了进一步排除遗漏重要控制变量的可能,在模型中加入"是否接受过遗赠""是否拥有企业年金"以及"是否拥有商业养老金"三个变量,并重新对养老金财富的挤出效应进行估计,考察这三个变量是否会对养老金财富的挤出效应产生影响,估计结果如表 5 - 12 所示。从估计结果可以看出,新加入的三个变量在 6 个模型中除了"是否拥有企业年金"在工具变量分位数回归中显著性较低外,其他变量均在 1% 显著性水平内显著为正,说明"是否接受过遗赠""是否拥有企业年金"以及"是否拥有商业养老金"在很大程度上促进了家庭资产规模的提升,这与预期相一致。进一步比较"养老金财富"的估计系数可以发现,各模型中的估计系数均显著为负,且估计系数的大小与前面基准模型的估计系数相差不大,说明"是否接受过遗赠""是否拥有企业年金"以及"是否拥有商业养老金"三个变量虽然对于家庭资产储备的规模具有正向促进作用,但对养老金财富对于家庭资产规模的挤出效应的大小影响并不大。以上这些敏感性分析说明,前面的研究结论是稳健可靠的,养老金财富的平均挤出效应为 0.2~0.3。

表 5-12　考虑遗赠、企业年金以及商业养老金后的挤出效应稳健性检验

变量	是否接受过遗赠		是否拥有企业年金		是否拥有商业养老金	
	一般分位数回归	工具变量分位数回归	一般分位数回归	工具变量分位数回归	一般分位数回归	工具变量分位数回归
养老金财富	-0.317***	-0.24***	-0.271***	-0.22***	-0.290***	-0.25***
	(0.021)	(0.018)	(0.010)	(0.051)	(0.032)	(0.029)
是否接受过遗赠	14315.20***	16326.09***				
	(3234.90)	(3489.21)				
是否拥有企业年金			163727.14***	152647.15*		
			(52632.03)	(128728.45)		
是否拥有商业养老金					112086.20***	112086.23***
					(1665.23)	(2428.57)
N	9164	9164	9164	9164	9164	9164

注:其余变量略去且控制了城市层面的固定效应;括号中为标准误,通过 1000 次 bootstrap 抽样得到。

5.6　本章小结

养老金财富对家庭私人储蓄的影响一直是社会保障与家庭金融领

域研究的热点问题之一,也是社会保障与储蓄政策制定者必须考虑的重要问题,之前的大量研究并没有得出完全一致的结论。近些年,我国社会养老保险制度经历了重大变革,尤其是包括新型农村养老保险与城镇居民养老保险制度在内的城乡居民养老保险制度的建立迅速扩大了中国养老保险制度的覆盖面,大幅度提升了中国居民家庭的养老金财富规模,势必会对家庭私人资产的储备形成重要影响。但与此同时,由于改革的不完善,不同保险制度之间以及不同人群之间的养老金财富水平存在很大的差距,养老金财富的影响在不同险种以及不同人群之间可能存在较强的差异性。本章以养老保险制度的改革,尤其是以居民养老保险制度的迅速推广为契机,利用中国健康与养老追踪调查 2013 年的家庭调查数据,实证检验了社会养老保险参与及其形成的社会养老金财富对居民家庭私人资产配置规模的影响,并对不同险种以及不同类型家庭的影响差异进行了比较。主要得出以下几个方面的结论。

首先,普通最小二乘回归、稳健性回归以及中位数回归的估计结果一致表明,家庭参与社会养老保险及形成的养老金财富降低了家庭私人资产储备的规模。其中,内生性与家庭资产规模的右偏分布均对估计结果造成了一定的偏差,工具变量分位数回归修正后的估计表明参加社会养老保险对家庭私人资产储备的平均挤出规模为 13 391 元,单位养老金财富的增加对家庭私人资产的平均挤出效应为 0.22 元,这一挤出效应大小与国外部分学者的研究结论较为一致。

其次,区分职工养老保险与居民养老保险的研究表明,相对于居民养老保险,职工养老保险的挤出效应较小,但由于家庭拥有的城镇职工养老金财富规模要远大于居民养老金财富规模,因此职工养老保险的整体挤出规模要远大于居民养老保险。进一步的异质性研究表明,不同年龄、不同受教育水平、不同健康状况以及不同资产规模家庭的养老金财富的挤出效应存在明显差异。年龄上升以及健康恶化均会强化养老金财富对家庭私人资产储备的挤出作用,而受教育水平存在负向作用。基于家庭资产规模不同分位点的分位数回归表明,低资产规模家庭的养老金财富的挤出效应接近于零,高资产规模家庭的挤出效应较大。

最后,通过设置不同组合的养老金财富计算参数并进一步考虑"是否接受过遗赠""是否拥有企业年金"以及"是否拥有商业养老保险"对挤出效应的可能影响,对结论进行了稳健性检验。检验结果表明养老金财富的挤出效应大小不会随着以上情况的改变而发生明显变化,说明本章的研究结论是稳健的。

　　本章研究还存在以下不足:一是虽然使用工具变量法在一定程度上克服了模型存在的内生性问题,降低了估计中可能存在的偏误,但养老金财富与家庭资产的测量误差依然是影响研究结论是否可靠的关键因素,尤其是被访者在报告过程中可能由于对养老金制度的不了解而导致误报,在后续的研究中可以尝试根据被访者的工资性收入对养老金财富进行估算,并以此为基础对养老金财富的挤出效应进行估计,从而与本章基于被访者自报的缴费与领取水平计算的养老金财富而估计出的挤出效应进行比较。二是根据巴罗的遗赠动机理论,个人在进行家庭经济决策时存在利他主义倾向,因此为后代留下一定的遗产成为家庭进行资产储备的一个重要动机,这可能会对养老金财富挤出效应的研究结论产生一定的影响,在后续研究中需要加以考虑。

第 6 章　社会养老保险对居民家庭资产配置结构影响的实证检验

6.1　引言

前文考察了家庭的社会养老保险参与及形成的养老金财富对家庭资产配置规模的影响,发现社会保险参与及养老金财富对家庭私人资产储备存在明显的挤出效应,且在不同类型的家庭之间存在明显的异质性。然而,这一分析仅能揭示养老金财富与家庭私人资产储备之间的整体替代关系,由于在同一家庭内部存在多种不同类型的资产,不同类型的资产往往具有不同的特性与功能,因此养老金财富对于家庭中不同类型资产的影响关系必然有所不同,即引起家庭资产配置结构的变动。因此,本章将在上一章的基础上,着重考察家庭的社会养老保险参与及形成的养老金财富对家庭资产配置结构的影响,这对于进一步明确家庭资产配置决策、养老金财富对不同类型家庭资产的影响关系以及完善社会养老保险政策均具有重要意义。

本章与以往研究的不同主要体现在以下三个方面。第一,全面考察了社会养老保险对家庭各种类型资产的影响。已有研究大多着重考察社会养老保险对于家庭风险性金融资产持有的影响,但实际上由于中国社会保障制度与金融市场的不完善以及中国家庭金融知识的普遍不足,持有风险性金融资产的家庭占比非常低;相反,银行存款,尤其是房产,是中国家庭资产配置的主要组成部分,因此单纯考察社会养老保险对于家庭配置风险性金融资产的影响虽然具有一定意义,但并不能完全揭示社会养老保险对家庭资产配置结构的影响,尤其是对于家庭持有房产的影响。第二,本章着重从养老金财富的视角入手,考察社会养老保险对于家庭资产配置结构的影响。以往相关研究主要从家庭是否参保入手,随着经济发展与城乡居民养老保险制度的不断推广,社会养老保险制度逐渐实现全覆盖。虽然越来越多的家庭实现了参保,但根据前面的统计分析可知,家庭之间养老金财富的差异较大,尤其是不同险种之间的养老金财富的差异巨大。仅仅考察是否参保对于家庭资产配置结构的影响显然是不够的,在考察家庭参保变量影响的同时,还需研究养老金财富对家庭资产配置结构的影响。第三,本章考察了不同险种的影响差异。以往国内的相关研究大多使用中国家庭金融调查数据以及中国居民家庭收入调查数据,由于这两套调查数据不是专门针对养老调查而收集的,因此这些研究中并没有对社会养老保险的不同险种进行区分,这将忽视不同险种对于家庭资产配置结构的影响差异。不同于已有研究,本章使用的数据是专门针对养老而设计的家庭养老与追踪调查数据进行研究,该数据调查的问卷为不同类型的养老保险分别设计了不同的模块与丰富的调查问题,为考察不同类型的险种的影响差异提供了坚实的数据基础。

6.2　变量、模型设定与估计方法

6.2.1　变量说明

(1)家庭资产配置结构。为了考察社会养老保险对家庭资产配置结构的影响,笔者将家庭持有的除养老金财富之外的其他各种类型资产主要分为房产、生产经营性资产、安全性金融资产、风险性金融资产、商业养老保险资产以及土地六大类,其中安全性金融资产与风险性金融资产统称为金融资产。关于各种类型资产的具体定义以及测算见第3章,需要特别指出的是,本书定义的风险性金融资产不仅包括家庭持有的债券、股票、基金这些狭义风险性金融资产,同时参照雷晓燕与周月刚(2010)以及周钦等(2015)的定义,将家庭持有的借出款也归为风险性金融资产。这样处理的原因是中国民间借贷较为普遍，尤其是农村与城镇地区正规金融体系发展不完善以及投融资渠道严重缺失，民间金融活动规模相当庞大，同时由于缺乏有效监管与风险防范体系，借贷违约风险较大，因此根据这一实际情况将民间借贷归为风险性金融资产更加合理。由于土地交易成本较大且受到较大程度的限制，家庭土地资产的变动主要由土地分配制度、拆迁以及土地市场租金上涨等外生条件因素决定，一般不会受到家庭参保及养老金财富变动的影响，因此本章并未对土地资产进行关注[①]，而着重考察社会养老保险及其形成的养老金财富对其他几种类型资产持有的可能性及其内部结构的影响。

（2）家庭参保与养老金财富。与上一章相同，本章中的家庭社会养老保险参与仍然定义为被访者及其配偶至少有一人参加了居民养老保险或者城镇职工养老保险（含机关事业单位养老保险）。养老金财富为被访者及其配偶拥有的社会养老保险的养老金财富之和。

（3）控制变量。为了避免遗漏变量问题，在回归模型中尽可能考虑较多的控制变量，主要包括人口学控制变量与经济学控制变量两类。人口学控制变量与上一章相似，主要包括被访者及其配偶的平均年龄以及年龄的平方、夫妻双方的平均受教育年限、家庭类型、健康状况以及家中未成年子女数量。根据生命周期理论，随着家庭年龄的增长，家庭资产配置规模会随之发生变化，重要的是家庭资产配置结构也会不断调整。国内外大量的实证研究表明家庭资产配置结构具有明显的生命周期特征。在年轻家庭与老年家庭中，由于收入与支出的不确定性程度较高，为了对冲这种不确定性，家庭会持有较高比例的安全性金融资产，而风险性金融资产持有比例较小，同时由于家庭规模较小，房产的持有比例也相对较低，而在生产经营性资产上由于资本积累与劳动力的不足，持有比例也相对较低；相反，在中年家庭中以上各种类型的资产可能呈现相反的情形。受教育水平对于资产配置也具有决定性的影响。

---

① 为了对这一前提假设进行验证，本书也对土地资产占六大类总资产规模的比例，关于家庭是否参加社会养老保险以及养老金财富两个变量分别进行了回归分析，结果发现在所有模型中"是否参保"以及"养老金财富"变量均不显著。

在受教育水平较低的家庭中,由于家庭理财、金融知识以及投资创业意识欠缺,可能对风险性金融资产以及生产经营性资产的持有比例相对较低,而只能将资产配置在安全性金融资产以及房产上;相反,在受教育水平较高的家庭中,家庭资产配置可能更加多元。家庭类型也会影响家庭资产配置结构。一般婚姻家庭的抗风险能力相对较强,夫妻双方在资产配置时可以进行共同决策;而单身家庭的抗风险能力相对较弱,资产配置只能由个人单独进行决策,而男性与女性在进行决策时风险偏好与承受能力不同,因此单身女性与单身男性家庭在资产配置选择上可能也有所不同。家庭健康状况对于资产配置的影响已经被国内外众多文献(雷晓燕、周月刚,2010)所证实,健康状况的恶化将加剧家庭医疗消费支出的不确定性,因此家庭将持有更多的安全性资产与更少的风险性金融资产。家庭中未成年子女数量既可能由于增加了家庭支出的规模与不确定性,使得家庭配置更多的安全性金融资产,也可能迫使家庭配置更多的风险性金融资产与生产经营性资产从而提升家庭财富增值能力。本章中的经济学控制变量主要包括家庭持久性收入、是否参加医疗保险、家庭医疗支出以及家庭所属财富阶层。家庭持久性收入对于家庭资产配置具有重要影响,在持久性收入相对较高的家庭中,家庭收入也相对稳定,家庭储蓄规模相对较大,对于收入波动的抵抗能力较强,因此家庭的风险承受能力相对较高,更倾向于配置风险相对较高的金融资产与生产性资产的承受能力较强。家庭医疗支出会增加家庭消费的不确定性,降低家庭风险承受能力,因此会迫使家庭配置更多的安全性资产,但医疗保险可能会在一定程度上降低医疗消费支出与支出的波动程度(周钦等,2015),因此可能反过来促进家庭风险性金融资产与生产经营性资产的持有。最后,由于不同财富阶层在家庭资产配置偏好、风险承受能力上均可能存在较大差异,因此需要进行区分。关于各财富阶层的划分与上一章相同,在此不再赘述。

6.2.2 实证模型设定与估计方法选择

鉴于本章主要关注养老金财富对居民家庭持有各种类型资产的可

能性以及结构比例的影响,其实证模型主要由两部分构成。第一部分为家庭是否参保以及养老金财富对持有各种类型资产的可能性的影响决策方程,具体模型如式(6-1)与式(6-2)所示。其中,式(6-1)为家庭是否参保对家庭资产持有可能性的影响决策方程,式(6-2)为养老金财富对家庭持有特定类型资产的影响决策方程,两式中的因变量皆为二元分类变量,需要采用二元离散因变量 Probit 模型进行估计。

在式(6-1)与式(6-2)中,$holdasset_{i,j}$ 表示家庭 i 是否持有 j 类型资产的二元虚拟变量,$holdasset_{i,j}^*$ 为相应的潜变量;函数 $I(\cdot)$ 为符号示性函数,当括号内条件为真时,该函数取值为 1,否则取 0;$participation_i$ 为家庭 i 是否参加了社会养老保险的二元虚拟变量,若已经参加取值为 1,否则为 0;α_1 为相应的估计系数,该系数的符号、显著性以及大小是模型回归关注的焦点;$pensionWealth_i$ 为家庭 i 拥有的养老金财富,若家庭没有参保则该值为 0,β_1 为相应的估计系数;$controls_i$ 为前面介绍的一系列控制变量构成的向量组合;ε_i 与 ζ_i 为两式中相应的干扰项;α_0 与 β_0 分别为两式的截距项,α_2 与 β_2 分别为两式中控制变量的系数。

$$
\begin{aligned}
& holdasset_{i,j} \\
& = I(holdasset_{i,j}^* > 0); holdasset_{i,j}^* \\
& = \alpha_0 + \alpha_1 participation_i + \alpha_2 controls_i + \varepsilon_i
\end{aligned} \tag{6-1}
$$

$$
\begin{aligned}
& holdasset_{i,j} \\
& = I(holdasset_{i,j}^* > 0); holdasset_{i,j}^* \\
& = \beta_0 + \beta_1 pensionWealth_i + \beta_2 controls_i + \zeta_i
\end{aligned} \tag{6-2}
$$

实证模型的第二部分是家庭社会养老保险参与及其形成的养老金财富对各种类型的家庭资产配置比例的影响决策方程,具体模型设定如式(6-3)与(6-4)所示。由于各种类型的资产配置比例取值范围介于 0 和 1 之间,因此属于双侧截取的受限因变量回归模型,使用普通最小二乘法进行估计将不再合适,会导致估计结果有偏。对于受限因变量模型一般使用 Tobit 回归进行估计,并在此模型中分别选取 1 与 0 为资产持有比例的上下限。

式(6-3)为是否参保对家庭 i 的 j 类型资产持有比例的影响决策方程,式(6-4)为养老金财富对家庭 i 的 j 类型资产持有比例的影响决策方程,两式中的 $\text{ratio}_{i,j}$ 为家庭 i 实际持有的 j 类型资产的比例,$\text{ratio}_{i,j}^{*}$ 为相应的潜变量,其他变量的含义与式(6-1)及(6-2)中相应变量的含义完全相同。

$$\text{ratio}_{i,j} = \begin{cases} \max(0,\text{ratio}_{i,j}^{*}) \text{; if } \text{ratio}_{i,j}^{*} < 1 \\ \min(0,\text{ratio}_{i,j}^{*}) \text{; if } \text{ratio}_{i,j}^{*} \geqslant 1 \end{cases}, \qquad (6-3)$$

$$\text{ratio}_{i,j}^{*} = \gamma_0 + \gamma_1 \text{participation}_i + \gamma_2 \text{controls}_i + \tau_i$$

$$\text{ratio}_{i,j} = \begin{cases} \max(0,\text{ratio}_{i,j}^{*}) \text{; if } \text{ratio}_{i,j}^{*} < 1 \\ \min(0,\text{ratio}_{i,j}^{*}) \text{; if } \text{ratio}_{i,j}^{*} \geqslant 1 \end{cases}, \qquad (6-4)$$

$$\text{ratio}_{i,j}^{*} = \varphi_0 + \varphi_1 \text{pensionWealth}_i + \varphi_2 \text{controls}_i + \upsilon_i$$

与上一章类似,上述四个模型同样可能存在一定的内生性问题。内生性问题的存在会导致模型估计的偏差,从而造成研究结论的不可靠。上述模型存在内生性的原因主要来自两个方面:一是家庭资产与养老金财富的测量误差。由于养老金财富以及家庭资产数据主要来自被访者的自我报告,而被访者对于社会养老保险以及各项金融资产缺乏足够了解可能会造成汇报的数据错误或者产生较大的估算偏差;此外对于家庭资产数据中的部分缺失值采用插值技术进行补缺也可能造成家庭资产测算误差较大。二是可能存在一些不可观测的异质性因素同时对家庭参保、养老金财富以及家庭资产配置结构产生影响。例如,具有较强风险厌恶的家庭,不仅会积极参保,持有较多的养老金财富,而且可能持有较多的安全性金融资产以及商业养老保险资产,而在风险性金融资产以及生产经营性资产上的持有比例较低。由于城乡居民养老保险的是否参保由个人自愿选择,因此以上情况可能更加严重。

为了在一定程度上克服模型的内生性对估计结果造成的偏误,本章主要从两个方面进行了改进。首先,在模型中尽可能考虑较多的控制变量。加入更多控制变量是为了尽可能捕捉到更多的家庭异质性,降低模型中不可观测的异质性造成的估计偏差,为此本章不仅考虑了较多的人口学与经济学控制变量,而且在模型中加入了城市层面的固定效应①。其次,进一步使用相应的工具变量法对以上四个模型进行估计。家庭是否参保以及养老金财富各自的工具变量的具体构造方式与上一章相同,不再赘述。与上一章不同的是,"是否持有"特定类型资产及其"持有比例"分别为二元离散因变量与受限因变量,因此对模型(6-1)与(6-2)采用 IV-Probit 法进行估计,而对模型(6-3)与(6-4)采用 IV-Tobit 法。

6.3 实证结果与分析

6.3.1 描述性统计分析

表 6-1 分别对全样本、城镇样本以及农村样本中参保家庭与非参保家庭持有不同类型资产的比例进行了比较。在对参保家庭与非参保家庭进行比较之前,先对各类型资产的总体持有情况进行分析。从全样本来看,10%～12%的家庭持有风险性金融资产,超过 80%的家庭持有安全性金融资产,65%～71%的家庭持有房产,40%左右的家庭持有生产经营性资产,商业养老保险的持有比例非常低,只有 1%左右的家庭持有商业养老保险,以上数据说明中国绝大部分家庭均持有安全性金融资产与房产,仅有较少家庭持有生产经营性资产、风险性金融资产以及商业养老保险资产。这一结论与中国家庭金融调查的调查结果相一致。从城镇与农村的对比来看,可以发现在风险性金融资产的持有比例上,城镇家庭明显高于农村家庭。这一方面是由于城镇地区金融产品的可得性高于农村地区,城镇居民能够比较容易地参与风险性金融市场,另一方面是由于城镇居民的收入水平以及金融知识水平均明显高于农村居民。相对于风险性金融资产,安全性金融资产的持有情况在农村与城镇之间无明显差异。在生产经营性资产的持有比例上,农村家庭明

---

① 也尝试在模型中考虑社区层面的固定效应,但在个别模型中多重共线性较为严重且模型计算效率较低,因此为了保持各模型一致,在所有模型中仅加入了城市层面的固定效应。

显高于城镇家庭,这说明城镇家庭与农村家庭在就业结构上存在明显差异,农村家庭大多会从事农业生产经营活动,因此较多的家庭持有生产经营性资产,而城镇家庭主要以在企业或者单位就业为主,只有较少的家庭持有生产经营性资产。在房产的持有上,农村家庭与城镇家庭之间也存在明显差异,由于大多数农村家庭都拥有自己的宅基地与自建房,因此农村家庭的房产持有比例明显高于城镇家庭。最后,在商业养老保险资产的持有比例上,与风险性金融资产的持有情况相同,农村家庭明显低于城镇家庭,说明商业养老保险在农村地区的普及程度非常低。

表6-1　持有不同类型资产的家庭占所在组样本总数的比例

资产类型	全样本			农村样本			城镇样本		
	参保(%)	非参保(%)	T检验	参保(%)	非参保(%)	T检验	参保(%)	非参保(%)	T检验
风险性金融资产	12.31	10.24	-3.21(0.00)	9.82	9.79	-0.04(0.97)	14.69	11.28	-3.13(0.00)
安全性金融资产	81.12	80.20	-1.15(0.25)	80.39	80.46	0.07(0.94)	81.83	79.59	-1.72(0.08)
生产经营性资产	35.24	41.82	6.68(0.00)	50.26	47.49	-2.06(0.04)	20.84	28.67	5.48(0.00)
房产	65.22	71.40	6.55(0.00)	70.48	73.36	2.38(0.02)	60.19	66.86	4.25(0.00)
商业养老保险	1.13	0.71	-2.16(0.03)	0.83	0.51	-1.43(0.15)	1.42	1.18	-0.65(0.51)

注:括号中数值为T检验对应的P值。

下面着重对参保家庭与非参保家庭进行比较分析。首先,考察风险性金融资产可以发现无论在全样本还是分样本中,相对于非参保家庭,有较高比例的参保家庭持有风险性金融资产,说明家庭参保可能会提升家庭持有风险性金融资产的可能性。但进一步的样本组间差异T检验表明,在全样本与城镇样本中这一差异在统计上显著,而在农村样本中,参保组与非参保组的差异并不显著,说明家庭参保对于提升农村家庭持有风险性金融资产的可能性作用不大。其次,考察安全性金融资产可以发现在农村样本与全样本中,参保组与非参保组在是否持有安全性金融资产上无显著差异,而在城镇样本中,相对于非参保组,参保组中持有安全性金融资产的家庭占比明显较高,且在10%水平内显著,但能否得出城镇家庭参保提升了安全性金融资产持有的结论有待后续回归分析的进一步检验。分析生产经营性资产从样本 T 检验可以发现,无论在全样本还是分样本中,参保组与非参保组均存在明显差异,但参保组与非参保组差异的方向在城市样本与农村样本中存在差异,在农村样本中参保组持有生产经营性资产的家庭占比大于非参保组,而在城镇则完全相反,这一结论说明家庭参保对于生产经营性资产的持有存在明显的城乡差异。再次,分析房产可以发现无论在农村还是城镇,参保家庭中持有房产的家庭占比明显低于非参保家庭中持有房产的家庭占比,且样本 T 检验也高度显著,表明社会养老保险与家庭房产之间可能存在一定的相互替代关系,即社会养老保险可能降低了家庭持有房产的可能性。最后,考察商业养老保险发现,无论在农村还是城镇,参保家庭中持有商业养老保险的家庭占比要高于非参保家庭,意味着社会养老保险与商业养老保险之间可能是互为补充的关系,但以上差异在统计上并不显著。上述初步的统计分析表明,家庭参保对于不同类型资产持有可能性的影响有所不同,且对部分类型资产的影响在城乡之间存在差异。关于城乡差异的原因,一方面可能是农村与城镇的社会养老保险制度存在差异,另一方面可能是农村与城镇之间的金融及经济发展水平之间存在差异,具体原因需要利用回归分析进一步探讨。另外,农村样本与城镇样本的差异也意味着,回归分析中需要对两部分样本进行单独处理。

表 6-2 对参保家庭与非参保家庭持有的各种类型资产占家庭持有的五种资产总和的比例进行了比较。首先,分析风险性金融资产,在农村样本中参保家庭与非参保家庭持有的风险性金融资产的比例在10%水平内不显著,而在城镇样本中参保家庭持有的风险性金融资产的比例明显高于非参保家庭。结合表 6-1 中的结论表明家庭参保不仅显著提

升了城镇家庭持有风险性金融资产的可能性,而且提升了持有的比例,但在农村这一提升作用不显著,原因可能是农村家庭大多参加的是新型农村养老保险或者城乡居民养老保险,相应的养老金财富水平较低,因此促进作用不明显。其次,分析安全性金融资产的持有比例,可以发现无论在农村还是城镇,参保家庭持有的安全性金融资产的比例均高于非参保家庭,且在统计上显著,但是否是由于家庭参保造成了安全性金融资产持有比例的上升仍有待进一步研究。分析生产经营性资产的持有发现,与表6-1中家庭持有生产经营性资产的可能性完全相同。在农村样本中,参保家庭持有更高比例的生产经营性资产,而在城镇家庭则完全相反,这表明社会养老保险对于家庭持有生产经营性资产的可能性及持有比例的影响在城乡之间均存在明显差异。再次,分析家庭持有房产的比例可以发现参保家庭明显持有更少比例的房产,结合表6-1的结论可知,家庭参保可能不仅降低了家庭持有房产的可能性,而且降低了持有的比例,说明养老保险与房产之间可能存在明显的替代关系。最后,与表6-1中商业养老保险持有可能性的结论相同,虽然参保家庭持有的商业养老保险资产的比例高于非参保家庭,但这种差异在统计上并不显著。

表6-2 城乡家庭平均持有各类型资产的比例

资产类型	全样本			农村样本			城镇样本		
	参保(%)	非参保(%)	T检验	参保(%)	非参保(%)	T检验	参保(%)	非参保(%)	T检验
风险性金融资产	3.41	2.88	-1.89 (0.05)	2.41	2.82	1.27 (0.20)	4.41	3.02	-2.77 (0.00)
安全性金融资产	28.64	23.65	-6.27 (0.00)	24.14	22.06	-2.13 (0.03)	33.13	27.31	-4.21 (0.00)
生产经营性资产	8.75	10.31	3.11 (0.00)	12.39	11.16	-1.72 (0.08)	5.12	8.37	4.37 (0.00)
房产	58.73	63.12	4.91 (0.00)	60.86	64.05	2.81 (0.00)	56.60	60.97	2.91 (0.00)

（续表）

资产类型	全样本			农村样本			城镇样本		
	参保（%）	非参保（%）	T检验	参保（%）	非参保（%）	T检验	参保（%）	非参保（%）	T检验
商业养老保险	0.65	0.40	−1.87（0.06）	0.41	0.25	−1.17（0.23）	0.89	0.75	−0.53（0.59）

注：括号中数值为T检验对应的P值。

表6-1与表6-2初步给出了家庭参保对家庭持有各种类型资产的可能性及持有比例的影响关系，并发现这种影响关系存在明显的城乡差异。然而以上二元分析由于没有考虑其他因素的影响，必然存在一定的缺陷，无法保证所得结论的可靠性。通过以上分析形成的初步结论对于进一步明确养老金财富与家庭其他类型资产之间的相互关系以及认识家庭内部各种类型资产的功能差异具有重要意义，也是进一步利用回归模型精确分析家庭参保以及养老金财富对于家庭持有各种类型资产的可能性及其比例的基础。

6.3.2 回归结果分析

6.3.2.1 社会养老保险对持有风险性金融资产的影响

1）城镇样本

由于Probit模型与Tobit模型为非线性模型，因此直接估计出的系数并没有多大的实际经济含义，需要计算各变量的平均边际效应，以下各表中的估计值均为各变量在所有样本点处边际效应的平均值。由于Probit模型与Tobit模型的结构形式有所不同，因此计算边际效应的具体步骤也存在一定的差异。具体而言，在Probit模型中的计算步骤如下：①对于样本中的任一样本点，计算在其他变量保持不变的情况下，各变量变化一个单位引起（若为虚拟变量，则是由0变为1）的因变量取正值的条件期望概率的变化量，作为各变量在该样本点处的边际效应，即$dE[pr(y=1|x)]/dx$；②对于所有样本点，重复上一步骤；③计算各变量在所有样本点处的边际效应的平均值。Tobit模型中平均边际效应

的计算步骤基本类似：①计算 $dE[y \mid x, 1 > y > 0)]/dx$，即在给定持有特定资产比例在 0 和 1 之间的前提下，各解释变量变化一个单位（若为虚拟变量，则是由 0 变为 1）引起的相应资产持有比例的变化量；其余步骤与 Probit 模型完全相同。相应的边际效应的标准差使用 Delta-method 方法进行计算，因此以下各表中括号内的标准误为 Delta-method 标准误。

表 6-3 给出了城镇家庭养老金财富对家庭持有风险性金融资产的可能性及持有比例影响的估计结果。第（1）列利用普通 Probit 模型对家庭是否持有风险性金融资产进行了估计，可以发现模型的似然比统计量高度显著，说明模型整体拟合度较高，核心解释变量养老金财富的平均边际效应在 5％ 显著性水平为正，说明养老金财富的增加显著提升了家庭持有风险性金融资产的可能性。但以上估计中存在的问题是没有考虑到养老金财富可能具有较强的内生性，为此利用 IV-Probit 对模型（1）重新进行估计，得到第（2）列的估计结果。从第（2）列可以发现，检验外生性的 Wald 检验统计量显著拒绝模型不存在内生性的原假设，表明第（1）列的估计中确实存在一定的内生性，相应的养老金财富的平均边际效应有所增加，显著性水平也由原来的 5％ 上升为 1％，说明考虑内生性的工具变量 IV-Probit 估计并没有改变原有的结论，边际效应 0.000 877 表示养老金财富每增加 1 万元引起的家庭持有风险性金融资产可能性的平均增加量大约为 0.087％。表 6-3 中的第（3）列与第（4）列给出了养老金财富对家庭持有风险性金融资产比例影响的估计结果，其中第（3）列为普通 Tobit 模型的估计结果，关键解释变量养老金财富的边际效应依然在 1％ 显著性水平内为正。分析第（4）列中考虑了养老金财富内生性的 IV-Tobit 模型的估计结果可以发现，与第（2）列类似，第（4）列中养老金财富的边际效应上升为第（3）列中的两倍左右，显著性水平几乎保持不变，检验外生性的 Wald 检验统计量也在 5％ 显著性水平内拒绝外生性原假设。说明养老金财富变量的内生性在 Tobit 模型中也同样存在，相应得到的边际效应为 0.000 440，表示养老金财富每增加 1 万元引起的家庭持有风险性金融资产的比例平均上升 0.044％。这一比

例从绝对量来看相对较小,但由于中国家庭持有的风险性金融资产在家庭总资产中的占比相对较低,约为3.5%,因此上述边际效应的影响在经济上是显著的。

表6-3　养老金财富对家庭持有广义风险性金融资产的影响估计(城镇样本)

	(1)	(2)	(3)	(4)
	持有可能性 Probit	持有可能性 IV-Probit	持有比例 Tobit	持有比例 IV-Tobit
养老金财富	0.000364** (0.000185)	0.000877*** (0.000315)	0.000201*** (0.0000636)	0.000440*** (0.000118)
年龄	−0.00951 (0.00778)	−0.0127 (0.00789)	−0.00302 (0.00311)	−0.00449 (0.00316)
年龄的平方	0.0000511 (0.0000632)	0.0000729 (0.0000637)	0.0000165 (0.0000255)	0.0000267 (0.0000257)
家庭结构类型(以婚姻家庭为参照)				
单身男性家庭	0.0409 (0.0250)	0.0493* (0.0259)	0.0189** (0.00920)	0.0227** (0.00945)
单身女性家庭	−0.0181 (0.0148)	−0.0153 (0.0150)	0.000243 (0.00699)	0.00176 (0.00703)
未成年子女数量	0.00701 (0.0160)	0.00573 (0.0160)	−0.000398 (0.00599)	−0.000938 (0.00598)
平均受教育年限	0.00455** (0.00186)	0.00397** (0.00197)	0.00170** (0.000751)	0.00151** (0.000792)
健康状况差	−0.0201** (0.0102)	−0.0195** (0.0082)	−0.00444** (0.00135)	−0.00405*** (0.00104)
参加医疗保险	0.0199 (0.0166)	0.0176 (0.0167)	0.00481 (0.00745)	0.00358 (0.00747)
家庭收入	0.0135** (0.00603)	0.0115* (0.00623)	0.00658** (0.00258)	0.00560** (0.00269)
医疗支出	−0.00703*** (0.00145)	−0.00477*** (0.00147)	−0.00467*** (0.00106)	−0.00354*** (0.00108)

（续表）

	（1）	（2）	（3）	（4）
	持有可能性 Probit	持有可能性 IV-Probit	持有比例 Tobit	持有比例 IV-Tobit
家庭所属财富阶层（以第一财富阶层为参照）				
第二财富阶层	0.0369* （0.0216）	0.0388* （0.0229）	0.0158 （0.0108）	0.0158 （0.0110）
第三财富阶层	0.0273 （0.0198）	0.0291 （0.0211）	0.00849 （0.0102）	0.00867 （0.0104）
第四财富阶层	0.0393** （0.0182）	0.0396** （0.0193）	0.0104 （0.00936）	0.00983 （0.00948）
第五财富阶层	0.0670*** （0.0198）	0.0443* （0.0233）	0.0145 （0.00934）	0.00369 （0.0104）
PseudoR^2	0.055		0.042	
AIC	2790.5	36217.5	2611.4	34412.7
Loglik.	−1380.2	−18093.8	−1290.7	−17191.4
WaldTest		4.021**		6.082**
LR	149.1***	152.0***	110.5***	107.7***
N	3723	3723	3533	3533

注：表中估计值为平均边际效应，括号中为 Delta-method 标准误；所有模型均控制了城市层面的固定效应；* p<0.1，** p<0.05，*** p<0.01。

上面的分析结果表明，对于城镇家庭而言，养老金财富的增加不仅增加了家庭持有风险性金融资产的可能性，而且对于已经持有者的持有比例也具有明显的提升作用。这一结论与前面的理论假设相一致，说明养老金财富的增加对于降低城镇家庭的收入不确定性、提升家庭风险抵抗能力具有较大帮助，而风险抵抗能力的提升又有助于提升家庭参与股票、债券、基金等风险性金融市场的可能性与参与比例。在中国家庭，房产与银行储蓄存款一直占据家庭资产规模的绝大部分，这种畸形的资产配置结构不仅严重抑制了家庭资产的增值保值能力，也将阻碍多层次养老保障体系的建设与金融市场的健康发展,而养老金财富的增加将在一定程度上改善家庭资产的配置结构,并最终提升家庭资产的增值保值能力,也将有益于多层次养老保障体系的完善与金融市场的健康发展。

从表6-3中的其他变量估计系数来看,年龄的估计系数为负,在工具变量与普通回归中估计系数变化不大。说明随着年龄上升家庭持有的风险性金融资产的比例可能有所降低,这与已有的研究结论相符,因为随着家庭年龄的增长,家庭收入的不确定性与健康状况的逐渐恶化会降低家庭的抗风险能力。这一变量的估计系数在10%显著性水平内无法拒绝等于0的原假设,这可能是由于在模型中控制了收入、健康以及医疗支出等其他风险因素的缘故。在家庭结构类型上,相对于一般婚姻家庭,单身男性家庭在风险性金融资产的持有可能性以及持有比例上均有所增加,这与以往的研究结论也较为一致,因为男性更乐于参与风险性金融市场,而且具有更强的风险偏好特征;而单身女性家庭则与一般婚姻家庭无显著差异。未成年子女数量对于家庭持有风险性金融资产的可能性以及持有比例均没有显著影响,平均受教育年限对于持有可能性以及持有比例均有显著正向作用,这主要是由于受教育程度较高的家庭可能拥有更多的金融理财知识。家庭健康状况差会显著降低家庭持有风险性金融资产的可能性与持有比例,因为健康状况恶化会提升家庭的风险厌恶水平。参加医疗保险变量虽然在四个模型中的符号均为正,但在10%显著性水平内不显著,因此促进作用不明显。家庭收入对持有可能性与持有比例均具有显著促进作用,这与直觉相符,因为收入水平较高的家庭拥有较低的流动性约束与较强的抗风险能力,因此会持有较多的风险性金融资产。家庭医疗支出项的估计系数在四个模型中均在1%显著性水平内为负,这主要是由于医疗支出的上升会提升家庭面临的流动性约束与支出的不确定性,这些均会对风险性金融资产的持有产生不利影响。最后,分析家庭所属财富阶层的影响可以发现,除了第三财富阶层的边际效应不显著外,随着所属财富阶层的上升,边际效应的大小逐级上升,说明家庭持有风险性金融资产的可能性随着家庭所属财富阶层的上升而增加,这与预期相一致;在持有比例的影响上,各财富阶层的边际效应虽然为正,但一律在 10% 显著性水平内不显著。

2) 农村样本

表 6-4 给出了在农村样本中养老金财富对于家庭持有风险性金融资产的可能性以及持有比例的影响估计结果。第(1)列为一般 Probit 回归结果,第(2)为考虑养老金财富内生性的 IV-Probit 回归结果,第(3)列为一般 Tobit 回归模型的估计结果,第(4)列为 IV-Tobit 的回归结果。分析四个模型的估计结果可以发现,核心解释变量养老金财富的边际效应虽然在显著性水平上存在一定差异,但在四个模型中均显著为负,这与前面城镇样本的估计结果完全相反,说明在城镇与农村样本中,养老金财富对于家庭资产配置的影响截然不同,造成这种差异的原因将在后文进行详细分析。此外,与表 6-3 中的城镇样本不同的是,表 6-4 中的第(2)列与第(4)列的 Wald 外生性检验均不能拒绝外生性的原假设,说明养老金财富的内生性不强,因此以第(1)列与第(3)列的估计结果作为最终的分析结果。第(1)列中养老金财富的边际效应为 -0.00127,表示在农村家庭中养老金财富每增加 1 万元引起的持有风险性金融资产的可能性下降 0.127%,这一边际效应的大小在绝对值上明显高于城镇,由于在农村样本中持有风险性金融资产的家庭占比相对较低,因此这一边际效应在经济上是高度显著的。同理,第(3)列中养老金财富的边际效应为 -0.000438,表示在农村家庭中养老金财富每增加 1 万元大约会降低家庭持有的风险性金融资产的比例为 0.0438%。结合表 6-2 中农村家庭平均持有风险性金融资产的比例大约为 3%,可以发现这一边际效应的大小在经济上具有显著意义。其他变量的符号与显著性与表 6-3 基本相同,因为不是本研究关注的主要变量,因此在此不再赘述。

表 6 - 4　养老金财富对家庭持有广义风险性金融资产影响的估计(农村样本)

	（1）	（2）	（3）	（4）
	持有可能性 Probit	持有可能性 IV-Probit	持有比例 Tobit	持有比例 IV-Tobit
养老金财富	- 0.001 27*** (0.000 493)	- 0.002 96* (0.001 74)	- 0.000 438* (0.000 224)	- 0.001 31* (0.000 771)
年龄	- 0.003 57 (0.004 31)	- 0.002 07 (0.004 53)	- 0.001 70 (0.002 08)	- 0.000 881 (0.002 17)
年龄的平方	0.000 012 7 (0.000 034 5)	0.000 002 72 (0.000 035 7)	0.000 008 44 (0.000 016 8)	0.000 002 98 (0.000 017 2)
家庭结构类型(以婚姻家庭为参照)				
单身男性家庭	0.003 49 (0.016 1)	0.001 05 (0.016 1)	0.003 96 (0.007 58)	0.002 70 (0.007 63)
单身女性家庭	- 0.012 6 (0.013 0)	- 0.014 5 (0.013 0)	0.003 34 (0.007 34)	0.002 29 (0.007 34)
未成年子女数量	- 0.012 0 (0.012 1)	- 0.011 5 (0.012 2)	- 0.003 42 (0.006 34)	- 0.003 07 (0.006 35)
平均受教育年限	0.004 35*** (0.001 58)	0.004 96*** (0.001 71)	0.001 91** (0.000 747)	0.002 23*** (0.000 803)
健康状况差	0.000 326 (0.008 55)	0.000 341 (0.008 60)	0.003 59 (0.004 06)	0.003 63 (0.004 07)
参加医疗保险	- 0.017 2 (0.016 4)	- 0.018 3 (0.016 6)	- 0.006 43 (0.007 17)	- 0.007 04 (0.007 19)
家庭收入	0.014 0* (0.008 26)	0.014 0* (0.008 25)	0.006 10* (0.003 50)	0.006 13* (0.003 48)
医疗支出	- 0.017 0 (0.012 2)	- 0.016 5 (0.012 3)	- 0.005 18 (0.005 35)	- 0.004 93 (0.005 39)
家庭所属财富阶层(以第一财富阶层为参照)				
第二财富阶层	0.019 1* (0.010 2)	0.019 9** (0.009 98)	0.008 86 (0.006 31)	0.009 55 (0.006 27)
第三财富阶层	0.049 5*** (0.011 6)	0.050 6*** (0.011 4)	0.019 5*** (0.006 35)	0.020 5*** (0.006 34)

（续表）

	（1）	（2）	（3）	（4）
	持有可能性 Probit	持有可能性 IV-Probit	持有比例 Tobit	持有比例 IV-Tobit
第四财富阶层	0.0616*** （0.0129）	0.0683*** （0.0146）	0.0231*** （0.00657）	0.0266*** （0.00713）
第五财富阶层	0.117*** （0.0235）	0.170*** （0.0642）	0.0373*** （0.00852）	0.0565*** （0.0198）
PseudoR^2	0.046		0.028	
AIC	3488.8	42213.6	3201.5	40426.2
Loglik.	−1729.4	−21091.8	−1585.8	−20198.1
WaldTest		0.990		1.318
LR	155.1***	149.2***	89.03***	95.42***
N	5602	5602	5398	5398

注：表中估计值为平均边际效应；括号中为 Delta-method 标准误；所有模型均控制了城市层面的固定效应；* p<0.1，** p<0.05，*** p<0.01。

本书定义的风险性金融资产为广义的风险性金融资产，主要包括股票、基金、债券以及家庭持有的民间借出款，前面三种也被称为狭义风险性金融资产。从前面第3章有关家庭资产配置现状分析可知，农村家庭与城镇家庭在持有以上各种类型的风险性金融资产的比例上存在较大差异。在农村家庭中，风险性金融资产的主体部分为民间借出款，而真正持有股票、基金、债券这三种狭义风险性金融资产的家庭数量以及持有比例均非常低；但城镇家庭却呈现完全不同的情况，城镇家庭持有的民间借出款的比例较低，风险性金融资产的主体部分是狭义风险性金融资产。不同的风险性金融资产持有结构，不仅说明了农村与城镇在金融可获得性上的差异，而且也可能是养老金财富对于家庭风险性金融资产影响差异存在的根本原因。为此，将农村家庭持有的广义风险性金融资产进行细分，区分为民间借出款与狭义风险性金融资产，并分别在表6-5与表6-6中进行了重新估计。

首先，分析养老金财富对民间借出款的影响。从表6-5可以看出养老金财富的边际效应在四个模型中均为负,且除了在 IV-Probit 估计中不显著外,其他三个模型中均在 10% 显著性水平内拒绝等于 0 的原假设,说明养老金财富对于农村家庭持有民间借出款的可能性以及持有比例均可能具有显著的负向影响。在持有可能性的影响上,第(1)列中边际效应为 − 0.001 02,与表 6−4 中的边际效应的大小非常接近;第(2)列 IV-Probit 估计得到的养老金财富的边际效应大约为第(1)列的一半,且不再显著,但检验模型内生性的 Wald 统计量表明无法拒绝外生性原假设。在模型不存在明显内生性,且不存在弱工具变量的情况下,如果仍然使用工具变量法进行估计会降低估计系数的效率,应以不使用工具变量法的模型作为最终的估计选择,此处以第(1)列的估计结果作为最终的估计结果。同理,在第(4)列中依然无法拒绝外生性的原假设,使用第(3)列的估计结果作为最终估计结果,养老金财富的边际效应的大小也与表 6−4 较为接近,原因正如前面所描述的,在农村家庭中民间借出款是家庭持有的风险性金融资产的主体部分。

表 6−5　养老金财富对家庭持有民间借出款影响的估计(农村样本)

	(1)	(2)	(3)	(4)
	持有可能性 Probit	持有可能性 IV-Probit	持有比例 Tobit	持有比例 IV-Tobit
养老金财富	− 0.001 02* (0.000 582)	− 0.000 554 (0.001 68)	− 0.000 545** (0.000 232)	− 0.001 35* (0.000 788)
年龄	− 0.0145*** (0.004 58)	− 0.0149*** (0.004 78)	− 0.002 08 (0.002 07)	− 0.001 31 (0.002 16)
年龄的平方	0.000 116*** (0.000 035 7)	0.000 119*** (0.000 036 7)	0.000 011 6 (0.000 016 6)	0.000 006 48 (0.000 017 1)
家庭结构类型(以婚姻家庭为参照)				
单身男性家庭	0.011 7 (0.017 5)	0.012 4 (0.017 6)	0.005 59 (0.007 59)	0.004 39 (0.007 66)
单身女性家庭	0.058 6*** (0.016 7)	0.059 2*** (0.016 8)	0.004 46 (0.007 34)	0.003 47 (0.007 35)

（续表）

	（1） 持有可能性 Probit	（2） 持有可能性 IV-Probit	（3） 持有比例 Tobit	（4） 持有比例 IV-Tobit
未成年子女数量	−0.0149 (0.0144)	−0.0151 (0.0144)	−0.00299 (0.00631)	−0.00265 (0.00633)
平均受教育年限	0.00320* (0.00188)	0.00303 (0.00198)	0.00176** (0.000750)	0.00207** (0.000809)
健康状况差	0.00943 (0.00988)	0.00942 (0.00988)	0.00470 (0.00406)	0.00475 (0.00407)
参加医疗保险	0.00230 (0.0173)	0.00258 (0.0173)	−0.00654 (0.00721)	−0.00712 (0.00723)
家庭收入	0.0152 (0.00963)	0.0152 (0.00965)	0.00611* (0.00348)	0.00613* (0.00346)
医疗支出	−0.0249* (0.0149)	−0.0250* (0.0149)	−0.00494 (0.00528)	−0.00471 (0.00532)
家庭所属财富阶层（以第一财富阶层为参照）				
第二财富阶层	−0.000823 (0.0126)	−0.00122 (0.0128)	0.0111* (0.00631)	0.0117* (0.00628)
第三财富阶层	0.0113 (0.0135)	0.0108 (0.0137)	0.0216*** (0.00636)	0.0225*** (0.00636)
第四财富阶层	0.0339** (0.0153)	0.0319* (0.0166)	0.0258*** (0.00658)	0.0290*** (0.00716)
第五财富阶层	0.0914*** (0.0265)	0.0792 (0.0503)	0.0412*** (0.00851)	0.0592*** (0.0203)
PseudoR²	0.015		0.029	
AIC	4372.1	43097.6	3148.0	40372.8
Loglik.	−2171.1	−21533.8	−1559.0	−20171.4
WaldTest		0.0813		1.099
LR	58.40***	53.93***	89.20***	96.15***
N	5602	5602	5398	5398

注：表中估计值为平均边际效应，括号中为 Delta-method 标准误；所有模型均控制了城市层面的固定效应；* p<0.1，** p<0.05，*** p<0.01。

其次,分析养老金财富对农村家庭持有的狭义风险性金融资产的影响。在农村家庭中只有极个别家庭持有股票、基金、债券以及银行理财产品品等狭义风险性金融资产,而且持有比例极低,导致模型回归过程中的因变量变异性太小,众多变量的估计系数的标准误无法计算,估计系数的准确性也会大大降低,此处仅对持有狭义金融资产可能性的影响方程进行估计。另外,持有狭义风险性金融资产的农村家庭数量极低,属于小概率事件,在这种情况下,如果继续使用 Probit 或者 Tobit 模型进行估计可能会导致估计结果不一致,因此进一步使用专门针对稀缺事件的"补-对数-对数"(Cloglog)模型进行重新估计,估计结果如表 6-6 中的第(3)列所示。从表 6-6 的估计结果可以发现,养老金财富的边际效应重新由负转正,且在三个模型中均在 5% 显著性水平内拒绝等于 0 的原假设,说明农村与城镇相同,养老金财富对于家庭持有狭义风险性金融资产的可能性具有显著的正向促进作用。从第(2)列的 IV-Probit 模型估计结果可以看出,养老金财富的边际效应发生了较大幅度的上升,但检验模型内生性的 Wald 统计量并不能拒绝外生性的原假设,因此与表 6-4 和 6-5 相同,表 6-6 中模型的内生性问题并不十分严重。同时,第(3)列 Cloglog 模型中养老金财富以及其他变量的边际效应与第(1)列中的回归结果较为接近,说明农村家庭持有狭义风险性金融资产的稀缺性程度并不十分严重。综合三个模型的估计结果可以判断,养老金财富对于农村家庭持有风险性金融资产的可能性的边际效应大约为0.0904%,这一数值与表 6-3 中城镇家庭的估计数值 0.0877% 较为接近,说明养老金财富对于城镇与农村家庭的狭义风险性金融资产持有可能性的边际效应并没有显著区别。这一结论与宗庆庆等(2015)利用中国家庭金融调查数据发现的结论完全不同,后者的研究发现在农村地区家庭是否参加养老保险对于持有狭义风险性金融资产的可能性没有显著影响,而在城镇地区家庭是否参保对于持有狭义风险性金融资产具有显著促进作用。本研究与宗庆庆等(2015)的研究在农村发现的结论完全相反的原因可能有以下两点:第一,宗庆庆等的研究使用的是 2011年中国家庭金融调查数据,而本研究使用的是 2013 年的中国健康与养老追踪调查数据,2011—2013 年正是中国社会养老保险制度全面试点与普及的年份,这期间新型农村社会养老保险在农村地区得到迅速普及,在养老保险普及的过程中,农民的保险与理财意识也得到迅速提升,因此 2011 年与 2013 年的结果存在一定的差异也是合理的;第二,本研究的核心解释变量是养老金财富,而宗庆庆等的研究使用的是"是否参保"虚拟变量,虽然二者存在一定关联,但养老金财富应该能够更准确地度量社会养老保险的保障程度。另外,本研究也尝试将养老金财富换成家庭参保变量进行回归,发现无论是否考虑内生性,家庭参保变量均在 5％显著性水平内为正,这说明第一个因素可能是造成本研究的结论与宗庆庆等(2015)研究不同的主要原因。

表 6-6　养老金财富对家庭持有狭义风险性金融资产影响的估计(农村样本)

	(1)	(2)	(3)
	Probit	IV-Probit	Cloglog
养老金财富	0.000 904***	0.002 01**	0.000 923***
	(0.000 309)	(0.000 855)	(0.000 304)
年龄	0.001 38	0.000 313	0.003 31
	(0.002 66)	(0.002 79)	(0.002 70)
年龄的平方	0.000 002 04	0.000 009 58	− 0.000 012 6
	(0.000 019 9)	(0.000 020 8)	(0.000 019 5)
家庭结构类型(以婚姻家庭为参照)			
单身男性家庭	0.045 5***	0.048 0***	0.042 9***
	(0.010 3)	(0.010 7)	(0.010 1)
单身女性家庭	0.006 47	0.007 85	0.007 65
	(0.008 59)	(0.009 04)	(0.008 45)
未成年子女数量	− 0.002 78	− 0.003 38	− 0.003 36
	(0.012 2)	(0.012 6)	(0.015 0)
平均受教育年限	0.000 155	0.000 584	0.000 380
	(0.001 16)	(0.001 24)	(0.001 31)
健康状况差	0.005 53	0.005 55	0.006 03
	(0.005 57)	(0.005 74)	(0.005 65)

（续表）

	（1）	（2）	（3）
	Probit	IV-Probit	Cloglog
参加医疗保险	0.0177**	0.0188**	0.0169**
	(0.00743)	(0.00777)	(0.00748)
家庭收入	0.00148	0.00146	0.000988
	(0.00461)	(0.00467)	(0.00451)
医疗支出	−0.0160	−0.0170	−0.0185
	(0.0122)	(0.0127)	(0.0136)
家庭所属财富阶层（以第一财富阶层为参照）			
第二财富阶层	0.0180**	0.0205**	0.0159*
	(0.00851)	(0.00926)	(0.00847)
第三财富阶层	0.0376***	0.0422***	0.0360***
	(0.00819)	(0.00939)	(0.00842)
第四财富阶层	0.0314***	0.0384***	0.0303***
	(0.00938)	(0.0108)	(0.00962)
第五财富阶层	0.0386***	0.0543***	0.0383***
	(0.0123)	(0.0150)	(0.0120)
PseudoR^2	0.109		
AIC	1739.2	40463.3	1742.5
Loglik.	−854.6	−20216.6	−856.3
WaldTest		2.154	
LR	207.7***	219.7***	228.7***
N	5602	5602	5602

注：表中估计值为平均边际效应，括号中为 Delta-method 标准误；所有模型均控制了城市层面的固定效应；* p<0.1，** p<0.05，*** p<0.01。

养老金财富在农村地区对于狭义风险性金融资产以及民间借出款的不同影响，说明提升社会养老保险保障水平、提升农村家庭的养老金财富水平不仅能够增强农村家庭的抗风险能力，增加持有风险性金融资产的可能性，而且能够降低农村家庭持有民间借出款的可能性及其比例。由于中国大多数民间借贷不仅无担保抵押，而且多处于金融监管部门监控的盲区,再加上农民本身金融风险意识淡薄,民间借贷的风险敞口非常大。民间借贷在中国农村地区野蛮生长的一个主要原因是广大农民缺乏投资知识与有效的投资渠道,而发展社会养老保险、增加农村家庭养老金财富不仅能够提升家庭的养老保障水平,实际上也为农民提供了有效的投资选择渠道,从而将用于民间借贷的资金转移到社会保险缴费上。同时,社会养老保险的普及带来的农民金融理财与保险意识的提升以及养老金财富的增加与民间借出款的减少,会显著降低家庭的风险敞口,并将增强家庭的风险抵抗能力,从而促进家庭持有债券、股票、基金等这些风险与收益相对较高,但处于监管之中的正规风险性金融资产。总之,在农村发展社会养老保险、增加家庭的养老金财富不仅能够优化农村家庭的资产配置结构,而且对于抑制民间借贷的蔓延生长、提升农村家庭参与正规金融市场具有重要意义。

6.3.2.2 社会养老保险对家庭持有安全性金融资产的影响

表 6-7 给出了在城镇家庭样本中,养老金财富对于家庭持有安全性金融资产的可能性以及持有比例的影响的估计结果。表中前两列为家庭是否持有安全性金融资产的回归模型,而后两列为家庭持有安全性金融资产比例的回归模型。首先,从前两列的估计结果可以看出,无论是否考虑内生性,养老金财富的边际效应都为正,但均在 10% 显著性水平内不显著,说明养老金财富对于城镇家庭是否持有安全性金融资产并没有显著影响。同时,似然比统计量均高度显著,说明模型的整体拟合性较好。其次,从后两列关于持有比例的回归结果中可以看出,无论是普通 Tobit 还是 IV-Tobit 的回归中,养老金财富的边际效应均在 1% 显著性水平内显著为正,说明养老金财富对于家庭持有安全性金融资产的比例具有显著正向促进作用。此外,IV-Tobit 模型中检验模型内生性的 Wald 统计量在 1% 显著性水平下显著,从而拒绝外生性的原假设,说明 Tobit 模型中存在强烈的内生性问题,这与前面风险性金融资产回归的结果完全一致。内生性检验结果表明,应以第(4)列 IV-Tobit 模型的回归结果作为最终分析结果,养老金财富的边际效应 0.001 31 表示在已经持有安全性金融资产的城镇家庭中,养老金财富每增加 1 万元,家庭

持有的安全性金融资产的比例会上升 0.131%。

表 6-7　养老金财富对家庭持有安全性金融资产影响的估计（城镇样本）

	（1）	（2）	（3）	（4）
	持有可能性 Probit	持有可能性 IV-Probit	持有比例 Tobit	持有比例 IV-Tobit
养老金财富	0.000 392 (0.000 249)	0.000 190 (0.000 396)	0.000 810*** (0.000 083 1)	0.001 31*** (0.000 148)
年龄	0.000 613 (0.006 62)	0.001 76 (0.006 81)	0.000 135 (0.002 99)	− 0.002 79 (0.003 07)
年龄的平方	− 0.000 011 7 (0.000 051 7)	− 0.000 019 6 (0.000 052 9)	0.000 012 7 (0.000 024 4)	0.000 032 7 (0.000 024 8)
家庭结构类型（以婚姻家庭为参照）				
单身男性家庭	− 0.065 7** (0.027 1)	− 0.068 9** (0.027 7)	0.007 51 (0.010 3)	0.015 1 (0.010 3)
单身女性家庭	− 0.108*** (0.019 6)	− 0.110*** (0.019 7)	0.005 87 (0.007 68)	0.009 26 (0.007 60)
未成年子女数量	0.021 2 (0.020 8)	0.021 6 (0.020 8)	− 0.003 00 (0.006 23)	− 0.004 19 (0.006 24)
平均受教育年限	0.000 328 (0.002 17)	0.000 863 (0.002 35)	0.001 10 (0.000 822)	− 0.000 362 (0.000 886)
健康状况差	− 0.061 1*** (0.016 1)	− 0.061 4*** (0.016 1)	− 0.019 2*** (0.005 69)	− 0.018 4*** (0.005 58)
参加医疗保险	0.024 7 (0.020 3)	0.025 2 (0.020 4)	0.001 11 (0.007 23)	− 0.000 827 (0.007 21)
家庭收入	0.002 92 (0.008 18)	0.004 03 (0.008 30)	− 0.001 26 (0.002 99)	− 0.003 46 (0.003 31)
医疗支出	− 0.005 27 (0.017 1)	− 0.006 53 (0.017 2)	− 0.001 56 (0.006 05)	0.000 772 (0.006 24)
家庭所属财富阶层（以第一财富阶层为参照）				
第二财富阶层	− 0.082 6*** (0.024 1)	− 0.083 6*** (0.024 5)	− 0.117*** (0.012 2)	− 0.114*** (0.011 1)

（续表）

	（1）	（2）	（3）	（4）
	持有可能性 Probit	持有可能性 IV-Probit	持有比例 Tobit	持有比例 IV-Tobit
第三财富阶层	−0.0837*** (0.0229)	−0.0848*** (0.0233)	−0.152*** (0.0113)	−0.148*** (0.00993)
第四财富阶层	−0.0756*** (0.0204)	−0.0754*** (0.0207)	−0.133*** (0.0110)	−0.132*** (0.00975)
第五财富阶层	−0.0221 (0.0216)	−0.0137 (0.0251)	−0.169*** (0.0113)	−0.188*** (0.0108)
PseudoR^2	0.034		0.077	
AIC	3444.9	36876.0	6266.9	38052.4
Loglik.	−1707.5	−18423.0	−3118.4	−19011.2
WaldTest		0.372		19.17***
LR	115.4***	114.5***	426.3***	413.7***
N	3723	3723	3533	3533

注：表中估计值为平均边际效应，括号中为 Delta-method 标准误；所有模型均控制了城市层面的固定效应；* $p<0.1$，** $p<0.05$，*** $p<0.01$。

表6-8给出了农村样本的估计结果。表中前两列是关于安全性金融资产持有可能性的回归，养老金财富的边际效应虽然在两模型中有显著不同，但均不显著，说明在农村家庭中养老金财富对于家庭是否持有安全性金融资产并没有显著影响，这与前面城镇家庭的估计结果相一致。从第（3）列与第（4）列关于安全性金融资产持有比例的回归中可以发现，与城镇样本类似，养老金财富对于持有比例的边际效应也在1%显著性水平内显著为正，Wald检验统计量同样在1%显著性水平内拒绝外生性的原假设，因此以 IV-Tobit 回归结果作为最终的分析结果。第（4）列养老金财富的边际效应0.00521表明在农村家庭，养老金财富每增加1万元，家庭持有的安全性金融资产的比例增加0.521%。这一比例明显高于城镇家庭的边际效应0.131%，说明养老金财富增加对于提升农村家庭的安全性金融资产持有比例的促进作用明显高于城镇家庭。

表6-8　养老金财富对家庭持有安全性金融资产影响的估计（农村样本）

	（1）	（2）	（3）	（4）
	持有可能性 Probit	持有可能性 IV-Probit	持有比例 Tobit	持有比例 IV-Tobit
养老金财富	0.000212 (0.000713)	−0.002 30 (0.002 17)	0.001 86*** (0.000 269)	0.005 21*** (0.001 07)
年龄	0.009 52* (0.005 38)	0.011 9** (0.005 72)	0.002 06 (0.002 53)	−0.001 29 (0.002 68)
年龄的平方	−0.000 085 6** (0.000 041 6)	−0.000 102** (0.000 043 6)	0.000 000 870 (0.000 020 7)	0.000 022 7 (0.000 021 3)
家庭结构类型（以婚姻家庭为参照）				
单身男性家庭	−0.118*** (0.022 6)	−0.123*** (0.022 8)	−0.034 6*** (0.008 49)	−0.029 4*** (0.008 51)
单身女性家庭	−0.134*** (0.019 4)	−0.137*** (0.019 5)	−0.001 87 (0.008 51)	0.001 98 (0.008 32)
未成年子女数量	0.000 286 (0.016 9)	0.001 39 (0.017 0)	−0.003 43 (0.005 04)	−0.004 83 (0.005 02)
平均受教育年限	0.008 03*** (0.002 20)	0.008 98*** (0.002 33)	0.003 40*** (0.000 816)	0.001 98** (0.000 921)
健康状况差	−0.066 6*** (0.011 5)	−0.066 4*** (0.011 5)	−0.022 3*** (0.004 50)	−0.021 8*** (0.004 41)
参加医疗保险	0.015 6 (0.020 3)	0.014 1 (0.020 4)	0.012 8 (0.008 03)	0.014 5* (0.007 77)
家庭收入	0.021 2* (0.012 8)	0.021 2* (0.012 8)	0.000 857 (0.002 02)	0.000 767 (0.002 32)
医疗支出	−0.022 1 (0.017 1)	−0.021 4 (0.017 0)	−0.006 36* (0.003 68)	−0.007 14* (0.004 15)
家庭所属财富阶层（以第一财富阶层为参照）				
第二财富阶层	−0.003 59 (0.015 1)	−0.001 36 (0.015 6)	−0.080 0*** (0.008 34)	−0.081 0*** (0.007 95)
第三财富阶层	0.007 22 (0.015 9)	0.010 8 (0.016 5)	−0.119*** (0.007 79)	−0.121*** (0.007 55)

（续表）

	（1）	（2）	（3）	（4）
	持有可能性 Probit	持有可能性 IV-Probit	持有比例 Tobit	持有比例 IV-Tobit
第四财富阶层	0.021 0 (0.017 3)	0.031 9 (0.019 6)	−0.121*** (0.007 95)	−0.131*** (0.008 48)
第五财富阶层	−0.003 36 (0.027 6)	0.047 3 (0.046 7)	−0.149*** (0.008 97)	−0.203*** (0.018 4)
PseudoR^2	0.047		0.080	
AIC	5 254.1	43 978.1	7 455.5	44 663.9
Loglik.	−2 612.0	−21 974.1	−3 712.8	−22 317.0
WaldTest		1.450		11.11***
LR	253.8***	258.1***	486.4***	496.5***
N	5 602	5 602	5 398	5 398

注：表中估计值为平均边际效应，括号中为 Delta-method 标准误；所有模型均控制了城市层面的固定效应；* $p<0.1$，** $p<0.05$，*** $p<0.01$。

　　首先，养老金财富的增加对于农村与城镇家庭持有安全性金融资产可能性的影响不显著与理论预期相一致。本书所定义的安全性金融资产主要为现金与存款，从表6-1可知，无论在农村还是城市，80%以上的家庭均持有现金或者存款，即绝大部分家庭都持有安全性金融资产，而出于家庭流动性与预防性储蓄的考虑，养老金财富的增加并不会显著改变家庭持有安全性金融资产的可能性。其次，养老金财富的增加提升了家庭持有安全性金融资产的比例的结论与前面的养老金财富会降低家庭预防性储蓄的命题假设相违背。家庭持有的安全性金融资产，尤其是银行存款，主要起到预防性储蓄的作用。对于中国健康与养老追踪调查所访问的中老年家庭而言，养老是预防性储蓄的主要动机，在这种情况下，养老金财富的增加会降低家庭持有的安全性金融资产尤其是银行存款的比例，那为什么实证研究会得出截然相反的结论呢？造成差异的原因主要是，以上理论分析推导过程是在其他条件保持不变的前提下进行的，实际上养老金财富的增加不仅会影响风险性金融资产以及安全性金融资产的持有比例,从后文的分析可知,其他资产尤其是房产的持有比例也会受其影响。实际上家庭在进行资产配置决策的过程中,各种资产的配置决策过程是同时进行的。

6.3.2.3　社会养老保险对家庭持有生产经营性资产的影响

表6-9是城镇样本中养老金财富对于家庭持有生产经营性资产的可能性以及持有比例影响的估计结果。与安全性金融资产以及风险性金融资产的分析相类似,第(1)列与第(2)列是关于持有生产经营性资产可能性的估计结果,第(3)列与第(4)列是关于持有比例的估计结果。从第(1)列与第(2)列的估计结果可以看出,Probit以及IV-Probit回归中养老金财富的边际效应均在1‰显著性水平内为负,内生性检验表明模型存在严重的内生性,因此以IV-Probit的估计结果作为最终的分析结果。养老金财富的边际效应−0.002 80表示,城镇家庭的养老金财富每增加1万元,家庭持有生产经营性资产的可能性降低0.28‰。第(3)列与第(4)列的持有比例的估计结果表明,养老金财富对于家庭持有生产经营性资产比例的边际效应在1‰显著性水平内为负,这与持有可能性的估计结果相互一致。同时,内生性检验也表明应拒绝不存在内生性的原假设,因此选择考虑了内生性的IV-Tobit模型的估计结果作为最终的分析结果。养老金财富的边际效应为−0.000 738,表示城镇家庭的养老金财富每增加1万元,家庭持有的生产经营性资产的比例下降约0.073 8‰,如果家庭持有100万元的养老金财富,那么平均而言生产经营性资产下降的比例大约为7.38‰。而从表6-2可知,城镇家庭平均持有的生产经营性资产占家庭总资产的比例在7.5‰左右,这意味着若城镇家庭持有100万元的养老金财富,则持有的生产经营性资产的比例会下降接近于0。当然,以上推理是在边际效应不随养老金财富变化而变化的假设下得到的,实际上Tobit模型中的边际效应是非线性变化的。但无论如何,从以上分析过程可以发现0.073 8‰的平均边际效应虽然在数值上看似非常小,但实际影响并不小,因此在经济影响上是显著的。

表6-9 养老金财富对家庭持有生产经营性资产影响的估计（城镇样本）

	（1）	（2）	（3）	（4）
	持有可能性 Probit	持有可能性 IV-Probit	持有比例 Tobit	持有比例 IV-Tobit
养老金财富	− 0.001 25 *** (0.000 327)	− 0.002 80 *** (0.000 538)	− 0.000 317 *** (0.000 099 4)	− 0.000 738 *** (0.000 162)
年龄	− 0.009 44 (0.008 12)	− 0.000 669 (0.008 49)	− 0.002 83 (0.002 70)	− 0.000 512 (0.002 79)
年龄的平方	0.000 032 5 (0.000 064 4)	− 0.000 027 6 (0.000 066 7)	0.000 015 4 (0.000 021 7)	− 0.000 000 504 (0.000 022 3)
家庭结构类型（以婚姻家庭为参照）				
单身男性家庭	− 0.036 7 (0.027 2)	− 0.055 7 ** (0.026 9)	− 0.000 552 (0.009 83)	− 0.006 28 (0.009 78)
单身女性家庭	− 0.066 5 *** (0.017 6)	− 0.074 4 *** (0.017 6)	− 0.004 17 (0.006 78)	− 0.006 81 (0.006 77)
未成年子女数量	− 0.006 69 (0.021 3)	− 0.002 28 (0.021 1)	0.000 318 (0.006 53)	0.001 51 (0.006 48)
平均受教育年限	− 0.017 9 *** (0.002 42)	− 0.013 4 *** (0.002 69)	− 0.005 46 *** (0.000 756)	− 0.004 26 *** (0.000 828)
健康状况差	− 0.017 0 (0.016 1)	− 0.018 7 (0.016 0)	0.001 30 (0.005 47)	0.000 734 (0.005 44)
参加医疗保险	0.000 672 (0.021 0)	0.005 50 (0.020 9)	0.001 83 (0.006 75)	0.003 22 (0.006 73)
家庭收入	0.007 14 (0.009 93)	0.014 0 (0.010 6)	0.003 43 (0.003 34)	0.005 26 (0.003 54)
医疗支出	− 0.032 0 (0.023 7)	− 0.039 5 * (0.023 8)	− 0.014 4 * (0.007 76)	− 0.016 5 ** (0.007 86)
家庭所属财富阶层（以第一财富阶层为参照）				
第二财富阶层	0.039 5 (0.025 0)	0.037 3 (0.023 2)	0.002 03 (0.009 81)	0.002 10 (0.009 47)
第三财富阶层	0.067 3 *** (0.024 1)	0.062 4 *** (0.022 4)	− 0.001 29 (0.008 95)	− 0.001 30 (0.008 65)

（续表）

	（1）	（2）	（3）	（4）
	持有可能性 Probit	持有可能性 IV-Probit	持有比例 Tobit	持有比例 IV-Tobit
第四财富阶层	0.0475** （0.0219）	0.0506** （0.0204）	− 0.0112 （0.00829）	− 0.00945 （0.00807）
第五财富阶层	0.0644** （0.0262）	0.134*** （0.0316）	− 0.00338 （0.00965）	0.0161 （0.0111）
PseudoR^2	0.051		0.041	
AIC	3888.4	37300.4	3628.9	35430.3
Loglik.	− 1929.2	− 18635.2	− 1799.5	− 17700.1
WaldTest		15.07***		10.78***
LR	164.0***	177.6***	121.3***	127.5***
N	3723	3723	3534	3534

注：表中估计值为平均边际效应，括号中为 Delta-method 标准误；所有模型均控制了城市层面的固定效应；* $p<0.1$，** $p<0.05$，*** $p<0.01$。

表 6-10 给出了农村样本的估计结果，养老金财富对于农村家庭持有生产经营性资产的可能性以及持有比例均具有与城镇家庭一致的结论。所不同的是，在农村家庭中，无论是对于持有可能性的影响估计，还是对于持有比例的影响估计，检验模型内生性的 Wald 统计量均无法拒绝外生性的原假设，说明模型的内生性问题并不十分严重，因此边际效应的确定分别以第（1）列 Probit 模型以及第（3）列 Tobit 模型的估计结果作为最终的分析结果。在第（1）列中，养老金财富对于农村家庭持有生产经营性资产的边际效应为 − 0.00437，表示农村家庭的养老金财富每增加 1 万元，持有生产经营性资产的可能性下降 0.437%，与城镇样本中的边际效应 0.28% 相比，农村样本的边际效应明显偏大。第（3）列 Tobit 模型中养老金财富的边际效应为 − 0.000829，表示农村家庭的养老金财富每增加 1 万元，持有生产经营性资产的比例则下降 0.0829%，这与城镇样本中 − 0.0738% 的边际效应较为接近。

表6-10 养老金财富对家庭持有生产经营性资产影响的估计（农村样本）

	（1）	（2）	（3）	（4）
	持有可能性 Probit	持有可能性 IV-Probit	持有比例 Tobit	持有比例 IV-Tobit
养老金财富	−0.004 37*** (0.000 883)	−0.004 27 (0.002 81)	−0.000 829*** (0.000 224)	0.000 097 7 (0.000 768)
年龄	−0.008 94 (0.007 28)	−0.009 03 (0.007 70)	−0.004 71** (0.002 39)	−0.005 59** (0.002 47)
年龄的平方	0.000 024 9 (0.000 057 3)	0.000 025 5 (0.000 059 7)	0.000 037 0* (0.000 019 6)	0.000 042 9** (0.000 020 0)
家庭结构类型（以婚姻家庭为参照）				
单身男性家庭	−0.047 7* (0.025 4)	−0.047 6* (0.025 7)	0.001 98 (0.008 17)	0.003 22 (0.008 22)
单身女性家庭	−0.078 0*** (0.021 3)	−0.077 9*** (0.021 4)	0.020 9** (0.008 12)	0.021 9*** (0.008 19)
未成年子女数量	−0.003 26 (0.020 4)	−0.003 30 (0.020 5)	−0.005 73 (0.005 62)	−0.006 13 (0.005 66)
平均受教育年限	−0.005 59** (0.002 73)	−0.005 63* (0.002 91)	−0.002 34*** (0.000 738)	−0.002 70*** (0.000 790)
健康状况差	−0.038 6*** (0.014 2)	−0.038 6*** (0.014 2)	−0.000 716 (0.004 12)	−0.000 766 (0.004 13)
参加医疗保险	0.059 8** (0.024 9)	0.059 9** (0.024 9)	0.012 1 (0.007 43)	0.012 7* (0.007 46)
家庭收入	0.003 14 (0.009 98)	0.003 14 (0.009 99)	0.001 14 (0.002 77)	0.001 11 (0.002 79)
医疗支出	−0.036 8* (0.022 3)	−0.036 8* (0.022 3)	−0.014 0** (0.005 83)	−0.014 2** (0.005 84)
家庭所属财富阶层（以第一财富阶层为参照）				
第二财富阶层	0.064 1*** (0.019 4)	0.064 0*** (0.019 5)	0.007 56 (0.006 46)	0.006 71 (0.006 54)
第三财富阶层	0.094 8*** (0.020 3)	0.094 7*** (0.020 6)	−0.001 22 (0.006 22)	−0.002 58 (0.006 35)

（续表）

	（1）	（2）	（3）	（4）
	持有可能性 Probit	持有可能性 IV-Probit	持有比例 Tobit	持有比例 IV-Tobit
第四财富阶层	0.133*** (0.022 1)	0.133*** (0.024 7)	0.005 10 (0.006 47)	0.001 12 (0.007 16)
第五财富阶层	0.219*** (0.032 7)	0.217*** (0.062 6)	0.027 0*** (0.009 13)	0.007 41 (0.017 8)
PseudoR^2	0.035		0.010	
AIC	7 524.7	46 250.2	6 970.0	44 194.2
Loglik.	− 3 747.3	− 23 110.1	− 3 470.0	− 22 082.1
WaldTest		0.001 32		1.575
LR	258.3***	236.3***	50.01***	43.02***
N	5 602	5 602	5 398	5 398

注：表中估计值为平均边际效应，括号中为 Delta-method 标准误；所有模型均控制了城市层面的固定效应；* $p<0.1$, ** $p<0.05$, *** $p<0.01$。

综上，可以得出以下两点结论：

第一，无论在农村还是城镇，养老金财富的增加对于家庭持有生产经营性资产的可能性以及持有比例均有明显抑制作用，这一结论与周钦（2015）关于医疗保险对于家庭持有生产经营性资产影响的结论完全相反。生产经营性资产具有两重属性：一是生产经营性资产相对于银行存款以及房产等安全性金融资产具有较高的收益性，但同时也具有较强的风险特征，这一点与风险性金融资产相一致；二是生产经营性资产的持有需要一定的人力资本与之相匹配，只有资本与劳动力要素进行了适当的组合，才能产生一定的收益，这是生产经营性资产与风险性金融资产的不同之处。家庭养老金财富的增加一方面可以增强家庭在老年期间的收入来源及其稳定性，从而提升家庭的抗风险能力，因此对于风险性及收益性更高的生产经营性资产的持有可能有促进作用；另一方面，养老金财富的增加提升了家庭老年期的收入水平，增加了老年生活的保障程度，降低了家庭从事风险性较高的生产经营性活动的动机。尤其是对于中老年家庭而言,随着年龄的上升,家庭人力资本水平大幅度衰减,提高生产经营性资产的持有比例并不会显著提升家庭资产收益率。以上两个方面因素综合分析表明,养老金财富的增加对于家庭持有生产经营性资产的影响并没有确定性的结论。在本研究中第二种因素可能占据主导地位,这在很大程度上可能是由于本研究所使用的调查数据来自中老年家庭。

第二,养老金财富对农村家庭持有生产经营性资产的可能性及其比例影响的边际效应大于城镇家庭,说明在农村家庭,单位养老金财富的增加对于提升家庭养老保障的作用更加突出,对于降低中老年家庭的劳动参与率具有一定帮助,也有助于解决农村一直存在的为养老而不得不终身劳动的问题。

6.3.2.4 社会养老保险对居民家庭持有房产的影响

表 6-11、表 6-12 分别给出了养老金财富对于城镇家庭与农村家庭持有房产的可能性以及持有比例的影响。前两列分别是城镇与农村样本中,家庭持有房产可能性的回归估计结果。从两表中的 Probit 模型与 IV-Probit 模型的估计结果可以看出,无论在农村还是城镇,养老金财富对于家庭持有房产的可能性的边际效应均在 1‰ 显著性水平内为负,内生性检验的 Wald 统计量也在 1‰ 显著性水平内拒绝外生性的原假设,说明模型具有较强的内生性。养老金财富的边际效应的估计值在 IV-Probit 与普通 Probit 模型中存在较大的不同,由于模型的内生性较强,因此以 IV-Probit 的估计结果作为最终的分析结果。城镇家庭中,养老金财富对于家庭持有房产的边际效应为 -0.004 82,即养老金财富每增加 1 万元,家庭平均持有房产的概率降低 0.482‰;农村家庭的养老金财富对于家庭持有房产的边际效应为 -0.012 3,表示养老金财富每增加 1 万元,家庭持有房产的概率下降 1.23‰。从农村与城镇的边际效应的比较来看,城镇明显大于农村,说明养老金财富的增加对于家庭持有房产可能性的降低作用在城镇明显大于农村。

表6-11　养老金财富对家庭持有房产影响的估计（城镇样本）

	（1） 持有可能性 Probit	（2） 持有可能性 IV-Probit	（3） 持有比例 Tobit	（4） 持有比例 IV-Tobit
养老金财富	− 0.002 95 *** (0.000 286)	− 0.004 82 *** (0.000 424)	− 0.000 756 *** (0.000 080 6)	− 0.001 20 *** (0.000 136)
年龄	− 0.002 94 (0.008 33)	0.008 39 (0.008 30)	0.002 94 (0.002 71)	0.005 49 ** (0.002 75)
年龄的平方	− 0.000 025 0 (0.000 066 0)	− 0.000 101 (0.000 065 1)	− 0.000 034 9 (0.000 022 2)	− 0.000 052 2 ** (0.000 022 2)
家庭结构类型（以婚姻家庭为参照）				
单身男性家庭	− 0.083 8 *** (0.030 3)	− 0.110 *** (0.029 6)	− 0.019 0 ** (0.009 15)	− 0.025 3 *** (0.009 15)
单身女性家庭	− 0.140 *** (0.021 5)	− 0.147 *** (0.020 4)	− 0.018 8 *** (0.007 00)	− 0.021 5 *** (0.006 88)
未成年子女数量	0.031 2 (0.024 4)	0.035 1 (0.023 7)	0.007 24 (0.005 47)	0.008 21 (0.005 49)
平均受教育年限	0.000 496 (0.002 51)	0.005 91 ** (0.002 59)	0.000 380 (0.000 746)	0.001 66 ** (0.000 795)
健康状况差	0.009 32 (0.017 2)	0.007 00 (0.016 5)	0.011 7 ** (0.005 20)	0.011 1 ** (0.005 09)
参加医疗保险	0.014 6 (0.022 9)	0.021 1 (0.022 3)	− 0.002 61 (0.006 57)	− 0.000 824 (0.006 51)
家庭收入	− 0.000 689 (0.010 5)	0.007 16 (0.011 5)	− 0.003 52 (0.002 98)	− 0.001 47 (0.003 23)
医疗支出	0.008 11 (0.020 5)	− 0.000 383 (0.020 9)	0.010 1 * (0.005 85)	0.007 84 (0.005 99)
家庭所属财富阶层（以第一财富阶层为参照）				
第二财富阶层	0.285 *** (0.029 0)	0.262 *** (0.027 2)	0.110 *** (0.010 8)	0.108 *** (0.009 77)
第三财富阶层	0.435 *** (0.027 0)	0.401 *** (0.026 4)	0.152 *** (0.010 4)	0.148 *** (0.008 64)

（续表）

	（1） 持有可能性 Probit	（2） 持有可能性 IV-Probit	（3） 持有比例 Tobit	（4） 持有比例 IV-Tobit
第四财富阶层	0.420*** (0.0237)	0.398*** (0.0226)	0.144*** (0.00983)	0.142*** (0.00826)
第五财富阶层	0.560*** (0.0236)	0.600*** (0.0209)	0.172*** (0.0104)	0.189*** (0.00949)
PseudoR^2	0.143		0.090	
AIC	4235.1	37629.2	6679.2	38473.2
Loglik.	−2102.5	−18799.6	−3324.6	−19221.6
WaldTest		30.73***		18.13***
LR	543.2***	612.6***	476.4***	494.9***
N	3723	3723	3534	3534

注：表中估计值为平均边际效应，括号中为 Delta-method 标准误；所有模型均控制了城市层面的固定效应；* p<0.1，** p<0.05，*** p<0.01。

表 6-12　养老金财富对家庭持有房产影响的估计（农村样本）

	（1） 持有可能性 Probit	（2） 持有可能性 IV-Probit	（3） 持有比例 Tobit	（4） 持有比例 IV-Tobit
养老金财富	−0.00458*** (0.000745)	−0.0123*** (0.00273)	−0.00127*** (0.000232)	−0.00460*** (0.00107)
年龄	−0.0188*** (0.00587)	−0.0107* (0.00633)	0.00253 (0.00242)	0.00565** (0.00250)
年龄的平方	0.0000807* (0.0000455)	0.0000277 (0.0000476)	−0.00000409** (0.0000200)	−0.0000607*** (0.0000200)
家庭结构类型（以婚姻家庭为参照）				
单身男性家庭	−0.00280 (0.0192)	−0.0123 (0.0202)	0.0180** (0.00843)	0.0129 (0.00837)
单身女性家庭	−0.141*** (0.0188)	−0.146*** (0.0182)	−0.0393*** (0.00840)	−0.0414*** (0.00807)

（续表）

	（1）	（2）	（3）	（4）
	持有可能性 Probit	持有可能性 IV-Probit	持有比例 Tobit	持有比例 IV-Tobit
未成年子女数量	0.0199 (0.0190)	0.0222 (0.0188)	0.00699 (0.00444)	0.00824* (0.00448)
平均受教育年限	0.00195 (0.00219)	0.00488** (0.00233)	−0.00133* (0.000773)	0.0000264 (0.000858)
健康状况差	0.000914 (0.0112)	0.00130 (0.0111)	0.0109** (0.00431)	0.0107** (0.00420)
参加医疗保险	−0.0352* (0.0190)	−0.0385** (0.0189)	−0.0136* (0.00738)	−0.0150** (0.00721)
家庭收入	0.00192 (0.00576)	0.00170 (0.00625)	−0.00312 (0.00373)	−0.00294 (0.00378)
医疗支出	0.0238 (0.0155)	0.0253* (0.0151)	0.0115** (0.00486)	0.0121** (0.00497)
家庭所属财富阶层（以第一财富阶层为参照）				
第二财富阶层	0.175*** (0.0183)	0.177*** (0.0175)	0.0670*** (0.00739)	0.0672*** (0.00684)
第三财富阶层	0.305*** (0.0182)	0.308*** (0.0175)	0.110*** (0.00728)	0.111*** (0.00660)
第四财富阶层	0.318*** (0.0192)	0.340*** (0.0185)	0.112*** (0.00743)	0.121*** (0.00774)
第五财富阶层	0.385*** (0.0249)	0.452*** (0.0223)	0.122*** (0.00929)	0.183*** (0.0212)
PseudoR^2	0.202		0.090	
AIC	5316.8	44023.2	9128.5	46334.6
Loglik.	−2643.4	−21996.6	−4549.3	−23152.3
WaldTest		9.644***		11.24***
LR	1157.3***	1276.8***	750.1***	719.9***
N	5602	5602	5398	5398

注：表中估计值为平均边际效应，括号中为 Delta-method 标准误；所有模型均控制了城市层面的固定效应；* $p<0.1$，** $p<0.05$，*** $p<0.01$。

表 6-11 与表 6-12 的后两列分别给出了养老金财富对于城镇家庭与农村家庭持有房产的比例的影响估计。从两表中的 Tobit 模型与 IV-Tobit 模型的估计结果可以发现，与房产持有可能性的估计结果相同，无论在农村还是城镇，养老金财富对于家庭持有房产比例的边际效应均在 1% 显著性水平内为负，说明无论在农村还是城镇，养老金财富不仅能够降低家庭持有房产的可能性，对于家庭持有房产的比例也具有负向作用。内生性的 Wald 检验同样表明，无论在农村还是城镇，模型均具有较强的内生性，IV-Tboit 与普通 Tobit 估值结果的显著差异印证了模型内生的可能，因此选择工具变量估计结果为最终的模型选择。在城镇家庭中，养老金财富对于家庭持有房产比例的边际效应为 -0.001 20，即养老金财富每增加 1 万元，家庭的房产持有比例会平均下降 0.12%；而在农村家庭中这一比例则为 0.46%，说明养老金财富对于家庭房产持有比例的削弱作用在农村更为明显，这与前面对于房产持有可能性的影响结论有所不同。无论在农村还是城镇，养老金财富的以上边际效应的估计值在经济上均是显著的。从表 6-2 可以看出，农村家庭平均持有房产的比例约为 62%，而 0.46% 的养老金财富对于家庭持有房产比例的边际效应意味着，若家庭持有 100 万元的养老金财富，则平均而言，家庭持有的房产比例会下降 16%，因此 -0.46% 的边际效应在经济上非常显著。相比较而言，在城镇家庭中 -0.12% 的边际效应在绝对值上相对要小得多，但相对于城镇家庭平均持有 58% 左右的房产比例而言，这一边际效应的大小依然不容小觑。

　　表 6-11、表 6-12 的估计结果有两方面的含义：一是养老金财富对于家庭持有房产的可能性及比例的削弱作用，表明养老金财富与房产之间存在非常强的替代性，房产在一定程度上发挥了养老资产储备的功能。这一结论意味着，当社会养老保险制度不够完善，家庭持有的养老金财富较少时，会通过持有更多的房产进行替代；相反，当家庭持有较多的养老金财富时，会相应降低持有房产的比例。以上结论也在一定程度上解释了房产在中国家庭中占有绝对比例的根本原因。二是养老金财富对于家庭持有房产的可能性的边际效应影响在城镇较大、在农村较

小,而养老金财富对于家庭持有房产比例的边际效应的影响则正好相反。这一结论意味着,若着力提升农村家庭的养老金财富水平,不仅能增加家庭的养老保障水平,而且能改善家庭过度持有房产的不合理资产配置结构,同时也不会显著降低家庭持有房产的可能性。

6.3.2.5 社会养老保险对居民家庭持有商业养老保险资产的影响

随着商业养老保险的普及,商业养老保险资产在家庭中占据了越来越重要的位置。从养老保险制度设计的初衷来看,商业养老保险与社会养老保险之间互为补充,共同为家庭老年生活提供经济保障。表6-13给出了城镇家庭中,养老金财富对于家庭是否持有商业养老保险资产及其比例的影响的估计结果。第(1)列与第(2)列为关于商业养老保险持有可能性的估计结果,可以发现两列中养老金财富的边际效应的符号虽然均为负,但两列中的显著性明显不同,前者在5%显著性水平内拒绝等于0的原假设,而后者在10%显著性水平内无法拒绝等于0的原假设。进一步的内生性检验也表明,并不存在明显的内生性,因此以普通Probit模型作为最终的估计选择。从Probit模型的估计结果来看,养老金财富的增加对于家庭持有商业养老保险资产的可能性具有负向作用,意味着在城镇家庭中社会养老保险与商业养老保险之间的关系并非互为补充,而可能为相互替代的关系。表6-13中的第(3)列与第(4)列是商业养老保险持有比例的估计结果,可以发现无论是否考虑内生性,养老金财富的边际效应均在10%显著性水平内无法拒绝等于0的原假设,且Wald检验表明模型并不存在严重的内生性,因此可以认为养老金财富对于家庭持有商业养老金财富的比例并没有显著的影响,这与前面持有可能性的估计结果明显不同。以上结论表明,社会养老保险在城镇地区的覆盖面的不断扩大以及养老金财富的增加,将对商业养老保险资产的持有形成一定的挤出效应,但并不会削减已经持有商业养老保险资产家庭的持有比例。

表 6-13 养老金财富对家庭持有商业养老保险资产影响的估计（城镇样本）

	（1） 持有可能性 Probit	（2） 持有可能性 IV-Probit	（3） 持有比例 Tobit	（4） 持有比例 IV-Tobit
养老金财富	− 0.000 136 ** （0.000 068 7）	− 0.000 123 （0.000 126）	− 0.000 169 （0.003 50）	− 0.000 140 （0.000 897）
年龄	− 0.001 76 （0.002 48）	− 0.002 23 （0.002 79）	− 0.002 33 （0.047 8）	− 0.002 49 （0.016 3）
年龄的平方	0.000 010 2 （0.000 020 5）	0.000 013 1 （0.000 022 4）	0.000 013 9 （0.000 285）	0.000 015 0 （0.000 100）
家庭结构类型（以婚姻家庭为参照）				
单身男性家庭	− 0.000 570 （0.007 24）	− 0.000 019 3 （0.009 39）	0.000 268 （4.468）	0.000 787 （0.152）
单身女性家庭	0.000 266 （0.005 65）	0.000 532 （0.006 42）	0.001 45 （0.302）	0.001 62 （0.053 9）
未成年子女数量	− 0.002 40 （0.004 84）	− 0.002 82 （0.006 87）	− 0.003 90 （0.080 7）	− 0.003 94 （0.027 2）
平均受教育年限	− 0.000 041 0 （0.000 677）	− 0.000 151 （0.000 799）	− 0.000 040 8 （0.001 03）	− 0.000 124 （0.001 07）
健康状况差	0.000 483 （0.004 42）	0.000 530 （0.005 54）	0.001 82 （0.919）	0.001 82 （0.057 8）
参加医疗保险	0.005 07 （0.004 82）	0.005 63 （0.005 75）	0.006 96 （0.413）	0.006 80 （0.161）
家庭收入	− 0.002 12 （0.002 16）	− 0.002 65 （0.003 22）	− 0.002 92 （0.060 7）	− 0.003 12 （0.020 2）
医疗支出	0.006 68 ** （0.003 39）	0.007 89 （0.005 01）	0.009 56 （0.195）	0.009 79 （0.062 4）
家庭所属财富阶层（以第一财富阶层为参照）				
第二财富阶层	0.105 *** （0.016 0）	0.015 *** （0.003）	0.180 （3.695）	0.165 （1.039）
第三财富阶层	0.098 0 *** （0.015 6）	0.028 *** （0.009）	0.169 （3.471）	0.154 （0.971）

（续表）

	（1）	（2）	（3）	（4）
	持有可能性 Probit	持有可能性 IV-Probit	持有比例 Tobit	持有比例 IV-Tobit
第四财富阶层	0.118*** （0.0163）	0.029*** （0.008）	0.197 （4.035）	0.182 （1.142）
第五财富阶层	0.128*** （0.0175）	0.038*** （0.011）	0.209 （4.277）	0.192 （1.207）
PseudoR^2	0.081		0.070	
AIC	517.4	29880.0	558.2	32375.5
Loglik.	−243.7	−14929.0	−265.1	−16172.7
WaldTest		0.115		0.0510
LR	3194.4***	21.90***	169.4***	172.3***
N	3723	3238	3534	3534

注：表中估计值为平均边际效应，括号中为 Delta-method 标准误；所有模型均控制了城市层面的固定效应；* p<0.1，** p<0.05，*** p<0.01。

表 6-14 给出了农村样本中养老金财富对于家庭持有商业养老保险资产影响的估计结果。由于在本研究所使用的数据调查期内，商业养老保险在农村地区尚未得到有效发展。从表 6-1 可以看出，仅有 0.7% 的农村家庭持有商业养老金财富，且养老金财富的占比平均仅为 0.35%，由此可见仅有极少数农村家庭持有商业保险养老金财富，且即使持有，持有的比例也非常低，这与前面的狭义风险性金融资产在农村的持有情况相类似。若以商业保险养老金财富作为因变量进行回归，由于因变量的变异性太低，模型无法得到有效估计，因此采用与狭义风险性金融资产相类似的处理方法，仅对养老金财富对于家庭持有商业养老保险资产的可能性的影响进行了估计。在第（1）列的基准 Probit 模型估计中，养老金财富的边际效应数值非常小，且在 10% 显著性水平内并不显著。考虑到养老金财富可能存在的内生性，在第（3）列中利用工具变量法重新进行了估计，结果表明养老金财富的边际效应依然不显著，内生检验也表明模型并不存在严重的内生性。同时，考虑到在农村持有商

业养老保险的家庭占比非常低,仅为0.7%,这在一定程度上可能为稀有事件。对于稀有事件,Probit回归的估计结果可能有偏,因此进一步采用Cloglog模型进行估计。对比第(2)列的Cloglog模型与Probit模型的估计结果可以发现,虽然其他变量差异不明显,但核心解释变量"养老金财富"的边际效应的估计值发生了较大的变化,说明在农村拥有商业养老保险在一定程度上属于"稀缺事件"。第(2)列Cloglog模型的养老金财富的边际效应不仅在10%显著性水平内不显著,而且估计值的大小比第(1)列的Probit模型更小。综上所述,养老金财富对于农村家庭是否持有商业养老保险资产并没有显著影响,这与前面的城镇家庭的估计结果有所不同。在农村影响不显著的原因,一方面可能是合适的商业养老保险产品在农村地区的可获得性较低;另一方面,缺少足够的保险与养老意识以及较低的收入水平均在很大程度上制约了农村家庭对于商业性养老保险的选择。在以上因素的综合作用下,无论家庭的养老金财富是否增加,对于商业养老保险的持有均没有显著影响。表中其他变量的符号与显著性基本与前面保持一致,由于不是本研究关注的主要变量,在此不再赘述。

表6-14 养老金财富对家庭持有商业性养老保险资产影响的估计(农村样本)

	(1)	(2)	(3)
	Probit	Cloglog	IV-Probit
养老金财富	0.000 002 01	0.000 000 0	0.000 383
	(0.000 138)	(0.000 152)	(0.000 539)
年龄	0.002 94	0.002 96	0.003 36
	(0.003 43)	(0.004 04)	(0.003 24)
年龄的平方	−0.000 027 6	−0.000 027 7	−0.000 032 5
	(0.000 028 4)	(0.000 033 4)	(0.000 026 2)
家庭结构类型(以婚姻家庭为参照)			
单身男性家庭	0.001 74	0.000 844	0.001 82
	(0.010 5)	(0.010 2)	(0.011 5)
单身女性家庭	−0.000 946	−0.003 01	−0.000 065 1
	(0.010 9)	(0.009 92)	(0.012 4)

（续表）

	(1)	(2)	(3)
	Probit	Cloglog	IV-Probit
未成年子女数量	-0.005 98 (0.006 07)	-0.006 93 (0.006 65)	-0.006 92 (0.006 47)
平均受教育年限	0.001 83** (0.000 836)	0.001 96** (0.000 890)	0.001 73** (0.000 873)
健康状况差	0.000 146 (0.004 82)	-0.000 485 (0.004 94)	0.000 197 (0.005 14)
参加医疗保险	0.008 22 (0.005 09)	0.007 73 (0.005 78)	0.008 96 (0.006 03)
家庭收入	0.002 04 (0.002 18)	0.001 79 (0.001 57)	0.002 31 (0.002 20)
医疗支出	-0.000 308 (0.004 60)	-0.000 046 6 (0.004 10)	-0.000 688 (0.004 79)
家庭所属财富阶层（以第一财富阶层为参照）			
第二财富阶层	0.183 (0.289)	0.167 (0.397)	0.149 (0.387)
第三财富阶层	0.267*** (0.018)	0.289*** (0.032)	0.279*** (0.038)
第四财富阶层	0.345*** (0.124)	0.398*** (0.143)	0.378*** (0.145)
第五财富阶层	0.490*** (0.142)	0.466*** (0.133)	0.485*** (0.183)
PseudoR^2	0.075		
AIC	379.9	379.3	21 985.2
Loglik.	-178.9	-178.6	-10 981.6
WaldTest			0.660
LR	29.84***	30.74***	30.04***
N	2 868	2 868	2 868

注：表中估计值为平均边际效应，括号中为 Delta-method 标准误；所有模型均控制了城市层面的固定效应；* p<0.1，** p<0.05，*** p<0.01。

6.4 本章小结

表 6-15 对前面各表的估计结果进行了汇总,给出了养老金财富对于家庭资产配置结构的影响。在农村样本中,除商业养老保险资产外,广义风险性金融资产、安全性金融资产、生产经营性资产以及房产这四种资产的持有可能性以及持有比例均受到养老金财富的影响,除了安全性金融资产与狭义风险性金融资产受到养老金财富的正向影响外,其他几种资产均受到负向影响。其中,风险性金融资产中民间借出款的持有可能性与持有比例均随着养老金财富的增加而减少;而风险性金融资产中狭义风险性金融资产的持有则随着养老金财富的增加而上升。由于民间借出款受到的影响大于狭义风险性金融资产,因此广义风险性金融资产受到的净影响效应为负。以上结论表明,在农村家庭中,随着养老金财富的增加,家庭会将一部分房产、生产经营性资产以及民间借出款向安全性金融资产转移,形成新的资产配置结构。

表 6-15 养老金财富对于家庭资产配置结构影响的汇总

资产类型	影响维度	农村			城镇		
		是否影响	影响方向	影响程度	是否影响	影响方向	影响程度
广义风险性金融资产	是否持有	是	负	0.001 270	是	正	0.000 877
	持有比例	是	负	0.000 438	是	正	0.000 440
民间借出款	是否持有	是	负	0.001 020	是	负	0.000 675
	持有比例	是	负	0.000 438	是	负	0.000 474
狭义风险性金融资产	是否持有	是	正	0.000 904	是	正	0.002 291
	持有比例	—			是	正	0.000 735
安全性金融资产	是否持有	否			否		
	持有比例	是	正	0.005 210	是	正	0.001 310
生产经营性资产	是否持有	是	负	0.004 370	是	负	0.002 800
	持有比例	是	负	0.000 829	是	负	0.000 738

（续表）

资产类型	影响维度	农村			城镇		
		是否影响	影响方向	影响程度	是否影响	影响方向	影响程度
房产	是否持有	是	负	0.012 300	是	负	0.004 820
	持有比例	是	负	0.004 600	是	负	0.001 200
商业养老保险资产	是否持有	否			是	负	0.000 136
	持有比例	—			否		

注："—"表示由于因变量的变异程度太低而无法进行准确估计。

相比于农村家庭，城镇家庭在安全性金融资产、生产经营性资产以及房产持有上的结论与农村完全相同。与农村不同的是，养老金财富的增加对于城镇家庭的广义风险性金融资产的持有可能性具有促进作用，实际上城镇家庭持有的广义风险性金融资产主要为狭义风险性金融资产，民间借出款很少，因此本质上养老金财富的增加提升了城镇家庭的狭义风险性金融资产的持有。在商业养老保险的持有上，养老金财富对于已经持有者的比例没有影响，但却能降低持有的可能性。上述结论表明，在城镇家庭中，养老金财富的增加会促使家庭将一部分房产与生产经营性资产转移到安全性金融资产以及狭义风险性金融资产上，同时降低了未持有家庭未来持有商业养老保险的可能性。

对比各种类型资产的受影响程度可以发现，在各类资产的持有可能性上，无论在农村还是城镇，房产的受影响程度均是最大的，其次是生产经营性资产，而广义风险性金融资产的受影响程度较低，商业养老保险资产以及安全性金融资产几乎不受影响；而在各类资产的持有比例上，无论在农村还是城镇，安全性金融资产的受影响程度最大，其次是房产，生产经营性资产、风险性金融资产受影响程度较小，而商业养老保险的持有比例几乎不受影响。总之，无论在农村还是城镇，除了安全性金融资产由于流动性的需要在持有可能性与持有比例两个维度上的受影响程度出现了两极分化外，其他几类资产在两个维度上的受影响程度基本对等，房产的受影响程度在两个维度上均较大，而生产经营性资产与风险性金融资产在两个维度上的受影响程度均较小,而商业养老保险资产的受影响程度几乎可以忽略。此外,无论在农村还是城市,在持有比例这一维度上,各种类型资产中负向边际效应与正向边际效应之和基本相等,说明估计的各种类型资产的边际效应的大小是合理的。

第 7 章 社会养老保险对居民家庭资产配置效率影响的实证检验

7.1 引言

前文的研究表明,无论在农村还是城镇,社会养老保险对于家庭资产配置的结构均产生了显著的影响。养老金财富的增加,显著降低了家庭对于房产、生产经营性资产以及民间借出款的持有,对于狭义风险性金融资产与安全性金融资产的持有具有显著促进作用。家庭进行资产配置是为了实现在既定所能承受风险下的投资收益最大化,或是在既定预期收益下的风险最小化,即资产配置效率最大化。社会养老保险对于家庭资产配置结构的改变势必会引起资产配置效率的变化,那么这一效率改变的方向与程度如何? 在农村与城镇家庭之间是否所有不同? 不同险种的影响是否存在差异? 这些问题的回答对于明确社会养老保险对于家庭资产配置效率的影响具有重要帮助,也有助于完善社会养老保险政策,促进家庭养老保障能力与资产配置效率的双重提升。然而,迄今为止尚未有直接对两者关系进行研究的文献出现,本章试图对这些问题进行回答。

7.2 数据与变量

7.2.1 变量说明

7.2.1.1 家庭资产配置效率指标的构建及其计算

家庭资产配置效率也称为家庭资产配置有效性,是指在既定的风险下实现投资收益最大化,或者在既定的投资收益下实现组合风险最小化。在理论研究中,常通过构造效用函数进行测度,但在实证研究中,显然这一方法并不可行。其原因在于:一是家庭在现实的资产配置决策过程中并不一定以理性人进行决策,由于金融知识的不足、不确定性的存在以及金融市场的不完善,实际资产配置的结果很难达到最优;二是由于家庭内部资产种类众多,不同类型资产的功能与特性存在明显差异,因此难以在效用函数中准确刻画不同资产之间的差异与作用关系;三是不同家庭之间存在非常强的异质性,使得本来就难以观察的效用函数在不同家庭的具体形式更加难以捕捉,如果采用相同的效用函数必将忽略家庭的异质性特征,得到的结论也无法反映不同家庭之间的差异。

在无法采用效用函数测度资产配置效率的情况下,为了能够对家庭资产配置效率进行准确度量,需要转变指标构建的思路,构建的指标最好能够具有明确的经济含义且相对简洁。在鲜有的几篇实证研究居民家庭资产配置有效性的文献中,对于资产配置效率的测度一般有三种方法(吴卫星等,2018)。第一种,利用家庭配置资产的种类或者多样性间接度量资产配置的效率(曾志耕等,2015;吴卫星等,2015),这种间接度量方法的依据是根据现代投资组合理论,家庭持有的投资组合应该足够分散,即"不能将鸡蛋放在一个篮子里",越分散的投资组合,配置的效率相对越高。第二种,以家庭资产增量作为资产配置效率的代理指标(吴雨等,2016),理由是家庭资产增量越多,家庭资产的保值与增值能力越强,说明资产配置效率越高,但这种测量方式的缺陷是没有考虑组合中的风险大小。第三种,采用风险调整后的收益指标进行测度。家庭配置各类资产是为了追求既定风险下的投资收益最大化,因此将风险调整后的资产回报率作为资产配置效率的度量指标是比较合适的,而夏普比率是衡量风险调整后的资产收益的合适指标,因此第三种测量方法以夏普比率直接测度资产组合效率。

Pelizzon和Weber(2009)基于夏普比率的平方构建统计量对意大利家庭的资产配置有效性进行了研究;随后,Grinblatt等(2011)在研究芬兰家庭的投资组合时发现,智商较高的投资者更倾向于投资股市,且投资组合的夏普比率也较高；而 Gourieroux 和 Monfort(2005)更是直接证明了投资组合的夏普比率与家庭期望效用相关。在国内，吴卫星等(2015)基于夏普比率对中国家庭资产配置的有效性进行了研究；杜朝运和丁超(2016)借用吴卫星等(2015)的方法着重对家庭金融资产配置效率的影响因素进行了研究；柴时军(2017)与吴卫星等(2018)分别研究了社会网络与金融素养对夏普比率刻画的家庭资产配置效率的影响，发现社会网络与金融素养显著提升了家庭组合的有效性。以上国内外的相关研究表明，夏普比率能在一定程度上测度家庭资产配置效率。据此，本研究在参考上述文献的基础上，采用夏普比率作为测度家庭资产配置效率的关键指标，并以此为基础研究社会养老保险对资产配置效率的影响。在后文的稳健性检验部分，笔者也会尝试利用前两种方法对资产配置效率进行重新测度，从而提高研究结论的可靠性。

夏普比率由著名经济学家、诺贝尔经济学奖得主威廉·夏普(William Sharp)提出，是投资组合的超额收益 $E(R_p) - R_f$ 与组合风险 σ_p 之间的比值，测度的是风险调整后的收益率，是一个同时考虑风险与收益的综合指标，表示单位风险所带来的相对于无风险资产的超额收益，夏普比率越大，承受单位风险所带来的额外收益就越高。具体计算如式(7-1)所示，其中 $E(R_p)$ 表示资产组合的期望收益，R_f 为无风险资产收益。在现代投资组合理论中，如果资产收益率服从正态分布，那么在考虑无风险资产的情况下，投资组合的有效前沿为资本市场线，资本市场线的斜率就是著名的夏普比率，因此在理性假设下，所有投资者的夏普比率必然相同，而实际上各家庭的投资组合存在明显差异，相应的夏普比率也会有所不同。夏普比率在业界常用于测度基金的业绩表现，近年来国内外部分学者也将其应用于家庭投资组合有效性的测度中。

$$Sharpe\ Ratio = \frac{E(R_p) - R_f}{\sigma_p} \qquad (7-1)$$

根据式(7-1)可知，若要计算家庭资产组合的夏普比率，首先需要分别计算资产组合的超额收益 $E(R_p) - R_f$ 与组合风险 σ_p，其中资产组合的超额收益等于组合中各类资产的收益率的加权平均值减去无风险资产的收益,此处将无风险资产的收益 R_f 设置为一年期银行存款的利率。而资产组合的风险 σ_p 并不能直接利用各分项资产的风险进行加权平均得到,具体计算需要采用式(7-2)。在式(7-2)中,σ_p 为资产组合风险,定义为家庭资产组合的收益率的标准差;w_i 为第 i 种资产在总资产中的占比,σ_{ij} 表示第 i 种资产与第 j 种资产的收益率之间的协方差,若 $i=j$ 则表示资产 i 的收益率的方差;n 为各家庭中的资产类型数量[①]。

$$\sigma_p = \left(\begin{bmatrix} w_1 \\ \cdots \\ w_i \\ \cdots \\ w_n \end{bmatrix}^T \begin{bmatrix} \sigma_{11} & \cdots & \sigma_{1j} & \cdots & \sigma_{1n} \\ \cdots & \cdots & \cdots & \cdots & \cdots \\ \sigma_{i1} & \cdots & \sigma_{ij} & \cdots & \sigma_{in} \\ \cdots & \cdots & \cdots & \cdots & \cdots \\ \sigma_{n1} & \cdots & \sigma_{nj} & \cdots & \sigma_{nn} \end{bmatrix} \begin{bmatrix} w_1 \\ \cdots \\ w_i \\ \cdots \\ w_n \end{bmatrix} \right)^{\frac{1}{2}} \tag{7-2}$$

中国健康与养老追踪调查主要包括六类资产类型:由债券、股票、基金以及民间借出款构成的风险性金融资产,安全性金融资产,房产,生产经营性资产,商业养老保险资产,土地。正如前文所述,土地资产的变动一般不会受到社会养老保险的影响,因此与上一章类似,首先将土地资产排除在考察的范围之外。夏普比率的适用对象是风险性资产

---

① 本书对吴卫星等(2015)提出的夏普比率的具体计算过程进行了修正。吴的计算步骤是,首先计算各家庭中单个类型资产的夏普比率,然后以各分项资产的占比作为权重,对各项资产的夏普比率进行加权求和,从而得到家庭资产组合的夏普比率。然而,根据威廉·夏普提出的夏普比率的含义是承担单位风险所对应的超额收益的大小可知,应该直接计算资产组合的超额收益与组合风险,并将两者比值作为组合的夏普比率,而不应将各类资产的夏普比率的加权值作为组合的夏普比率。吴的计算方法的另一个缺点是,只适用于风险性资产构成的组合的夏普比率的计算,若组合中有一种资产为无风险资产则无法计算该资产的夏普比率,从而无法得到整个组合的夏普比率。由于吴的文章仅仅考察了风险性资产构成的组合的配置效率,因此利用他的方法依然可以计算出各家庭的夏普比率,而本书考察的资产组合不仅包括风险性资产,也包括无风险资产,因此利用吴的方法无法得到各家庭的夏普比率。最终,通过本书修正后的夏普比率的计算方法,不仅适用于风险性资产构成的资产组合,也适用于资产组合中存在无风险资产的情形。

组合,对于无风险资产组合的计算并不适用,原因是无风险资产不存在超额收益与波动风险,式(7-1)中的分子与分母同时为 0,σ_p 无法计算,因此无法观察到那些并不持有风险性资产的家庭资产组合的夏普比率。McCarthy(2004)按照资产的风险大小,将资产的风险等级划分为三类:安全性资产、相对安全性资产以及风险性资产,其中房产、股票、基金以及债券归为风险性资产。结合 McCarthy(2004)的上述分类标准以及中国家庭的实际情况,将由债券、股票、基金和民间借出款构成的风险性金融资产以及房产归为风险性资产。此外,由于生产经营性资产直接为家庭的生产经营活动提供生产资料,其投资回报率的高低直接取决于生产经营状况,而生产经营活动尤其是创业活动具有较高的风险性,因此将家庭的生产经营性资产也归为风险性资产;而将由现金和银行存款构成的安全性金融资产以及商业养老保险资产归为安全性资产。那些仅持有现金、银行存款或者商业养老保险的家庭的夏普比率无法观测,但这些家庭的数量相对较少,不会对研究结果造成很大的影响,且在后续的模型构建过程中,为了解决这类家庭的资产配置效率不可观测问题,专门选择了解决样本选择导致的不可观测问题的 Heckman 两步法作为模型估计的主要方法。

计算资产组合的夏普比率的前提是首先计算出各分项资产的收益率以及收益率的标准差,而在微观调查数据极度匮乏的情况下,根本无法获取家庭内各分项资产的实际收益数据。在目前国内仅有的几套微观家庭调查数据中,仅能获取大类资产的具体投资额,而对于构成该项资产的具体账户信息以及收益情况并不清楚。以股票或基金为例,仅能知道家庭配置股票或者基金的总金额,而对于具体购买了哪只股票或哪只基金以及相应的比例则一无所知。由于这些信息涉及家庭隐私与商业机密,即使在问卷中设计了相关问题,被访者一般也不会回答,因此即使在微观调查发达的欧美国家也无法完全收集到这类数据。由于家庭内部资产数量众多,即使被访者本人也不一定清楚家庭内部各种类型资产的具体收益情况,因此单纯依靠家庭微观调查数据根本无法计算家庭内各种资产的收益率。为了使研究能够顺利推进,借鉴由 Pelizzon 与

Weber(2008)提出,后被 Grinblatt 等(2011)、吴卫星等(2015)以及杜朝运和丁超(2016)多次采用的创造性办法,利用指数替代的平均化方法得到家庭中各分项资产的收益率序列。

在具体的计算操作中,参考吴卫星等(2015)以及杜朝运和丁超(2016)的方法,结合本研究的目的以及各分项资产收益率在中国健康与养老追踪调查数据中的可获得性,采用如下计算与替代程序。首先,对于股票、基金以及债券三类风险性金融资产的收益率,由于中国健康与养老追踪调查数据仅提供了各家庭三类资产的具体配置金额,缺乏具体账户信息以及获利情况,因此采用上面的指数替代方法,分别以沪深两大股指的月度收益率的加权平均值替代家庭股票资产的收益率序列,权重为两市各自的成交额占总交易额的比重;对于基金收益率,同样采用沪深两大证券交易所基金指数的加权收益进行替代,权重为两市的月度基金交易额;同理,对于债券的收益率,以中证综合债指数的月平均收益进行替代。其次,对于房产的收益,本研究采用陈彦斌和邱圣哲(2011)以及吴卫星等(2015)的方法,用各城市各月度的商品住房销售总额除以商品住房的销售面积得到房价序列,从而计算房产的收益率。再次,对于生产经营性资产收益率的处理并不采用指数替代法,而是结合中国健康与养老追踪调查数据中相应变量的可获得性直接进行计算。若家庭从事农业生产经营或者开办企业从事工商业生产经营活动,则将每年从事生产活动获得的净收入与投入的生产经营性资产数量的比值作为生产经营性资产的收益率;同时,为了获取生产经营性资产收益率的标准差,利用2011年、2013年以及2015年调查数据计算的生产经营性资产的收益率的标准差作为家庭生产经营性资产的标准差。最后,对于风险性金融资产中的民间借出款,由于既无法在调查数据中获取各家庭通过民间借贷获得的收益,也无法选取合适的指标进行替代,且民间借贷属于非正规性金融市场,面临的风险类型较为复杂,无法进行准确度量,因此在此将其排除在外。此外,为了在一定程度上解决没有考虑民间借出款以及指数替代法的缺陷,后文的稳健性检验重新采用了另外两种方法对资产配置效率进行了测度,从而验证结论的可靠性。

表7-1给出了家庭资产配置效率夏普比率的统计摘要。由于生产经营性资产的收益率是基于中国健康与养老追踪调查的三期数据计算的,因此样本数量相对于前两章大幅度降低,其中资产配置效率可观测的样本数量为4522户,不可观测样本703户,样本总量合计5225户,其中不可观测样本占总样本量的13.5%,这一样本比例在总样本中不可忽略。表中的其他统计量均是针对配置效率可观测的样本,在可观测样本中的最小值接近于0,标准差与均值较为接近,说明绝大多数家庭的夏普比率均接近于0,少数家庭的夏普比率较大,表明绝大多数家庭的资产配置效率较低,仅有少数家庭的配置效率较高。

表7-1 家庭资产配置效率的夏普比率的统计摘要

变量	可观测样本	不可观测样本	均值	标准差	最小值	最大值
夏普比率	4 522	703	0.061	0.041	0.000 01	0.252

7.2.1.2 家庭参保与养老金财富

由于本章的研究目的是检验社会保险对于家庭资产配置效率的影响,因此与前面的章节类似,本章的核心解释变量是家庭参保及其形成的养老金财富。其中,家庭参保是指被访者及其配偶至少其中一人参加了城镇职工社会养老保险或者居民养老保险(包括新型社会农村养老保险、城镇居民养老保险或者城乡居民养老保险)。养老金财富是指被访者及其配偶参加的各种社会养老保险对应的养老金财富的总值。在实证分析中,将分别对家庭是否参保以及养老金财富对于家庭资产配置效率的影响进行分析,从而明确扩大家庭资产覆盖面以及提升养老金财富水平各自对资产配置效率的不同影响。与上一章相同的是,本章的养老金财富也未经过Gale的Q调整。

7.2.1.3 其他控制变量

影响资产配置效率的因素很多,除了需要考虑核心解释变量家庭参保与养老金财富之外,参考以往相关研究(吴卫星等,2018),还控制了家庭人口学变量、家庭经济学变量以及城市层面的虚拟变量。其中,家庭人口学变量包括被访者及其配偶的平均年龄及其平方、平均受教育年限、家庭结构类型、健康状况以及未成年子女数量;家庭经济特征变量主要包括家庭年收入水平、家庭医疗支出水平、是否参加医疗保险以及家庭所属财富阶层。

表7-2给出了全样本以及农村与城镇分样本的参保家庭与非参保家庭的夏普比率的对比分析。从表中可以发现,虽然无论是全样本还是农村与城镇分样本,参保家庭资产配置效率的夏普比率均高于非参保家庭,但三个样本中T检验的结论并不完全相同。其中,全样本与农村样本中的夏普比率的T检验均在10%显著性水平内无法拒绝参保家庭与非参保家庭的均值不存在明显差异的原假设,而城镇样本中的T检验在1%显著性水平内拒绝参保家庭与非参保家庭的均值不存在显著差异的原假设。这一结论似乎表明,参加社会养老保险虽然对于家庭资产配置效率具有一定的提升作用,但对于农村家庭的提升作用却不明显。单变量分析忽略了其他变量对于配置效率的影响,家庭参保可能具有较强的内生性。表7-2中仅仅列出了夏普比率可观测样本的检验情况,并没有考虑不可观测样本的信息与样本选择偏误,因此结论并不完全可靠,若要给出准确的结论还需要建立回归模型进行估计分析。虽然本章所使用的样本量与上一章相比有较大幅度的下降,但关于家庭参保、养老金财富以及其他控制变量的描述性统计并没有发生显著变化,因此在此不再单独列出。

表7-2　参保家庭与非参保家庭的夏普比率的比较

样本	样本量	参保家庭	非参保家庭	T检验	P值
全样本	4 522	0.021	0.020	1.28	0.20
农村样本	2 717	0.020	0.019	0.43	0.68
城镇样本	1 805	0.024	0.022	3.21	0.00

注:此表仅适用于夏普比率可观测样本。

7.2.2　数据说明

本章实证研究所使用的数据与上一章基本相同。实证分析中家庭参保、养老金财富以及其他各控制变量的计算所使用的数据仍然基于2013年中国健康与养老追踪调查数据。与前两章不同的是，在家庭资产配置效率计算过程中，股票、基金以及债券的收益率序列的获取是基于相应的指数替代方法，因此各自对应的指数数据来自Wind数据库；各城市各月份的商品住房的销售金额以及销售面积数据同样来自Wind数据库；家庭生产经营性资产的收益率及其风险的计算，则利用中国健康与养老追踪调查2011年、2013年以及2015年的追踪数据。

7.3　实证模型构建及其估计方法选择

7.3.1　样本选择模型

根据夏普比率的计算步骤可知，若家庭内部仅持有安全性资产，则无法计算家庭资产组合的夏普比率，因此这类家庭的资产配置效率无法观测。根据上一章关于资产配置结构的分析可知，家庭是否配置风险性资产并非随机，若仅对可以观测到资产配置效率的家庭样本进行分析，不仅会导致样本信息损失，更重要的是会存在样本选择问题，导致估计结果可能有偏。为了解决这一问题，将不可观测到资产配置效率的家庭也纳入分析的样本之中，需要借助由Heckman（1979）提出的样本选择模型进行建模并估计。建立的Heckman模型主要由两部分构成（陈强，2014）。

第一部分为风险性资产配置决策方程，如式（7-3）所示。从上面的分析可知，若家庭资产组合含有风险性资产，则该样本的资产配置效率可观测，因此风险性资产参与决策方程即为资产配置效率是否可观测方程。在式（7-3）中，z_i表示是否持有风险性资产的二元变量，也表示资产配置效率是否为可观测变量，若$z_i = 1$表示资产配置效率可观测，反之,若 $z_i = 0$ 则表示资产配置效率不可观测。z_i^* 为 z_i 对应的不可观测潜变量,x_i 表示核心解释变量社会养老保险参与或者养老金财富变量,w_i' 表示家庭是否配置风险性资产的其他控制变量构成的向量。假设 μ_i 服从正态分布,则 z_i 满足 Probit 模型,因此有 $\Pr(z_i = 1 \mid w_i) = \Phi(\alpha x_i + w_i'\gamma)$。

$$z_i^* = \alpha x_i + w_i'\gamma + \mu_i; z_i = \begin{cases} 1, z_i^* > 0 \\ 0, 若\ z_i^* \leqslant 0 \end{cases} \tag{7-3}$$

第二部分为资产配置效率方程,如式(7-4)所示。其中,被解释变量资产配置效率 y_i 是否可以观测,取决于式(7-3)中的二值选择变量 z_i。若 $z_i = 1$ 则资产配置效率 y_i 可观测;反之,为 0 时则不可观测。x_i 同样表示核心解释变量社会养老保险参与或者养老金财富变量,v_i' 表示影响资产配置效率的其他变量。

$$y_i = \delta x_i + v_i'\kappa + \varepsilon_i \tag{7-4}$$

根据上述条件以及 $(\mu_i \varepsilon_i) \sim N(0, 0, 1, \sigma_\varepsilon, \rho)$ 的假设,利用偶然断尾条件期望公式,可以计算出可观测样本的条件期望,如式(7-5)所示。在式(7-5)中,$\lambda(\bullet)$ 为反米尔斯比函数,且 $\lambda(c) = \varphi(c)/[1 - \Phi(c)]$,其中 $\varphi(\bullet)$ 为标准正态分布的概率密度函数。

$$
\begin{aligned}
\mathrm{E}(y_i \mid y_i\ 可观测) &= \mathrm{E}(y_i \mid z_i^* > 0) \\
&= \mathrm{E}(\delta x_i + v_i'\kappa + \varepsilon_i \mid \alpha x_i + w_i'\gamma + \mu_i > 0) \\
&= \mathrm{E}(\delta x_i + v_i'\kappa + \varepsilon_i \mid \mu_i > -\alpha x_i - w_i'\gamma) \\
&= \delta x_i + v_i'\kappa + \mathrm{E}(\varepsilon_i \mid \mu_i > -\alpha x_i - w_i'\gamma) \\
&= \delta x_i + v_i'\kappa + \rho\sigma_\varepsilon \lambda(-\alpha x_i - w_i'\gamma)
\end{aligned}
\tag{7-5}
$$

从式(7-5)可知,若直接利用最小二乘估计法对观测样本进行估计则会遗漏式(7-5)中的 $\rho\sigma_\varepsilon \lambda(-\alpha x_i - w_i'\gamma)$ 项。由于 $-\alpha x_i - w_i'\gamma$ 与 $\delta x_i + v_i'\gamma$ 中均含有社会保险 x_i 项,因此遗漏变量会导致估计结果不一致。考察核心解释变量 x_i 的边际效应,如式(7-6)所示。在式(7-6)

中,δ 为 x_i 对 $\mathrm{E}(y_i \mid z_i^* > 0)$ 的直接影响,后面一项则是选择性偏差导致的间接影响。

$$\frac{\partial \mathrm{E}(y_i \mid z_i^* > 0)}{\partial x_i} = \delta + \rho \sigma_\varepsilon \frac{\partial \lambda(-\alpha x_i - w_i' \gamma)}{\partial x_i} \qquad (7-6)$$

根据式(7-6)可知,如果能得到 α 与 γ,那么必然可以计算出 $\lambda(-\alpha x_i - w_i' \gamma)$,这样就可以将其纳入资产配置效率的回归方程之中,与其他变量一起进行回归,从而对式(7-6)进行估计。以上方法也就是 Heckman(1979)提出的"两步法"的估计思想,具体操作如下。第一步,基于所有样本数据,利用 Probit 模型对风险性资产配置决策方程进行估计,得到方程中各变量的估计系数,并以此为基础计算 $\lambda(-\alpha x_i - w_i' \gamma)$ 的估计值 $\hat{\lambda}(-\alpha x_i - w_i' \gamma)$;第二步,对可观测到资产配置效率的样本,利用最小二乘估计法对加入了 $\hat{\lambda}(-\alpha x_i - w_i' \gamma)$ 的资产效率配置方程进行估计,进而得到 δ、κ、ρ 以及 σ_ε 的估计值,这里 δ 的估计值 $\hat{\delta}$ 即为社会养老保险对于资产配置效率影响的估计系数。

除了利用两步法进行估计外,另外一种有效的估计方法就是直接利用极大似然法进行估计。由于两步估计法中第一步的估计误差被引入第二步,因此在估计效率上不如极大似然法的整体估计,但极大似然法的缺点是计算量大,且依赖于正态性假定。后文将对这两种方法都进行尝试,从而相互验证。

7.3.2 考虑内生性的样本选择模型

上述模型不仅存在样本选择问题,还可能同时存在一定的内生性。根据前面两个章节关于养老资产配置规模与配置结构的回归可知,家庭是否参保与养老金财富均存在较强的内生性,而资产配置效率主要由资产配置结构决定,因此上述资产配置效率的回归模型中同样可能存在较为严重的内生性问题。为此,需要进一步利用工具变量法(IV-Heckit)对上述样本选择模型进行估计,仍然选择所在组其他家庭的参保率以及养老金财富的平均水平作为家庭是否参保以及养老金财富水平两个内生变量的工具变量,具体构造方式与前面两个章节完全相同,在此不再赘述。

7.4 社会养老保险对资产配置效率影响的全样本估计

表7－3给出了全样本下社会养老保险对家庭资产配置夏普比率影响的估计结果,其中第(1)、(2)列为家庭是否参保的影响估计,第(3)、(4)列为养老金财富影响的估计结果。第(1)列给出了 Heckman 两步法的最终第二步的估计结果,逆米尔斯比的估计系数高度显著不为0,表明模型中确实存在样本选择偏差,采用样本选择模型进行估计是必不可少的。同时,负的估计系数表明,忽略样本选择偏误将会高估家庭参保对于家庭资产配置效率的影响。核心变量家庭参保项的估计系数在5％显著性水平内为正,系数大小0.028 8表示相对于非参保家庭,参保家庭的夏普比率平均高出0.028 8个单位,这一大小与资产配置夏普比率的平均值0.061相比不可忽略。因此在全样本中,家庭参保能够显著提升家庭资产配置效率。

表7－3 社会养老保险对家庭资产配置夏普比率影响的 Heckman 估计(全样本)

	(1) 两步法	(2) 两步法	(3) 极大似然法	(4) 极大似然法
养老金财富			0.000 500*** (0.000 181)	0.000 501*** (0.000 181)
家庭参保	0.028 8** (0.012 7)	0.028 3** (0.012 8)		
年龄	−0.005 64*** (0.002 07)	−0.005 58*** (0.002 08)	−0.003 67*** (0.001 16)	−0.003 56*** (0.001 16)
年龄平方	0.000 056 9 (0.000 049 6)	0.000 056 8 (0.000 049 6)	0.000 042 6 (0.000 050 1)	0.000 042 2 (0.000 050 1)
城镇	0.011 4*** (0.005 42)	0.011 5*** (0.005 50)	0.015 0*** (0.006 60)	0.015 2*** (0.006 61)

（续表）

	（1）两步法	（2）两步法	（3）极大似然法	（4）极大似然法
养老金财富			0.000500***	0.000501***
			(0.000181)	(0.000181)
单身男性家庭	0.0245	0.0240	0.0206	0.0200
	(0.0204)	(0.0204)	(0.0206)	(0.0206)
单身女性家庭	0.0459**	0.0462**	0.0454**	0.0457**
	(0.0193)	(0.0193)	(0.0193)	(0.0193)
未成年子女数量	−0.0102	−0.0104	−0.0123	−0.0125
	(0.0156)	(0.0156)	(0.0156)	(0.0156)
受教育年限	0.00162***	0.00151***	0.00271***	0.00261***
	(0.00010)	(0.00011)	(0.00117)	(0.00118)
健康状况差	−0.00519*	−0.00535*	−0.00575*	−0.00592**
	(0.00301)	(0.00300)	(0.00300)	(0.00301)
参加医疗保险	0.00957	0.00971	0.00826	0.00847
	(0.0190)	(0.0190)	(0.0190)	(0.0190)
家庭收入	0.0316***	0.0312***	0.0329***	0.0325***
	(0.00633)	(0.00639)	(0.00634)	(0.00639)
家庭医疗支出	0.0101	0.0104	0.00724	0.00760
	(0.0157)	(0.0157)	(0.0157)	(0.0157)
第二财富阶层	0.0172***	0.0173***	0.0180***	0.0181***
	(0.00221)	(0.00222)	(0.00220)	(0.00221)
第三财富阶层	0.0222***	0.0224***	0.0234***	0.0235***
	(0.00220)	(0.00221)	(0.00211)	(0.00211)
第四财富阶层	0.0270***	0.0272***	0.0283***	0.0285***
	(0.00222)	(0.00232)	(0.00211)	(0.00220)
第五财富阶层	0.0318***	0.0321***	0.0320***	0.0322***
	(0.00268)	(0.00267)	(0.00242)	(0.00250)
逆米尔斯比	−0.00977***		−0.0118***	
	(0.00342)		(0.00391)	
城市虚拟变量	YES	YES	YES	YES
常数项	−0.0459**	−0.0465**	−0.0392**	−0.0398**
	(0.0187)	(0.0187)	(0.0189)	(0.0190)
LRTest(rho=0)		5.52***		5.54***
Loglik.		−2606.2		−2612.5
N	5225	5225	5225	5225

注：括号中为标准误；* p＜0.1，** p＜0.05，*** p＜0.01。

第(1)列中其他控制变量的估计结果与理论预期基本一致。年龄一项的估计系数在1‰显著性水平内为负,说明随着年龄上升家庭资产配置的夏普比率逐渐下降,而年龄的平方项虽然为正,但并不显著,说明年龄与资产配置效率之间并不存在明显的非线性关系,这可能是由于中国健康与养老追踪调查的调查对象主要为中老年家庭,并没有覆盖所有年龄段。是否为城镇家庭一项的估计系数也在1‰显著性水平内为正,表明城镇家庭的资产配置效率要明显高于农村家庭,可能的原因是相对于农村家庭,城镇家庭对于金融产品的可获得性更高,资产配置选择的空间更大。在家庭结构类型上,相对于一般的婚姻家庭,单身男性家庭的资产配置效率并没有明显不同,而单身女性家庭资产配置的夏普比率相对更高,这与以往国外相关研究的结论较为一致,其主要原因是,相对于男性,女性在家庭资产选择与配置决策中更加细致与理性。未成年子女数量的估计系数虽然为负,但并不显著;而平均受教育年限与家庭健康状况对于资产配置效率均存在显著影响,从具体的符号来看,平均受教育年限对于资产配置效率具有明显正向促进作用,而健康状况的恶化将降低资产配置的效率,这与理论预期相一致。参加医疗保险与家庭医疗支出对于资产配置效率的影响并不显著,这可能是由于医疗保险对家庭医疗支出起到了一定的风险对冲作用,使得两者的影响皆不显著。最后,与常识相符的是,家庭收入与家庭所属的财富阶层的估计系数不仅大于0,而且高度显著,说明高收入与高财富阶层家庭的资产配置效率更高,这将进一步扩大各个财富阶层之间的差距。

Heckman两步估计法虽然估计方便,运算量小,但第一步的估计误差会被带入第二步,使得第二步的估计误差较大,在估计效率上可能不如极大似然法的整体估计,因此为了提高估计结果的可靠性,在第(2)列中利用极大似然法进行重新估计。第(2)列的估计结果与第(1)列基本一致,核心解释变量家庭参保及其他控制变量的估计系数的符号及显著性与第(1)列完全相同,系数估计值的变化也较小,说明模型估计结果较为稳健。另外,用于检验样本选择偏差的似然比统计量也高度显著,这与前面利用两步法估计得到的逆米尔斯比的系数高度显著的结果一致,表明模型中存在较强的样本选择偏误,利用样本选择模型进行估计是必要的。总之,第(1)列与第(2)列关于家庭是否参保的估计一致表明,家庭参加社会养老保险对于家庭资产配置的夏普比率具有提升作用,这说明发展社会养老保障事业、扩大社会养老保险的覆盖面对于改善家庭资产配置现状、提升家庭资产保值增值以及家庭资产配置效率具有重要意义。

相对于第(1)、(2)列,表7-3中的第(3)、(4)列给出了家庭参保形成的养老金财富对于家庭资产配置的夏普比例影响的估计结果。与第(1)、(2)列家庭参保项的估计系数相同,第(3)、(4)列中养老金财富项的估计系数同样为正,且均在99%置信区间内拒绝等于0的原假设,说明在全样本下,提升家庭养老金财富水平对于家庭资产配置的夏普比率具有显著正向促进作用。两步法的逆米尔斯比项的估计系数显著为负以及似然比统计量的检验一致表明模型同样存在较为严重的样本选择偏差,这与第(1)、(2)列的估计结果较为一致。模型中其他变量的估计系数的符号及显著性与第(1)、(2)列基本保持一致,在此不再赘述,且第(3)列中的两步法与第(4)列中的极大似然法的估计结果基本一致。上述结果表明,提升家庭养老金财富水平与扩大社会养老保险覆盖面同样重要,均有助于实现家庭资产配置夏普比率的提升。

表7-3中的分析存在的一个重要缺陷就是没有考虑模型的内生性,尤其是家庭参保与养老金财富这两个核心解释变量。根据上一章家庭资产配置结构的分析可知,在资产配置结构的估计方程中,由于不可观测的家庭异质性因素的存在,养老金财富变量存在严重的内生性;而资产配置效率主要由资产配置结构决定,因此在本章的资产配置效率方程中,家庭参保与养老金财富很可能同样存在严重的内生性问题。由于在样本选择模型中考虑内生性后无法再利用极大似然法进行估计,因此此处仅利用工具变量heckman两步法(IV-Heckit)再次对模型进行了估计。表7-4中的两列给出了最终需要的IV-Heckit中第二步估计中的两阶段最小二乘工具变量法估计的第二阶段估计结果,其中第(1)列的核心解释变量是养老金财富,第(2)列的核心解释变量是家庭参保。

表 7-4 社会养老保险对家庭资产配置效率影响的 IV-Heckit 估计（全样本）

	（1） 以养老金财富为核心变量	（2） 以是否参保为核心变量
养老金财富	0.000485* (0.000267)	
家庭参保		0.0194* (0.0104)
年龄	−0.00379*** (0.00128)	−0.00598*** (0.00209)
年龄平方	0.0000432 (0.0000507)	0.0000587 (0.0000496)
城镇	0.0148*** (0.00680)	0.0107*** (0.00452)
单身男性家庭	0.0211 (0.0209)	0.0259 (0.0205)
单身女性家庭	0.0454** (0.0193)	0.0467** (0.0193)
未成年子女数量	0.0122 (0.0156)	0.0104 (0.0156)
受教育年限	0.00272*** (0.00105)	0.00145*** (0.00061)
健康状况差	−0.00570*** (0.00130)	−0.00545*** (0.00130)
参加医疗保险	0.00816 (0.0190)	0.00897 (0.0190)
家庭收入	0.0331*** (0.00634)	0.0317*** (0.00633)
家庭医疗支出	0.00714 (0.0157)	0.00951 (0.0157)
第二财富阶层	0.0179*** (0.0224)	0.0174*** (0.0229)

（续表）

	（1） 以养老金财富为核心变量	（2） 以是否参保为核心变量
第三财富阶层	0.0234*** （0.00210）	0.0226*** （0.00222）
第四财富阶层	0.0283*** （0.00211）	0.0274*** （0.00238）
第五财富阶层	0.0319*** （0.00255）	0.0324*** （0.00266）
逆米尔斯比	0.00930*** （0.00243）	0.00852*** （0.00232）
城市虚拟变量	YES	YES
常数项	−0.0392** （0.0193）	−0.0470** （0.0187）
工具变量 t 值	30.31***	37.89***
一阶段 F 值	187.56***	145.88***
DWH−chi2/F	8.65***	7.67***
N	5 225	5 225

注：括号中为标准误；* $p<0.1$，** $p<0.05$，*** $p<0.01$。

在分析各变量的估计系数之前，先分析模型的整体估计结果。在两步法估计中，从第二步中的第一阶段估计的 F 值以及工具变量 t 值可以发现，两者皆高度显著，表明第（1）列与第（2）列的模型估计结果拒绝弱工具变量的原假设，所选择的工具变量在一定程度上是合适的。同时内生性检验的杜宾-吴-豪斯曼检验的卡方统计量以及 F 统计量（当 F 统计量的第二个自由度很大时，此处的 F 统计量趋向于卡方统计量）均显著拒绝不存在内生性的原假设，说明在模型估计过程中对养老金财富与家庭参保两个核心解释变量的内生性进行修正是必不可少的。

从考虑内生性后的模型估计结果来看，养老金财富与家庭参保两个变量的估计系数的显著性水平有所下降，但仍在 10% 显著性水平内为正,说明在考虑内生性后,家庭参保与养老金财富对于家庭资产配置效率仍然具有显著的正向促进作用。但估计系数的大小均有所下降,尤其是家庭参保变量估计系数的下降幅度较大,表明若不考虑模型的内生性,将会高估社会养老保险对于家庭资产配置夏普比率的促进作用。模型中其他变量的估计系数的符号与表 7-3 基本一致,模型的估计结果较为可靠。表 7-3 与 7-4 的结果表明,在全样本中,家庭参保将使得家庭资产配置效率平均提升 0.019 4 个单位,家庭养老金财富每增加 1 万元,将使得家庭资产配置效率上升 0.000 485 个单位。

7.5　社会养老保险对资产配置效率影响的城乡差异分析

由于农村家庭与城镇家庭在收入与财富水平、养老金财富水平以及资产配置种类与结构上均存在显著差异,社会养老保险对于城乡家庭资产配置效率的影响可能有所不同,因此有必要对农村与城镇样本进行单独回归。

表 7-5 给出了农村样本的估计结果。由于此处利用极大似然法的估计不收敛,因此仅汇报了两步法的估计结果。从第(1)列与第(2)列的估计结果来看,家庭参保与养老金财富变量的估计系数符号虽然为正,但仅在 10% 显著性水平内为正,且估计系数的大小明显小于全样本下的估计系数,表明农村样本与全样本的估计结果可能存在一定差异。表中的第(3)与第(4)列是考虑了内生性后的工具变量法的估计结果。逆米尔斯比项的估计系数显著不等于 0,说明样本选择偏差确实存在;工具变量 t 值与一阶段 F 值高度显著表明模型不存在弱工具变量的问题;同时,杜宾-吴-豪斯曼检验也拒绝模型不存在内生性的原假设,说明表 7-5 中第(3)、(4)列的工具变量法的估计结果更加可靠。与第(1)、(2)列不同的是,养老金财富与家庭参保项的估计系数虽仍然为正,但不再显著,说明在农村家庭中家庭参保与养老金财富的内生性不可忽略。这一方面是由于家庭异质性因素的存在,另一方面是由于在农村家庭中家庭是否参保以及保险水平的高低在很大程度是农民自主选择的

结果,可能受到资产配置效率的反向影响。

表 7-5　社会养老保险对家庭资产夏普比率影响的估计(农村样本)

	(1) Heckman 两步法 养老金财富	(2) Heckman 两步法 是否参保	(3) 工具变量 Heckman 两步法 养老金财富	(4) 工具变量 Heckman 两步法 是否参保
养老金财富	0.000160* (0.000090 1)		0.000650 (0.000405)	
家庭参保		0.028 4* (0.017 2)		0.019 3 (0.019 7)
年龄	-0.022 6** (0.009 47)	-0.023 2** (0.009 51)	-0.018 4* (0.010 0)	-0.022 0** (0.009 43)
年龄平方	0.000 201** (0.000 078 1)	0.000 205*** (0.000 078 3)	0.000 186** (0.000 081 2)	0.000 203*** (0.000 077 7)
单身男性家庭	0.028 1 (0.030 0)	0.026 7 (0.030 2)	0.012 3 (0.032 1)	0.022 9 (0.030 1)
单身女性家庭	0.037 7 (0.030 3)	0.035 5 (0.030 5)	0.023 5 (0.033 0)	0.036 8 (0.030 4)
未成年子女数量	0.020 7 (0.022 3)	0.018 5 (0.022 5)	0.030 9 (0.022 9)	0.025 3 (0.022 0)
受教育年限	0.003 70*** (0.001 14)	0.003 41*** (0.001 09)	0.005 58*** (0.001 98)	0.001 79*** (0.000 941)
健康状况差	-0.025 2 (0.016 6)	-0.023 9 (0.016 6)	-0.027 2 (0.017 1)	-0.024 1 (0.016 5)
参加医疗保险	0.043 6 (0.027 5)	0.043 5 (0.027 5)	0.051 1* (0.027 9)	0.051 7* (0.027 0)
家庭收入	0.009 50 (0.009 88)	0.011 5 (0.009 96)	-0.000 892 (0.010 5)	0.005 93 (0.009 35)
家庭医疗支出	0.125*** (0.029 3)	0.121*** (0.029 3)	0.150*** (0.033 4)	0.127*** (0.028 9)
第二财富阶层	0.015 3*** (0.002 72)	0.014 1*** (0.002 81)	0.015 4*** (0.002 71)	0.015 6*** (0.002 73)
第三财富阶层	0.018 2*** (0.002 81)	0.017 1*** (0.003 02)	0.020 1*** (0.002 62)	0.019 4*** (0.002 73)

（续表）

	（1） Heckman 两步法 养老金财富	（2） Heckman 两步法 是否参保	（3） 工具变量 Heckman 两步法 养老金财富	（4） 工具变量 Heckman 两步法 是否参保
第四财富阶层	0.021 2*** (0.003 12)	0.019 1*** (0.003 32)	0.022 1*** (0.002 91)	0.022 1*** (0.002 82)
第五财富阶层	0.021 2*** (0.004 42)	0.022 4*** (0.004 15)	0.018 5*** (0.006 52)	0.026 2*** (0.003 44)
逆米尔斯比	0.040 3*** (0.005 39)	0.052 8*** (0.005 53)	0.051 8*** (0.003 16)	0.032 7*** (0.002 98)
城市虚拟变量	YES	YES	YES	YES
常数项	− 0.077 4*** (0.029 1)	− 0.077 3*** (0.029 4)	− 0.074 6** (0.030 9)	− 0.087 2*** (0.028 5)
工具变量 t 值			4.96***	32.20***
一阶段 F 值			14.80***	84.06***
DWH − chi2/F			7.45***	7.12***
N	3 187	3 187	3 187	3 187

注：括号中为标准误；* $p<0.1$，** $p<0.05$，*** $p<0.01$。

第（3）列的养老金财富变量与第（4）列的家庭参保变量同时不显著，意味着社会养老保险对农村家庭资产配置夏普比率的影响在统计上并不显著，这与前面的全样本分析结果存在很大不同，说明对城乡进行单独回归很有必要。从上一章可知，农村家庭的养老金财富水平提升后，会引起房产、生产经营性资产、民间借出款配置比例的下降以及安全性金融资产配置比例的上升，而对于风险性金融资产以及商业养老保险资产的影响并不显著，这一结构变化意味着资产配置的风险与收益同时降低，因此对配置效率的提升作用并不显著。

表7-6给出了城镇样本中社会养老保险对于家庭资产配置夏普比率影响的估计结果。与农村不同的是，在城镇地区，居民社会养老保险与城镇职工社会养老保险并存，由于这两种养老保险制度之间差异巨大，对于资产配置效率的影响可能并不相同，因此有必要将二者区分开

来。为此,在第(1)列与第(2)列中将家庭参保划分为"参加职工养老保险"与"参加居民养老保险",在第(3)列与第(4)列中将养老金财富划分为"职工保险养老金财富"与"居民保险养老金财富"。由于本研究的研究单位为家庭,夫妻双方中的一方可能参加居民养老保险,而另一方可能参加城镇职工养老保险,因此在同一样本中这两种险种并不相互排斥。在分析具体的估计系数之前,先分析模型的整体估计情况。从第(1)列的似然比统计量以及第(2)列的逆米尔斯比项的估计系数可以看出,模型中均存在较为严重的样本选择偏误,使用 Heckman 估计法是必要的。

表7-6 社会养老保险对家庭资产夏普比率影响的 Heckman 估计(城镇样本)

	(1)极大似然法	(2)两步法	(3)极大似然法	(4)两步法
职工保险养老金财富			0.000313***(0.000100)	0.000304***(0.000125)
居民保险养老金财富			0.000527***(0.000201)	0.000510***(0.000195)
参加职工养老保险	0.0376*(0.0198)	0.0385**(0.0195)		
参加居民养老保险	0.0123***(0.00387)	0.0134***(0.0239)		
年龄	−0.00637*(0.00382)	−0.00620*(0.00377)	−0.00979***(0.00303)	−0.00934***(0.00395)
年龄平方	−0.0000446(0.0000628)	−0.0000439(0.0000627)	−0.0000687(0.0000639)	−0.0000663(0.0000635)
单身男性家庭	0.0141(0.0273)	0.0153(0.0267)	0.00411(0.0278)	0.00641(0.0272)
单身女性家庭	0.0368(0.0243)	0.0361(0.0241)	0.0309(0.0242)	0.0300(0.0241)
未成年子女数量	−0.00347(0.0214)	−0.00328(0.0214)	−0.00189(0.0214)	−0.00162(0.0213)
受教育年限	0.00130*(0.000762)	0.00147**(0.000742)	0.00285***(0.00126)	0.00303***(0.00121)
健康状况差	−0.0339*(0.0204)	−0.0345*(0.0201)	−0.0333*(0.0202)	−0.0343*(0.0200)

（续表）

	（1）	（2）	（3）	（4）
	极大似然法	两步法	极大似然法	两步法
参加医疗保险	− 0.031 6	− 0.031 2	− 0.035 0	− 0.034 5
	(0.025 8)	(0.025 7)	(0.025 6)	(0.025 5)
家庭收入	0.049 1***	0.049 6***	0.051 5***	0.052 2***
	(0.008 52)	(0.008 17)	(0.008 39)	(0.008 17)
家庭医疗支出	0.034 7*	0.034 8*	0.039 4**	0.039 6**
	(0.017 9)	(0.017 9)	(0.017 9)	(0.017 8)
第二财富阶层	0.021 2***	0.022 9***	0.023 6***	0.022 3***
	(0.004 04)	(0.003 83)	(0.003 91)	(0.003 87)
第三财富阶层	0.029 7***	0.029 1***	0.031 4***	0.030 6***
	(0.003 92)	(0.003 87)	(0.003 82)	(0.003 75)
第四财富阶层	0.036 2***	0.036 2***	0.038 1***	0.038 1***
	(0.003 71)	(0.003 66)	(0.003 51)	(0.003 42)
第五财富阶层	0.041 4***	0.040 9***	0.041 3***	0.041 3***
	(0.004 30)	(0.003 90)	(0.003 71)	(0.003 69)
城市虚拟变量	YES	YES	YES	YES
逆米尔斯比		− 0.003 02***		− 0.005 67***
		(0.001 10)		(0.001 21)
常数项	− 0.024 5	− 0.023 6	− 0.013 8	− 0.013 0
	(0.024 1)	(0.023 7)	(0.024 2)	(0.024 0)
LRTest(rho = 0)	6.38***		7.21***	
AIC	2 438.8		2 439.3	
Loglik.	− 1 083.4		− 1 083.7	
N	2 038	2 038	2 038	2 038

注：括号中为标准误；* $p < 0.1$，** $p < 0.05$，*** $p < 0.01$。

  表 7−6 是分别使用极大似然法与两步法估计的结果，从第（1）列与第（2）列的估计结果可以看出，"参加职工养老保险"与"参加居民养老保险"两项的估计系数均显著大于 0，说明参加两项社会养老保险制度对于家庭资产配置的夏普比率均有显著促进作用。但对比两项估计系数的大小可以发现，无论利用 MLE 估计法还是两步估计法，"参加职工养老保险"项的估计系数在绝对值上均要大于"参加居民养老保险"项

的估计系数,且 F 检验也拒绝两估计系数相等的原假设,以上结果表明相对于参加城镇居民养老保险,参加城镇职工养老保险对于家庭资产配置夏普比率的促进作用更大,原因主要是相对于居民养老保险,城镇职工养老保险的保障水平要高得多,因此对于资产配置夏普比率的促进作用较强。第(1)列与第(2)列中其他变量的估计系数与前面全样本中的估计结果基本保持不变,在此不再赘述。表中的第(3)与第(4)列是关于养老金财富的估计结果,可以发现,两种社会保险的养老金财富的估计系数均显著大于 0,但无论是极大似然法还是两步法,"职工保险养老金财富"项的估计系数要小于"居民保险养老金财富"项的估计系数,这与第(1)、(2)列恰好相反,且通过 F 检验拒绝二者相等的原假设。这一结果表明,1 单位的"居民保险养老金财富"的增加对于家庭资产配置夏普比率的促进作用要大于 1 单位的"职工保险养老金财富"增加的影响,即居民社会保险养老金财富的边际效应要大于城镇职工社会保险养老金财富的边际效应。由于居民养老保险的参加对象主要为没有固定工作单位的城镇居民,这些居民的家庭收入水平相对于城镇职工家庭较低,因此单位社会保险养老金财富的增加对于家庭资产配置效率的改善作用更加明显。

与前面农村样本估计类似,表 7-6 中的估计同样没有考虑模型可能存在的内生性,为了避免内生性引起的估计不一致,表 7-7 利用 IV-Heckit 法重新进行了估计。与前面农村样本不同的是,由于存在城镇职工养老保险与城镇居民养老保险两种不同的险种,因此需要分别构建相对应的工具变量。无论是第(1)列中关于家庭参保的回归还是第(2)列中关于养老金财富的回归,均需要为两种不同险种构造相应的工具变量,构造方法与家庭参保以及养老金财富两变量的工具变量构造方式完全相同,差别仅在于是否区分不同的险种。在表 7-7 的底部给出了第二步估计中第一阶段估计的工具变量 t 值以及 F 值,由于有两个内生变量以及对应的两个工具变量,因此相应的工具变量 t 值的数量也由 2 变为 4。可以发现一阶段回归中,工具变量在各自对应的内生变量回归方程中均高度显著,且两个内生变量回归方程中的 F 值均高度显著,说明不存在弱工具变量问题。另外,最下方的内生性检验也拒绝外生性的原假设,因此相对于表 7 - 6 中的估计结果,此处工具变量法的估计结果更加可靠。

表 7 - 7　社会养老保险对家庭资产夏普比例影响的 IV-Heckit 估计(城镇样本)

	(1) 以是否参保为核心变量	(2) 以养老金财富为核心变量
职工保险养老金财富		0.000 263*** (0.000 113)
居民保险养老金财富		0.000 488*** (0.000 208)
参加职工养老保险	0.030 1*** (0.010 6)	
参加居民养老保险	0.010 5*** (0.003 00)	
年龄	− 0.005 26*** (0.003 82)	− 0.009 01*** (0.004 25)
年龄平方	− 0.000 038 3 (0.000 062 9)	− 0.000 064 3 (0.000 065 2)
单身男性家庭	0.018 4 (0.026 8)	0.007 80 (0.028 0)
单身女性家庭	0.035 4 (0.024 1)	0.029 8 (0.024 1)
未成年子女数量	− 0.002 28 (0.021 5)	− 0.001 50 (0.021 3)
受教育年限	0.001 10* (0.006 6)	0.003 05* (0.001 65)
健康状况差	− 0.033 4* (0.020 2)	− 0.034 7* (0.020 0)
参加医疗保险	0.034 1 (0.025 8)	0.034 3 (0.025 5)

（续表）

	（1） 以是否参保为核心变量	（2） 以养老金财富为核心变量
家庭收入	0.0502*** （0.00820）	0.0525*** （0.00818）
家庭医疗支出	−0.0364** （0.0180）	−0.0396** （0.0179）
第二财富阶层	0.0220*** （0.0039）	0.0223*** （0.0038）
第三财富阶层	0.0296*** （0.0038）	0.0303*** （0.0037）
第四财富阶层	0.0375*** （0.0036）	0.0380*** （0.0035）
第五财富阶层	0.0421*** （0.0041）	0.0408*** （0.0036）
城市虚拟变量	YES	YES
逆米尔斯比	0.0391*** （0.00319）	0.0204*** （0.00321）
常数项	−0.0266 （0.0238）	−0.0131 （0.0248）
工具变量 t 值	0.89/20.69***/ 10.26***/0.92	18.00***/1.32/ 1.59/4.65***
一阶段 F 值	60.02***/135.83***	77.23***/120.61***
DWH−chi2/F	8.31***	7.82***
N	2038	2038

注：括号中为标准误；* $p<0.1$，** $p<0.05$，*** $p<0.01$。

对比表 7−7 与表 7−6 的估计结果可以发现，职工保险养老金财富、居民保险养老金财富、参加职工养老保险以及参加居民养老保险四个变量的估计系数均有所变小，但仍在 1% 显著性水平内为正，说明在城镇样本中，家庭参保与养老金财富的增加对家庭资产配置夏普比率存在显著的正向提升作用，但不考虑内生性将会高估影响的程度。对两种不同险种的估计系数进行比较可以发现,与表7-6相同,表7-7第(1)列中参加职工养老保险的估计系数要大于参加居民养老保险的估计系数,第(2)列中城镇职工保险养老金财富的估计系数要小于居民保险养老金财富的估计系数,进一步表明在家庭参保对于资产配置效率的边际影响中,城镇职工养老保险要强于城镇居民养老保险,而在养老金财富对于家庭资产配置效率的边际影响中,城镇职工养老保险要弱于城镇居民养老保险。两种不同社会养老保险制度对资产配置效率的不同影响的结论,对于完善社会养老保险制度、提升社会养老保险保障水平以及改善家庭资产配置效率具有重要意义。

综观农村与城镇样本的估计结果可以发现,在农村样本中家庭参保与养老金财富对于资产配置夏普比率的影响并不显著,而在城镇样本中,家庭参保以及养老金财富对于家庭资产配置夏普比率均存在显著的正向影响,且居民养老保险与城镇职工养老保险的影响并不相同。根据表7-2可知,城镇家庭的资产配置效率高于农村家庭,社会养老保险对于城镇家庭的资产配置效率具有促进作用,而对于农村家庭的作用却不显著,这将进一步扩大城乡家庭之间资产配置的效率差异。在城镇样本中,虽然居民保险养老金财富对于家庭资产配置效率的边际作用大于城镇职工保险养老金财富,但由于城镇职工保险养老金财富的总体水平要远高于居民保险养老金财富水平,因此参加城镇职工养老保险对于资产配置效率的整体提升作用要大于参加居民养老保险的促进作用。由于参加城镇职工养老保险的家庭大多收入与财富水平较高、受过良好教育、养老与投资理财意识较强,因此相对于主要参加城镇居民养老保险的家庭,这类家庭的资产配置效率总体较高,资产保值增值能力较强,同时风险水平较低;而参加城镇职工养老保险对家庭资产配置效率的改善作用又明显大于参加城镇居民养老保险,这将进一步扩大参加城镇居民养老保险家庭与参加城镇职工养老保险家庭在资产配置效率上的差距。

7.6　稳健性检验

以上度量家庭资产配置效率采用的是资产组合夏普比率。正如前文介绍夏普比率指标构建部分所描述的,由于缺乏家庭中各种资产的收益率数据,因此计算各类资产收益率时只能采用指数替代法。这种方法存在的一个明显缺陷是,同一类资产的收益率以及风险在所有家庭中均相同,显然这一假设在现实中并不成立。以投资股票或者基金为例,一些家庭在投资中盈利颇丰,而另一些家庭则损失惨重,因此以指数化的方法进行替代,必然会忽视不同家庭在同一类资产配置效率上的差异,导致测度的资产配置效率可能并不准确。

为了在一定程度上弥补这一指数化替代方法的缺陷,提升本章研究结论的可靠性,笔者重新选择了一段时间内家庭资产的增值保值能力作为资产配置效率的替代指标,而资产保值增值能力与一段时间内家庭净资产规模的增长速度密切相关。一般而言,家庭资产配置效率越高,资产的增值保值能力越强,则资产的增长速度越快。若考察的时间段较长,说明资产配置面临的风险是可控且可承受的,因此一段较长时间段内的家庭净资产的增长速度能够在一定程度上反映资产配置效率的高低。当然,与家庭资产组合夏普比率相比,家庭净资产的增长速度也存在自身的一些缺陷,例如,家庭净资产增长速度并没有考虑家庭资产组合面临的风险大小,因此这是一个没有经过风险调整后的资产配置效率指标。

结合数据的可获得性,选择 2011 年、2013 年以及 2015 年三个年份追踪调查中均被调查到的家庭作为研究样本,计算这些家庭 2011—2015 年四年间的家庭净资产规模的年均增长速度,并将此增长速度作为家庭资产配置效率的代理变量。为避免异常值的影响,首先将 2011 年调查中家庭净资产小于 0 的家庭剔除,在去除其他变量存在缺失值的样本后合计得到的样本量为 8 236,其中城镇样本 3 282 条,农村样本 4 954 条。

表 7-8 给出了参保家庭与非参保家庭的家庭净资产年均增长速度。从参保家庭与非参保家庭的家庭净资产年均增长速度的均值来看，无论是全样本还是农村与城镇分样本，参保家庭的资产增值速度均要快于非参保家庭，但超出的程度较小。进一步的非配对样本的均值检验表明，T 统计量并不能拒绝参保家庭样本与非参保家庭样本来自同一总体的原假设，而且这一结果无论在全样本还是农村与城镇分样本中均成立。因此从初步的统计检验来看，虽然参保家庭的家庭净资产增长速度略快于非参保家庭，但在统计上并不显著。由于样本均值检验没有考虑两组之间其他变量的差异，因此需要进一步利用回归分析确定家庭参保与家庭净资产增长速度之间的因果关系。此外，从表中可以发现，无论是参保家庭还是非参保家庭，城镇家庭的资产增长速度均要明显快于农村家庭，这主要是由于城乡家庭的资产配置结构存在明显差异，相对于农村家庭，城镇家庭配置了更多的风险性金融资产以及生产经营性资产，这类资产虽然风险相对较高，但增值能力较强，且近些年来随着城市房价的上涨，城镇家庭的资产增长速度大幅提升。以上这些都是导致城镇家庭资产增长速度明显快于农村的主要原因。

表 7-8　参保家庭与非参保家庭的家庭净资产年均增长速度比较

样本	样本量	参保家庭	非参保家庭	T 检验	P 值
全样本	8 236	0.051	0.049	1.25	0.21
农村样本	4 954	0.037	0.036	1.21	0.23
城镇样本	3 282	0.072	0.071	1.20	0.23

　　表 7-9 列出了全样本下家庭参与社会养老保险以及养老金财富对于家庭净资产年均增长速度的影响的估计结果。由于家庭净资产增长速度可正可负，从整体分布来看，处于两端的极端值相对较少，即增长速度特别快或者明显出现负增长的家庭数量相对较少，绝大部分家庭的净资产增长速度均处在个位数水平（用百分比表示），对于这种类型的变量直接利用最小二乘法即可直接进行估计，结果见表 7-9 的第（1）列

与第(2)列。与前面的相同,家庭是否参保以及养老金财富水平的高低可能与家庭资产增长速度之间存在互为因果的关系,而且可能同时受到不可观测因素的影响,因此模型的内生性问题仍然可能存在。在此利用工具变量两阶段最小二乘法进行估计,估计结果如表中的第(3)列与第(4)列所示。关于家庭参保与养老金财富各自相应的工具变量的选取与前面完全相同,在此不再赘述。表7-9中的估计结果与利用夏普比率作为资产配置效率的衡量指标的估计结果存在很大不同,除了第(3)列家庭参保项的估计系数在10%水平内显著外,其他变量并不显著。其他三列中家庭参保与养老金财富变量的估计系数并不显著,似乎表明在全样本下社会养老保险对于家庭资产的增长速度在统计上的影响并不显著。另外,第(3)列与第(4)列的一阶段回归中的工具变量 t 值以及 F 值均高度显著,说明不存在弱工具变量问题,工具变量的内生性检验也拒绝不存在内生性的原假设。

表7-9 社会养老保险对家庭资产年均增长速度影响的估计结果(全样本)

	(1)	(2)	(3)	(4)
	最小二乘法 是否参保	最小二乘法 养老金财富	两阶段工具 变量法 是否参保	两阶段工具 变量法 养老金财富
养老金财富		0.000 188 (0.000 011 3)		0.000 120 (0.000 289)
家庭参保	0.010 4 (0.016 7)		0.011 1* (0.006 52)	
城市虚拟变量	YES	YES	YES	YES
工具变量 t 值			20.31***	5.03***
一阶段 F 值			101.11***	21.32***
DWH - chi2/F			10.98***	12.21***
N	8 236	8 236	8 236	8 236

注:其他控制变量由于不是核心变量,在此省略;括号中为标准误;* $p<0.1$,** $p<0.05$,*** $p<0.01$。

在农村地区,家庭参加的社会养老保险主要是由新型农村养老保险转变过来的城乡居民养老保险;而城镇家庭除了参加由城镇居民养老保险与新农保合并而来的城乡居民养老保险外,部分拥有正式工作的家庭参加的是城镇职工养老保险。不仅如此,由于城镇与农村家庭在各个方面以及资产配置渠道上存在巨大差异,因此与前面类似,社会养老保险对于家庭净资产的增长速度均存在一定的差异。为此进一步将全样本划分为农村样本与城镇样本,分别对两个子样本进行分析。

观察表7-10中的估计结果发现,四个模型中"家庭参保"与"养老金财富"的估计系数的符号居然为负,这与前面利用夏普比率测度家庭资产配置效率的估计结果完全不同。估计系数的符号为负,说明家庭参保以及养老金财富的增加对于农村家庭净资产的增长速度存在一定的负向作用。结合上一章社会养老保险对于农村家庭资产配置结构影响的估计结果可以发现,这或许是由于在农村家庭中,家庭参保与养老金财富的增加会使得家庭生产经营性资产、房产以及民间借出款的持有比例下降,而狭义风险性金融资产的配置比例又没有得到提升,因此资产的增值能力可能有所下降,所以对于资产规模的增长速度可能存在负向作用。但与此同时,资产配置的风险应有所下降,因此在利用夏普比率测度资产配置效率的模型估计中估计系数为正。表7-10中的估计系数均在10%显著性水平内不显著,说明上述负向作用在统计上并不显著,由此可以认为在农村家庭中,社会养老保险对于家庭净资产的增长速度在统计上并没有显著影响,这与前面基于夏普比率测度的家庭资产配置效率的估计结果基本一致。总之,在农村样本中,家庭参保与养老金财富的增加对于家庭资产配置效率并没有显著影响。

表7-10 社会养老保险对家庭资产年均增长速度影响的估计(农村样本)

	(1) 最小二乘法 是否参保	(2) 最小二乘法 养老金财富	(3) 两阶段工具变量法 是否参保	(4) 两阶段工具变量法 养老金财富
养老金财富		−0.0000663 (0.0000142)		−0.0000711 (0.000390)

（续表）

	（1） 最小二乘法 是否参保	（2） 最小二乘法 养老金财富	（3） 两阶段工具变量法 是否参保	（4） 两阶段工具变量法 养老金财富
家庭参保	－ 0.001 61 （0.016 2）		－ 0.001 30 （0.007 31）	
城市虚拟变量	YES	YES	YES	YES
工具变量 t 值			22.18***	6.15***
一阶段 F 值			112.91***	45.72***
DWH－chi2/F			9.73***	13.42***
N	4 954	4 954	4 954	4 954

注：其他控制变量由于不是核心变量，在此省略；括号中为标准误；* p＜0.1，** p＜0.05，*** p＜0.01。

表 7-11 给出了城镇样本中社会养老保险对家庭资产年均增长速度影响的估计结果。从普通最小二乘回归的估计结果可以看出，除了"参加职工养老保险"变量外，其他变量的估计系数虽然为正，但均在10％显著性水平内不显著。第（3）、（4）列的两阶段工具变量法的估计结果中，内生性检验表明两模型均存在较强的内生性，因此工具变量法的估计结果更加可靠。从具体的估计系数来看，工具变量法的估计结果与普通最小二乘法的估计结果存在较大的差异也印证了家庭参保与养老金财富两变量的内生性。各系数均显著为正表明，修正内生性偏差后，无论是城镇居民养老保险还是城镇职工养老保险对于家庭净资产的增长速度均存在显著的促进作用。比较两种资产的估计系数的大小可以发现，在第（3）列的家庭参保的估计模型中，"参加职工养老保险"变量的估计系数要大于"参加居民养老保险"变量的估计系数，而在第（4）列养老金财富的估计模型中，却正好相反，"职工保险养老金财富"的边际效应要小于"居民保险养老金财富"的边际效应，且 F 检验表明应拒绝二者相等的原假设，这与前面城镇样本中利用夏普比率测度的资产配置效率的估计结果完全一致。总之，去除内生性后的结果表明，在城镇

家庭中,无论是城镇职工养老保险还是城乡居民养老保险,无论是家庭参保还是养老金财富的提升,对于家庭净资产的增长速度均具有显著促进作用;家庭参加职工养老保险的促进作用明显大于城镇居民养老保险,而城镇职工保险养老金财富的边际促进作用要小于城镇居民养老保险。

表7-11 社会养老保险对家庭资产年均增长速度影响的估计(城镇样本)

	(1) 最小二乘法 是否参保	(2) 最小二乘法 养老金财富	(3) 两阶段工具变量法 是否参保	(4) 两阶段工具变量法 养老金财富
职工保险 养老金财富		0.000342 (0.000178)		0.000194*** (0.0000211)
居民保险 养老金财富		0.000371 (0.000419)		0.000265** (0.000108)
参加职工 养老保险	0.0189*** (0.0051)		0.0152** (0.00613)	
参加居民 养老保险	0.0163 (0.0179)		0.00892*** (0.00304)	
城市哑变量	YES	YES	YES	YES
一阶段F值			162.91***/ 92.37***	152.01***/ 118.38***
DWH-chi2/F			9.72***	7.01***
N	3282	3282	3282	3282

注:其他控制变量由于不是核心变量,在此省略;括号中为标准误;* p<0.1,** p<0.05,*** p<0.01。

以上农村与城镇样本的回归结果表明,利用家庭净资产的增长速度作为家庭资产配置效率的代理指标,对社会养老保险与家庭资产配置效率之间的关系进行重新估计的结果,与前面基于夏普比率测度的家庭资产配置效率的估计结果基本相同。两种不同效率测度指标下的估计结果基本一致,说明模型的估计结果是稳健与可靠的。

7.7 本章小结

本章以夏普比率作为家庭资产配置效率的测度指标,研究了居民家庭的社会养老保险参与及其形成的养老金财富对居民家庭资产配置效率的影响。由于夏普比率只能测度含有风险性资产的组合的配置效率,因此对于那些不包含风险性资产的家庭其资产配置效率是无法观测到的。为了解决部分家庭的资产配置效率不可观测问题,通过构建样本选择模型进行估计,同时考虑到模型中可能存在的内生性问题,利用 IV-Heckit 法对内生性进行了修正。

研究结果表明,社会养老保险对于城乡居民家庭资产配置效率的影响有所不同。在农村家庭中,家庭参保与养老金财富对于家庭资产配置效率并没有显著影响;而在城镇家庭中,无论是职工养老保险还是居民养老保险对于家庭资产配置效率的改善均具有积极影响,但两种险种在影响程度上存在差异。参加职工养老保险对于家庭资产配置效率的促进作用大于参加居民养老保险;但单位职工保险养老金财富的增加对于家庭资产配置效率的边际影响小于居民保险养老金财富的边际影响。同时,为了在一定程度上解决夏普比率构造过程中由于使用指数替代法而引起的资产配置效率测度不准确的问题,选择家庭净资产的增长速度作为家庭资产配置效率的代理指标进行了稳健性检验,结果表明基于新的资产配置效率测度方法得到的估计结果与基于夏普比率的估计结果基本一致。

由于资产配置的结构决定资产配置的效率,因此社会养老保险对于家庭资产配置效率的影响主要是通过改变资产配置结构实现的。社会养老保险对于城乡家庭资产配置效率影响的差异,归根结底还是因为社会养老保险对于城乡家庭资产配置结构的影响有所不同。

结合上一章资产配置结构的研究可知,在农村居民家庭中,家庭参保会引起家庭将一部分房产、生产经营性资产以及民间借出款转移到安全性金融资产,这在降低家庭资产配置风险的同时,也降低了资产配置的收益,因此对于资产配置效率的改善可能影响不大;而在城镇居民家庭中,家庭参保会引发家庭将一部分房产、生产经营性资产转移到安全性金融资产与狭义风险性金融资产,因此相对于农村家庭而言,城镇家庭资产配置收益下降的幅度可能并不大,最终引起资产配置效率的相应改善。

社会养老保险对于家庭资产配置效率影响的城乡差异以及城市内部不同险种之间的影响差异对于居民家庭财富不平等具有重要影响。相对于农村家庭,城镇家庭拥有的资产规模较大、资产配置效率较高,而社会养老保险又会显著提升城镇家庭的资产配置效率,提升城镇家庭的资产增值保值能力,而对于农村家庭却无显著影响,这将进一步扩大城乡家庭之间的财富差距与资产配置效率的差异。同理,由于参加城镇职工养老保险对于资产配置效率的促进作用大于参加城镇居民养老保险,因此也将进一步扩大城镇内部参加职工养老保险与参加居民养老保险的家庭之间的财富与资产配置效率差距。上述两种结果的发生将不利于社会养老保险制度在调节收入分配与缩小财富差距中的应有作用的发挥。

第8章 结论、对策与展望

8.1 主要的研究结论

本书通过对居民家庭持有的养老金财富以及家庭资产配置现状的描述性统计分析,发现参保与非参保家庭以及持有不同规模养老金财富的家庭在家庭资产配置的规模与结构上均存在明显差异,初步得出了社会养老保险对家庭资产配置具有重要影响的结论。另外,无论是养老金财富还是家庭资产配置规模在不同家庭之间均具有明显差异,绝大多数家庭的持有规模均较小,少数家庭持有规模特别巨大,幂率分布特征明显。尽管养老金财富在家庭之间存在巨大差异,但对于减缓居民家庭总资产的不平等仍然具有正向促进作用。在资产配置结构中,在安全性金融资产、风险性金融资产、房产、生产经营性资产以及商业养老保险资产构成的五种资产中,房产的平均占比高达 60% 左右,安全性金融资产的平均占比也达到 25% 以上,生产经营性资产占比 10% 左右,风险性金融资产占比约为 3%,而商业养老保险资产占比不到 1%,城乡家庭对上述五种资产的配置比例顺序基本一致。若将养老金财富与土地包括在内,各类资产占比的排序在城乡之间发生很大差异,养老金财富在城乡家庭内的地位存在明显不同。城镇家庭中,养老金财富占比上升至首位,占比超过 40%;而在农村家庭中,土地资产占比上升至首位,社会保险养老金占比不到 18%,养老金财富在城乡家庭中的地位明显不同。

8.1.1 社会养老保险与家庭资产配置规模

从社会养老保险的替代效应、退休效应以及预防性储蓄效应出发，本研究从理论上分析了社会养老保险对于家庭资产配置规模的可能影响路径与最终影响方向，提出了在中国家庭中社会养老保险对于家庭中其他资产可能存在挤出效应的命题假设。基于中国健康与养老追踪调查 2013 年的家庭调查数据，通过构建实证模型对两者之间的关系进行了实证检验，并对不同险种以及不同类型家庭的影响差异进行了比较。由于模型中的因变量资产配置规模的右偏极值分布特征对于普通最小二乘法估计结果可能造成不一致，因此选择稳健性回归与中位数回归作为模型的主要估计方法。实证结果一致表明，家庭参保及其形成的养老金财富对于家庭资产配置规模存在明显的挤出效应。为了克服家庭参保与养老金财富的内生性，进一步采用工具变量中位数回归修正后的估计结果表明，挤出效应仍然比较明显。其中，家庭参保对家庭私人资产储备的平均挤出规模约为 13 391 元，养老金财富的边际平均挤出效应为 0.22 元，说明养老金财富对家庭私人资产配置规模的挤出程度为部分挤出，证明了基于理论分析的命题假设，表明社会养老保险的替代效应与预防性储蓄效应占据主导地位。

由于城镇职工养老保险与城乡居民养老保险，无论在制度设计还是保障水平上均存在巨大的差异，因此两者对于家庭资产配置规模的影响可能有所不同。区分两种险种的研究表明，相对于居民养老保险，城镇职工保险养老金财富的挤出效应相对较小；但由于职工保险养老金财富规模要远大于居民保险养老金财富规模，因此参加职工养老保险的整体挤出规模要大于居民养老保险。进一步的异质性研究表明，不同年龄、不同受教育水平、不同健康状况以及不同资产规模家庭的养老金财富的挤出效应存在一定差异。年龄上升以及健康恶化均会强化养老金财富对家庭私人资产储备的挤出作用，而受教育水平存在负向作用。基于家庭资产规模不同分位点的分位数回归表明，低资产规模家庭的养老金财富的挤出效应接近于零，高资产规模家庭的挤出效应较大。

8.1.2 社会养老保险与家庭资产配置结构

社会养老保险不仅会影响家庭资产配置的规模,还会影响家庭资产配置的结构。基于背景风险、流动性约束效应、渠道效应以及宣传教育效应的理论分析表明,养老金财富对于除了土地资产之外的安全性金融资产、风险性金融资产、房产、生产经营性资产以及商业养老保险资产的持有可能性与持有比例均产生了重要的影响。在实证检验中,由于是否持有资产与资产持有比例分别属于二元因变量与双侧截取的受限因变量,为此选择了适用于离散选择因变量的 Probit 模型与 Tobit 模型分别对五种类型资产的持有可能性以及持有比例分别进行估计。同时,考虑到养老金财富可能存在一定的内生性,还使用工具变量 Probit(IV-Probit)与工具变量 Tobit(IV-Tobit)方法对模型重新进行了估计。

研究发现,无论是农村家庭还是城镇家庭,社会保险养老金财富对于房产以及生产经营性资产的持有可能性与持有比例均具有显著的反向抑制作用;对于安全性金融资产的持有比例具有显著促进作用,而由于大部分家庭均持有安全性资产,因此对于持有可能性不起作用。城乡家庭之间的差异主要体现在社会养老保险对于风险性金融资产以及商业养老保险两种资产上。

其中,商业养老保险仅在城镇家庭中受到影响,且仅限于持有可能性,养老金财富对于城镇家庭持有商业养老保险的可能性具有负向作用,而对于已经持有家庭的持有比例不起作用。上述结果说明,社会养老保险能够显著降低尚未持有商业养老保险家庭持有商业养老保险的可能性,表明在城镇家庭中两者之间的相互替代关系占据主导,而宣传教育效应较弱;而在农村家庭中的作用不显著,可能是由于商业养老保险在农村家庭中的普及与接受度非常低。

相对于商业养老保险资产,城乡家庭在风险性金融资产上的差异较为复杂。总体上,养老金财富对于城镇家庭持有风险性金融资产的可能性与比例均具有显著促进作用,这与背景风险的理论预期相一致,而对于农村家庭的影响则正好相反。为了分析差异的原因,将风险性金融资产划分为狭义的正规风险性金融资产以及非正规的民间借出款,发现城乡家庭在风险性金融资产的构成上明显不同。农村家庭持有的风险性金融资产主要为民间借出款,而在城镇家庭中主要为狭义风险性金融资产。通过对两种不同类型风险性金融资产的回归可以发现,在农村与城镇家庭中,养老金财富对于民间借出款的持有均具有显著抑制作用;而对于狭义风险性金融资产的持有,城乡之间却有所不同,城镇家庭中具有显著的正向促进作用,农村家庭中并不显著。由于两种资产在城乡家庭中受到的影响不同,因此表现出的对于广义风险性金融资产的影响方向恰好相反。这种差异本质上是由于城乡家庭之间的家庭资产配置结构以及对于正规金融产品的可获得性的差异所造成的。

8.1.3　社会养老保险与家庭资产配置效率

社会养老保险对于家庭资产配置结构的改变,意味着对资产配置效率可能也会产生影响。通过对已有研究家庭资产配置有效性的相关文献的梳理,本书最终选择夏普比率作为家庭资产配置效率的测度指标。由于夏普比率只能测度含有风险性资产的组合的配置效率,因此对于那些不包含风险性资产的组合,资产配置效率无法观测到。为了解决由此产生的部分样本因变量不可观测问题,构建样本选择 Heckman 模型进行估计。考虑到模型中家庭参保与养老金财富的内生性,采用构造工具变量,利用 IV-Heckit 法对内生性进行了修正。为了在一定程度上解决夏普比率构造过程中由于使用指数替代法而引起的资产配置效率测度不准确的问题,重新选择家庭净资产的增长速度作为家庭资产配置效率的代理指标进行了稳健性检验,结果表明基于新的资产配置效率测度方法得到的估计结果与基于夏普比率的估计结果大体一致。

实证结果表明,社会养老保险对于城乡居民家庭资产配置效率的影响有所不同。在农村家庭中,家庭是否参保与养老金财富对于资产配置效率并没有显著影响;在城镇家庭中,无论是职工养老保险还是居民养老保险对于家庭资产配置效率的改善均具有积极影响,但两种险种在影响程度上存在差异。参加城镇职工养老保险对于家庭资产配置效率的促进作用大于参加城镇居民养老保险,但单位城镇职工保险养老金财富的增加对于家庭资产配置效率的边际影响小于居民保险养老金财富。

8.2 结论的政策含义

8.2.1 社会养老保险与家庭资产配置规模

养老金财富对于家庭私人资产储备存在部分挤出效应,表明参加社会养老保险后,包括养老金财富在内的家庭总资产规模仍然有所扩大,社会养老保险确实发挥了提升家庭养老保障水平的作用,这一结论在当前老龄化日益严重的形势下具有重要的政策含义。首先,应该继续扩大社会养老保险的覆盖面,鼓励尚未参保人群尽量参保,做到应保尽保、能保尽保;其次,应根据经济发展水平与各方的筹资能力,适当稳步提升社会养老保险的保障水平,从而扩大家庭拥有的养老金财富规模。

居民保险养老金财富的挤出效应大于职工养老保险,意味着单位养老金财富的增加,对于包括养老金财富在内的家庭资产总规模的扩大作用在参加居民养老保险的家庭中相对较弱。同时,城镇职工保险养老金财富的总体水平远远高于居民保险,在这两种因素的叠加作用下,参加城镇职工养老保险对于居民家庭资产总规模的扩大作用要远大于参加居民养老保险。参加城镇职工养老保险的家庭大多具有稳定工作,收入较多,家庭资产规模相对较大,居民养老保险的参保对象主要为农民以及没有资格参加职工养老保险的城镇居民家庭,这些群体的收入较少,家庭资产规模相对较小,因此两个群体家庭的财富水平本身就存在较大的差距。而城镇职工养老保险对于家庭总资产规模的放大作用又强于城乡居民养老保险,这将进一步扩大两类家庭之间的财富差距,产生新的二元分割,也会有违社会养老保险制度的初衷。因此,为了减缓两种社会养老保险制度造成的不同险种参保家庭之间家庭资产总规模差异扩大的速度,有必要提升城乡居民养老保险的保障水平。建议设置更多更高的缴费标准,让有经济能力的城乡居民家庭自行选择,同时做好鼓励家庭"多缴长缴"的机制设计;而对于缴费能力有限的家庭,中央政府与地方政府应该根据财政能力,适当提升财政补贴力度。唯有如此,才能增强居民社会养老保险对于家庭资产总规模的扩大作用,从而减缓两类参保家庭财富差异的扩大速度。

8.2.2　社会养老保险与家庭资产配置结构

社会养老保险与家庭资产配置结构之间的实证结果表明,参加社会养老保险不仅会改变居民家庭内其他资产的总体配置规模,而且会改变这些资产的种类及内部结构。

首先,社会养老保险对于城乡家庭持有房产比例的降低作用,说明在中国家庭中,尤其是中老年家庭中,房产可能不仅仅具有居住与投资功能,而且在很大程度上具有养老与资产储备功能,即大多数家庭通过持有较高比例的房产为未来的养老做准备。但随着人口老龄化不断加剧以及中央强调"房住不炒"的重新定位,通过投资高比例的房产来实现家庭资产保值增值,甚至将家庭未来养老的希望寄托于房产投资上的资产配置行为,必然会面临重大的不确定性风险。家庭参保以及养老金财富的增加能够在很大程度上降低家庭持有房产的可能性与比例,这说明发展社会养老保险不仅能够直接提升家庭的养老保障水平,而且能够降低中国家庭因为过度持有房产而在未来面临的不确定风险,这在实践中具有重要意义。

其次,社会养老保险对于城乡家庭持有的生产经营性资产比例的降低作用,说明发展社会养老保险、家庭参保及其形成的养老金财富的增加,能够在很大程度上减缓中老年家庭因为老年收入来源不足而不得不继续进行生产经营性劳动的状况。由于生产经营性资产的配置需要一定的劳动投入相配套,社会养老保险引起的生产经营性资产配置比例的下降,意味着中老年家庭的生产经营性劳动投入也相应有所减少。实际上,大量中国家庭由于老年收入来源不足而不得不终身劳动或者在中老年期间增加劳动强度,这一情况在农村地区尤其普遍。家庭将生产经营性资产向社会保险养老金资产以及安全性金融资产转移,不仅能够直接提升家庭养老保障水平,减少家庭因为持有生产经营性资产面临的风险,而且能够降低家庭因为养老保障不足而不得不进行劳动的强度,这对于减缓众多老年家庭终身劳动或者退而不休,从而安享晚年具有重要意义。

再次,社会养老保险对于城乡家庭持有的狭义风险性金融资产的促进作用以及对于民间借出款的抑制作用,说明社会养老保险对于家庭持有风险性金融资产具有积极的改善作用。研究结论表明,社会养老保险显著降低了家庭持有民间借出款的可能性以及持有比例,而民间借贷行为处于灰色地带,不受政府监管,风险非常高,民间借出款持有比例的降低,能够很大程度上改善家庭资产配置的风险,这是发展社会养老保险意想不到的有益的副产品。同时,社会养老保险对于城镇家庭持有狭义风险性金融资产具有促进作用,说明家庭参保以及养老金财富的增加确实在很大程度上降低了家庭的背景风险,促进了居民家庭参与风险性金融市场,这对于改善中国家庭过度集中、资产增值保值能力较低的资产配置模式具有重要意义。另外,对于农村家庭持有正规性狭义风险性金融资产的促进作用不显著,可能是由于农村家庭本身的财富水平较低、金融知识缺乏以及金融产品的可获得性差,因此要想在农村家庭同样发挥社会养老保险对于持有正规风险性金融资产的促进作用,需要在提升农村家庭的财富水平、加强金融与养老知识宣传以及发展合适的农村养老金融产品等方面下功夫。

最后,社会养老保险与商业保险养老金资产之间影响的结论表明,在农村家庭中商业养老保险与社会养老保险之间的影响关系并不显著;而在城镇家庭中两者之间存在一定的替代关系,社会养老保险发展过程中的宣传教育效应对于商业养老保险持有的促进作用并不明显。农村家庭中,两者之间影响作用不显著的原因与风险性金融资产基本相同。

总体而言,社会养老保险不仅能够直接提升居民家庭的养老保障水平,有效改善家庭资产配置结构,缓解家庭资产配置过度集中于房产的不足,也有助于中老年家庭劳动强度的降低,同时减少农村家庭的民间借贷行为,并促进城镇家庭持有更多收益与风险均较高的正规狭义风险性金融资产。当然,也应注意到社会养老保险对于农村家庭参与正规风险性金融市场的促进作用不明显的事实,应该在提升农村家庭的财富水平、加强针对农村家庭的金融与养老知识宣传以及发展合适的农村金融产品等方面采取措施,让社会养老保险对于农村家庭资产结构的改善发挥更大的作用,提升农村家庭资产增值保值与养老保障水平。由于居民养老保险参保家庭的养老金财富水平要明显低于职工养老保险参保家庭,因此居民养老保险对于家庭资产配置结构的整体改善作用也要小得多。这意味着,需要在一定程度上加强城乡居民养老保险的待遇水平,否则两种参保家庭资产配置的结构差异将会不断扩大。

8.2.3 社会养老保险与家庭资产配置效率

社会养老保险对于城乡家庭资产配置效率的不同影响,以及城镇内部不同险种参保之间的影响差异的结论,对于降低居民家庭之间的财富不平等具有重要意义。

相对于农村家庭,城镇家庭的资产规模较大、资产配置效率较高,而社会养老保险又会显著提升城镇家庭的资产配置效率,提升城镇家庭的资产收益与风险比,而对于农村家庭却无显著影响,这将进一步扩大城乡家庭之间资产配置效率与家庭财富差距。在城镇家庭中,虽然居民保险养老金财富对于家庭资产配置效率的边际效应大于城镇职工养老保险,但由于前者的养老金财富水平要比后者低得多,因此参加城镇职工养老保险对于资产配置效率的整体促进作用要明显大于参加居民养老保险,这也将进一步扩大城镇内部两种不同险种参保家庭之间的资产配置效率与财富差距。上述两种结果的产生意味着,虽然参加社会养老保险并没有使家庭资产配置效率下降,甚至在城镇家庭中具有改善作用,但影响的城乡差异以及不同险种之间的差异,将进一步扩大不同家庭之间的资产增值保值能力,从而最终扩大财富差距,这将有违通过建立社会养老保险制度来改善收入分配与缩小财富差距的本意。

综合社会养老保险对于居民家庭资产配置三个不同维度的影响可知:

第一，总体上，家庭参保以及养老金财富的增加对于扩大家庭资产配置规模、优化家庭资产配置结构以及改善家庭资产配置效率均具有重要的积极作用，这一点应该予以积极肯定，说明中国社会养老保险制度对于提升家庭养老保障水平、促进家庭资产保值增值能力具有重要意义。

第二，应该认识到，社会养老保险对于家庭资产配置的改进作用在城乡家庭之间、不同险种之间存在明显的差异。这种差异一方面由不同类型家庭本身的差异造成，另一方面由城镇职工养老保险与城乡居民养老保险的养老金财富水平之间的巨大差异引起。为了防止由于家庭参保而导致的这种城乡之间以及不同险种参保家庭之间的财富差距的扩大，需要着重对广大城乡居民，尤其是农村居民，进行老龄化国情教育，提高他们的养老规划与金融意识，鼓励他们积极参保、尽早参保，做到多缴长缴。

第三，为城乡居民养老保险设置更多更高的缴费档次，让有经济能力的城乡居民家庭自行选择，对于缴费能力不足的家庭进一步提升政府补贴标准，唯有如此才能提升城乡居民养老保险参保家庭的养老金财富水平，发挥社会养老保险对于居民家庭资产配置的规模、结构与效率的改善作用，从而逐渐缩小与城镇职工养老保险参保家庭之间的差距。

第四，养老金融部门应该加强养老金融产品的研发与设计，开发出多样化的、简单易懂的，尤其是适合广大农村居民家庭的养老金融产品，让居民家庭在参加社会养老保险时能够有更大的选择空间，自由地调整家庭内部的资产配置结构，从而真正发挥社会养老保险改善居民家庭资产配置的效应。

第五，在未来时机成熟的情况下，探索如何将城镇职工养老保险与城乡居民养老保险合并，唯有如此才能从根本上避免新的二元结构的出现，真正发挥社会养老保险调节收入分配与缩减财富差距的应有功能。

8.3　可能的贡献与不足

8.3.1　贡献

本研究的贡献主要体现在如下几个方面。

第一，全面而系统地研究了社会养老保险对于居民家庭资产配置的影响，从理论上分析了社会养老保险对于家庭资产配置三个维度的可能影响路径与影响方向，并着重利用实际家庭微观数据，从经验上回答了在中国家庭中的具体影响情况。虽然以往的研究有涉及社会养老保险对于家庭储蓄以及风险性金融资产持有的影响，但对于资产配置结构以及配置效率的研究到目前为止尚未见到。系统研究社会养老保险对于家庭资产配置三个维度的影响，能够帮助我们从理论上更深入、全面地理解养老金财富在中国居民家庭中的位置、作用、与其他资产之间的作用关系以及对于家庭资产增值与家庭福利的影响，这不仅有助于微观家庭的参保与资产配置决策，更重要的是可以为优化社会养老保险政策提供一定的借鉴。

第二，关注了以往社会保障与家庭金融这两个领域所忽视的养老金融这一交叉研究主题，有助于为这两个方向的研究做出一定的边际贡献，提供一定的有益探索。以往的社会保障领域的研究大多关注社会保障制度本身或者对于家庭消费、储蓄、劳动、代际支持等方面的影响，很少关注对于资产配置的影响，尤其是对于资产配置结构与效率的影响，而家庭金融方面的研究也大多不会关注社会保障因素。在已有的国内外不多的相关研究的基础上，本研究在两者的交叉领域进行了拓展，全面研究了社会养老保险对于家庭资产配置三个维度的影响。

第三，详细分析了社会养老保险对于家庭资产配置影响的城乡差异以及不同险种差异，并指出了这种差异可能造成的影响，基于此提出了在短期内应该适当提升城乡居民养老保险的保障水平、长期应最终合并两种不同险种的对策建议，这在以往的国内相关研究中并不多见。

本书除了在以往研究的基础上进行有益探索外,也对已有研究进行了一定的完善。首先,本书除了研究家庭参保对于资产配置的影响外,还从养老金财富的角度进行了研究。由于参加同一类型保险的家庭在养老金财富水平上可能存在巨大差异,因此改用养老金财富水平进行研究更加准确,也更有意义。其次,在研究社会养老保险对于家庭资产配置第一维度的影响时,没有采用已有研究中常用的储蓄率,而是直接采用了除土地与养老金财富之外的其他资产规模,这不仅可以直接估算出挤出系数以及对于总资产规模的放大程度,而且避免了不能确定家庭参保对于资产配置调整的时间滞后期限问题。最后,本书基于数据的实际特征、内生性以及提高模型估计准确性的要求,在实证研究中采用了一系列相对较新的模型与估计方法,例如稳健性回归、工具变量分位数回归、工具变量离散选择因变量模型、工具变量受限因变量模型、样本选择模型、工具变量样本选择模型等方法,从而为这些方法在相关领域的应用进行了一定的尝试。

8.3.2 不足

由于统计资料、时间以及研究能力有限,本研究还存在一些需要改进的地方。

第一,实证研究所使用的数据来源于中国家庭健康与养老追踪调查,由于该调查的对象主要为45岁以上的中老年群体,而中青年家庭进行储蓄与资产配置的动机相对于中老年家庭更加复杂,因此本研究的结论能否推广到中青年群体值得商榷。囿于国内目前大型微观调查数据十分有限,尤其是同时包含家庭参保与资产配置信息的数据库仅此一套,研究对象无法覆盖所有劳动年龄段及以上人群。相信随着微观调查的不断快速发展,终有一天可以获得各个年龄段家庭的数据进行比较分析。

第二,养老金财富与家庭资产的估算可能存在较大的误差。由于本研究对于家庭养老金财富与持有的各项资产的估算主要是基于被访者个人自我报告的数据,而普通民众对于复杂的社会养老保险制度很难了解全面,已有的调查表明绝大多数参保者并不清楚自己的社会养老保险缴费与未来预期可以领取的养老金的具体计算方式,因此在报告过程中可能出现一定的误差甚至错误,这一问题在尚未领取者对于未来可以领取养老金的数量估计中可能更为严重。

第三,研究中关于居民养老保险政府补贴未来增长速度的估算是否与普通民众的预期相一致,也会影响养老金财富估算以及研究结论的准确性。同时,被访者在报告各项家庭资产时可能产生遗漏或者错误,或者基于个人隐私考虑而选择虚报或瞒报,这些都可能导致计算出的家庭资产规模、结构以及效率产生不小的误差。养老金财富与家庭资产的估算误差甚至错误,可能会使本研究的估计结果不可避免地产生一定的偏误。

8.4 研究展望

上面总结的几个方面的不足需要在后续研究中不断加以完善。除此之外,还有几个有关社会保险与家庭资产配置的研究方向,值得笔者在未来做进一步的探索。

第一,本书仅关注了社会养老保险对于居民家庭资产配置在家庭内部的影响,而没有探讨对于家庭外部的影响。社会养老保险制度的建立,不仅能够改变家庭内部的资产配置,也可能会对家庭之间的财富分配产生影响,那么社会养老保险能否促进家庭财富再分配,减缓家庭财富不平等? 不同险种的财富再分配效应是否存在差别? 对于参保家庭之间的财富不平等有何影响? 对于参保家庭与未参保家庭之间的财富不平等有何影响? 对于全体居民家庭之间的财富不平等有何影响? 以往的研究大多关注社会养老保险的收入再分配功能,而忽视了社会养老保险的财富再分配效应。社会养老保险的财富再分配效应,一方面来自收入再分配,另一方面则可能来自本书所论述的社会养老保险对于家庭资产配置规模与配置效率的影响作用,前者是在社会养老保险调节收入分配过程中直接实现的,而后者则是通过改变居民家庭收入在家庭内部消费与储蓄之间的分配以及资产配置结构实现的。正如本书所论述的，家庭参保可能扩大了家庭资产配置规模、优化了资产配置结构、改善了资产配置效率，而结构的优化与效率的改善又会促进家庭财富增值与资产规模的扩大，因此社会养老保险的财富再分配效应比收入分配效应更加复杂，影响周期也可能更长。

第二，由于数据的限制，本书没有对社会养老保险的个人账户养老金与社会统筹两部分的养老金进行区分。实际上这两部分在性质上存在很大差异，对于家庭资产配置的影响从理论上来看应该有所不同。个人账户养老金属于个人资产，可以继承，与私人储蓄之间的差异相对较小，而统筹账户养老金则具备社会统筹与再分配功能，未来具体的发放金额受到诸多因素的影响，不确定性较高。对二者进行区分研究，不仅有利于从理论上探讨与比较基金积累制与现收现付制两种不同社会养老保险制度对于居民家庭资产配置的影响，而且对于中国的基金积累与现收现付相结合的统账结合模式的完善以及二者最优比例的确定均具有重要的指导意义。

第三，本书仅考察了社会养老保险对于家庭资产配置的影响，那么社会保障制度体系中其他部分的影响如何？尤其是社会养老保险中的医疗保险与失业保险以及住房保障制度中的住房公积金制度，对于家庭资产配置可能具有一定的影响。国外已有研究表明，参加医疗保险能显著降低家庭的背景风险，从而促进家庭持有更多的股票等风险性金融产品，那么对于其他类型资产乃至家庭的整体资产配置结构的影响如何？最终能否促进家庭资产配置效率的提升？与社会养老保险的影响存在哪些不同？这些问题在未来的研究中都是值得探讨的。

参考文献

[1] ABEL A B. Precautionary saving and accidental bequests [J]. The American Economic Review, 1985,75(4): 777 - 791.

[2] ADDOUM J M. Household portfolio choice and retirement [J]. Review of Economics and Statistics, 2017,99(5): 870 - 883.

[3] ALESSIE R, ANGELINI V, VAN SANTEN P. Pension wealth and household savings in Europe: evidence from SHARELIFE [J]. European Economic Review, 2013,63(10): 308 - 328.

[4] ANDO A, MODIGLIANI F. The" life cycle" hypothesis of saving: aggregate implications and tests [J]. The American economic review, 1963, 53 (1): 55 - 84.

[5] ASO Y, HE L. Public pensions and household wealth [J]. Economic Review, 2001,52(4): 348 - 358.

[6] ATELLA V, BRUNETTI M, MAESTAS N. Household portfolio choices, health status and health care systems: a cross-country analysis based on SHARE. [J]. Journal of Banking & Finance, 2012,36(5): 1320 - 1335.

[7] Attanasio O P, Brugiavini A. Social security and households' saving [J]. The Quarterly Journal of economics, 2003,118(3): 1075 - 1119.

[8] ATTANASIO O P, ROHWEDDER S. Pension wealth and household saving: evidence from pension reforms in the United Kingdom [J]. American Economic Review, 2003,93(5): 1499 - 1521.

[9] AUERBACH A J, KOTLIKOFF L J, HAGEMANN R P, NICOLETTI G. The dynamics of an aging population: the case of four OECD countries [Z]. National Bureau of Economic Research Cambridge, 1989.

[10] BAGLIANO F C, FUGAZZA C, NICODANO G. Optimal life-cycle portfolios for heterogeneous workers [J]. Review of Finance, 2014,18(6): 2283 - 2323.

[11] BAPTISTA A M. Optimal delegated portfolio management with background risk [J]. Journal of Banking & Finance, 2008,32(6): 977 - 985.

[12] BAWA V S. Optimal rules for ordering uncertain prospects [J]. Journal of Financial Economics, 2006,2(1): 95 - 121.

[13] BERKOWITZ M K, QIU J. A further look at household portfolio choice and health status [J]. Journal of Banking & Finance, 2006,30(4): 1201 - 1217.

[14] BETERMIER S, JANSSON T, PARLOUR C, WALDEN J. Hedging labor income risk [J]. Journal of Financial Economics, 2012,105(3): 622 - 639.

[15] BLAKE D. Pension economics [M]. Chichester: John Wiley & Sons, 2006.

[16] BLINDER A S, GORDON R H, WISE D E. Reconsidering the work disincentive effects of social security [Z]. National Bureau of Economic Research Cambridge, Mass, 1980.

[17] BODIE Z, MERTON R C, SAMUELSON W F. Labor supply flexibility and portfolio choice in a life cycle model [J]. Nber Working Papers, 1992,16(3 - 4): 427 - 449.

[18] BRINSON G P, BEEBOWER G L. Determinants of portfolio performance [J]. Financial Analysts Journal, 1986,42(4): 39 - 44.

[19] CAMPBELL J Y, COCCO J F, GOMES F J, et al. Investing retirement wealth: a life-cycle model [EB/OL]. (1999 - 03 - 01)[2020 - 05 - 09]. http://www.nber.org/papers/w7029.

[20] CAMPBELL J Y. Household Finance [J]. Journal of Finance, 2006,61(4): 1553 - 1604.

[21] CANNER N, MANKIW N G, WEIL D N. An asset allocation puzzle [R]. National Bureau of Economic Research, 1994.

[22] CARDAK B A, WILKINS R. The determinants of household risky asset holdings: australian evidence on background risk and other factors [J]. Journal of banking & Finance, 2009,33(5): 850 - 860.

[23] CARROLL C D, Kimball M S. Precautionary saving and precautionary wealth [M]. Berlin : Springer, 2008.

[24] CARROLL C D, SAMWICK A A. How important is precautionary saving? [J]. Review of Economics and Statistics, 1998,80(3): 410 - 419.

[25] CARROLL C D. Buffer-stock saving and the life cycle/permanent income hypothesis [J]. The Quarterly journal of economics, 1997,112(1): 1 - 55.

[26] CHERNOZHUKOV V, HANSEN C. The effects of 401(K) participation on the wealth distribution: an instrumental quantile regression analysis [J]. Review of Economics and Statistics, 2004,86(3): 735 - 751.

[27] CHERNOZHUKOV V, HANSEN C. Notes and comments an IV model of quantile treatment effects [J]. Económetrica Journal of the Econometric Society, 2005,73(1): 245 - 261.

[28] CHERNOZHUKOV V, HANSEN C. Instrumental quantile regression inference for structural and treatment effect models [J]. Journal of Econometrics, 2006, 132(2): 491 - 525.

[29] CHERNOZHUKOV V, HANSEN C. Instrumental variable quantile regression:

a robust inference approach [J]. Journal of Econometrics, 2008, 142 (1): 379 – 398.

[30] CHOI J J, LAIBSON D, MADRIAN B C, et al. Passive decisions and potent defaults [M]. Chicago: University of Chicago Press, 2005.

[31] CHRISTELIS D, GEORGARAKOS D, SANZ-DE-GALDEANO A. The impact of health insurance on stockholding: a regression discontinuity approach [J]. Journal of Health Economics, 2020,69(1): 1 – 19.

[32] CIPRIANI G P. Population aging and PAYG pensions in the OLG model [J]. Journal of population economics, 2014,27(1): 251 – 256.

[33] COCCO J F, GOMES F J, MAENHOUT P J. Consumption and portfolio choice over the life cycle [J]. Review of Financial Studies, 2005,18(2): 491 – 533.

[34] COILE C, MILLIGAN K. How household portfolios evolve after retirement: the effect of aging and health shocks [J]. Review of Income & Wealth. 2009,55(2): 226 – 248.

[35] CORSETTI G, SCHMIDT-HEBBEL K. Pension reform and growth [EB/OL]. (2016 – 04 – 20)[2020 – 05 – 01]. https://ssrn. com/abstract = 604975.

[36] DEATON A. Saving and liquidity constraints [R]. National Bureau of Economic Research, 1989.

[37] DIAMOND P A, HAUSMAN J A. Individual retirement and savings behavior [J]. Journal of Public Economics, 1984,23(1 – 2): 81 – 114.

[38] DIAMOND P A. National debt in a neoclassical growth model [J]. The American Economic Review, 1965,55(5): 1126 – 1150.

[39] DICKS-MIREAUX L, KING M A. Asset holdings and the life-cycle [J]. Economic Journal, 1982,92(336): 247 – 267.

[40] DICKS-MIREAUX L, KING M A. The effect of pensions and social security on the size and composition of household asset portfolio [M]. Chicago: University of Chicago Press, 1984.

[41] DICKS-MIREAUX L, KING M A. Pension wealth and household savings: tests of robustness [J]. Journal of Public Economics, 1984,23(1 – 2): 115 – 139.

[42] DING J. Australian retirees' choices between consumption, age pension, bequest and housing [EB/OL]. (2013 – 04 – 18)[2020 – 05 – 01]. http://dx. doi. org/ 10. 2139/ssrn. 2249691.

[43] DUFLO E, SAEZ E. Pension design and structure: new lessons from behavioral finance [M]. Oxford: Oxford University Press, 2004.

[44] EDWARDS R D. Optimal portfolio choice when utility depends on health [J]. International Journal of Economic Theory, 2010,6(2): 205 – 225.

[45] EECKHOUDT L, GOLLIER C, SCHLESINGER H. Changes in background risk and risk taking behavior [J]. Econometrica: Journal of the Econometric Society, 1996,64(3): 683 – 689.

［46］EECKHOUDT L, GOLLIER C, SCHLESINGER H. Changes in background risk and risk taking behavior ［J］. Working Papers. 1996,64(3)：683－689.

［47］EECKHOUDT L, KIMBALL M. Background risk, prudence, and the demand for insurance ［M］. Amsterdam：Springer, 1992.

［48］ELTON E J, GRUBER M J, BROWN S J, GOETZMANN W N. Modern portfolio theory and investment analysis ［M］. New Jersey：John Wiley & Sons, 2009.

［49］ENGELHARDT G V, KUMAR A. Pensions and household wealth accumulation ［J］. Journal of Human Resources, 2011,46(1)：203－236.

［50］FEINSTEIN J S. Elderly asset management ［EB/OL］. (2007－01－28) ［2020－05－01］. http：//dx. doi. org/10. 2139/ssrn. 956399.

［51］FELDSTEIN M S, PELLECHIO A J. Social security and household wealth accumulation：new microeconomic evidence ［Z］. National Bureau of Economic Research Cambridge, 1980.

［52］FELDSTEIN M S. Social security and private savings：international evidence in an extended life-cycle model ［M］. Amsterdam：Springer, 1977.

［53］FELDSTEIN M S. The effect of social security on private savings：the time series evidence ［Z］. National Bureau of Economic Research Cambridge, 1979.

［54］FELDSTEIN M, LIEBMAN J B. Social security ［J］. Handbook of public economics, 2002(4)：2245－2324.

［55］FELDSTEIN M. International differences in social security and saving ［J］. Journal of Public Economics, 1980,14(2)：225－244.

［56］FELDSTEIN M. Social security and saving：the extended life cycle theory ［J］. American Economic Review, 1976,66(2)：77－86.

［57］FELDSTEIN M. Social security, induced retirement, and aggregate capital accumulation ［J］. Journal of political economy, 1974,82(5)：905－926.

［58］FLAVIN M, YAMASHITA T. Owner-occupied housing and the composition of the household portfolio ［J］. American Economic Review, 2002, 92 (1)：345－362.

［59］FRIEDMAN M. Theory of the consumption function ［M］. Princeton：Princeton university press, 2018.

［60］GALE W G. The effects of pensions on household wealth：a reevaluation of theory and evidence ［J］. Journal of Political Economy, 1998,106(4)：706－723.

［61］GOLDMAN D, MAESTAS N. Medical expenditure risk and household portfolio choice ［J］. Journal of Applied Econometrics, 2013,28(4)：527－550.

［62］GOLLIER C, PRATT J W. Risk vulnerability and the tempering effect of background risk ［J］. Econometrica：Journal of the Econometric Society, 1996,56 (6)：1109－1123.

［63］GORMLEY T, HONG L, ZHOU G. Limited participation and consumptionsaving puzzles: a simple explanation and the role of insurance [J]. Social Science Electronic Publishing, 2010,96(2): 331 – 344.

[64] GOURIEROUX C, JOUNEAU F. Econometrics of efficient fitted portfolios [J]. Journal of Empirical Finance, 1999,6(1): 87 – 118.

[65] GOURIEROUX C, MONFORT A. The econometrics of efficient portfolios [J]. Journal of Empirical Finance, 2005,12(1): 1 – 41.

[66] GRINBLATT M, KELOHARJU M, LINNAINMAA J. IQ and stock market participation [J]. The Journal of Finance, 2011,66(6): 2121 – 2164.

[67] GUISO L, PAIELLA M. Risk aversion, wealth, and background risk [J]. Journal of the European Economic association, 2008,6(6): 1109 – 1150.

[68] HARROD R F. Towards a dynamic economics: some recent developments of economic theory and their application to policy [M]. London: MacMillan and Company, 1948.

[69] HEATON J, LUCAS D. Portfolio choice in the presence of background risk [J]. The Economic Journal, 2000,110(460): 1 – 26.

[70] HECKMAN J. Sample selection bias as a specification error [J]. Econometrica, 1979,47(1): 153 – 161.

[71] HOGAN W W, WARREN J M. Computation of the efficient boundary in the ES portfolio selection model [J]. Journal of financial and quantitative analysis, 1972, 7(4): 1881 – 1896.

[72] HONKOPOHJA S, DICKS-MIREAUX L. Asset holdings and the life cycle [J]. Economic Journal, 1982,92(3): 247 – 267.

[73] HUBBARD R G, JUDD K L. Social security and individual welfare: precautionary saving, borrowing constraints, and the payroll tax [J]. The American Economic Review, 1987,77(4): 630 – 646

[74] HUBBARD R G, SKINNER J, ZELDES S P. Precautionary saving and social insurance [J]. Journal of political Economy, 1995,103(2): 360 – 399.

[75] HURD M, MICHAUD P C, ROHWEDDER S. The displacement effect of public pensions on the accumulation of financial assets [J]. Fiscal studies, 2012, 33(1): 107 – 128.

[76] KAHNEMAN D. Maps of bounded rationality: psychology for behavioral economics [J]. American economic review, 2003,93(5): 1449 – 1475.

[77] KATONA G. Private pensions and individual saving [M]. Lansing: University of Michigan, 1965.

[78] KIMBALL M S, MANKIW N G. Precautionary saving and the timing of taxes [J]. Journal of Political Economy, 1989,97(4): 863 – 879.

[79] KNOLL M A. The role of behavioral economics and behavioral decision making in Americans' retirement savings decisions [J]. Social security bulletin, 2010, 70 (4): 1 – 23.

［80］ KONNO H，YAMAZAKI H. Mean-absolute deviation portfolio optimization model and its applications to Tokyo stock market ［J］. Management Science, 1991,37(5)：519 - 531.

［81］ KOO H K. Consumption and portfolio selection with labor income：a discrete-time approach ［J］. Mathematical Methods of Operations Research, 1999,50(2)：219 - 243.

［82］ KOTLIKOFF L J. Justifying public provision of social security ［J］. Journal of Policy Analysis and Management, 1987,6(4)：674 - 696.

［83］ KOTLIKOFF L J. Social security and equilibrium capital intensity ［J］. The Quarterly Journal of Economics, 1979,93(2)：233 - 253.

［84］ LAIBSON D. Golden eggs and hyperbolic discounting ［J］. The Quarterly Journal of Economics, 1997,112(2)：443 - 478.

［85］ LEFEBVRE M, PERELMAN S. Social security wealth and household asset holdings：new evidence from Belgium ［R］. Bureau d'Economie Théorique et Appliquée, 2016.

［86］ LELAND H E. Saving and uncertainty：the precautionary demand for saving ［M］. Amsterdam ：Elsevier, 1978.

［87］ LESNOY S D, LEIMER D R. Social security and private saving：theory and historical evidence ［J］. Social Security Bulletin, 1985,48(1)：14 - 30.

［88］ LINTNER J. Security prices, risk, and maximal gains from diversification ［J］. The journal of finance, 1965,20(4)：587 - 615.

［89］ MALCOLM F. Exploration in saving behavior ［J］. Oxford University Institute Statistics Bulletin, 1956,18(8)：201 - 227.

［90］ MARKOWITZ H M. Foundations of portfolio theory ［J］. The Journal of Finance, 1991,46(2)：469 - 477.

［91］ MARKOWITZ H. Portfolio selection ［J］. The Journal of Finance, 1952,7(1)：77 - 91.

［92］ MASTROGIACOMO M, ALESSIE R. The precautionary savings motive and household savings ［J］. Oxford Economic Papers, 2013,66(1)：164 - 187.

［93］ MAYER T. Permanent income, wealth, and consumption：a critique of the permanent income theory, the life-cycle hypothesis, and related theories ［M］. Berkeley：Berkeley and Los Angeles University of California Press, 1972.

［94］ MCCARTHY D. Household portfolio allocation：a review of the literature ［C］// Economic and social research institute of the Japan cabinet office conference on the international collaboration projects. 2004.

［95］ MELZER B T. The real costs of credit access：evidence from the payday lending market ［J］. Quarterly Journal of Economics, 2011,126(1)：517 - 555.

［96］ MERICLE D. Uncertainty, the liquidity trap and social insurance ［EB/OL］. (2012 - 06 - 25)［2020 - 05 - 01］. https：//ssrn. com/abstract = 2090475.

[97] MERTON R C . Optimum consumption and portfolio rules in a continuous-time model [J]. Stochastic Optimization Models in Finance, 1975: 621 – 661.

[98] MERTON R C. Lifetime portfolio selection under uncertainty: the continuous-time case [J]. Journal of Economic Theory, 1971,3(4): 373 – 413.

[99] MITCHELL O S, MOORE J F. Can Americans afford to retire? new evidence on retirement saving adequacy [J]. Journal of Risk and Insurance, 1998,65(3): 371 – 400.

[100] MITCHELL O S, MOORE J F. Retirement wealth accumulation and decumulation: new developments and outstanding opportunities [R]. National Bureau of Economic Research, 1997.

[101] MODIGLIANI F, BRUMBERG R. Utility analysis and the consumption function: an interpretation of cross-section data [J]. Journal of Post Keynesian Economics, 1954(1): 388 – 436.

[102] MODIGLIANI F. The life cycle hypothesis of saving and intercountry differences inthe saving ratio [M]. London : Clarendon Press, 1970.

[103] MULLAINATHAN S, THALER R H. Behavioral economics [R]. National Bureau of Economic Research, 2000.

[104] MUNNELL A H. Private pensions and savings: new evidence [J]. Journal of Political Economy, 1976,84(5): 1013 – 1032.

[105] MUNNELL A H. The effect of social security on personal saving [M]. Cambridge: Ballinger Publishing Company, 1974.

[106] NI H. Portfolio Decisions of older American workers: the role of private pensions [EB/OL]. (2005 – 03 – 21)[2020 – 05 – 01]. http://dx. doi. org/ 10. 2139/ssrn. 686138.

[107] PALIA D, QI Y, WU Y. Heterogeneous background risks and portfolio choice: evidence from micro-level data [J]. Journal of Money, Credit and Banking, 2014,46(8): 1687 – 1720.

[108] PELIZZON L, WEBER G. Are household portfolios efficient? an analysis conditional on housing [J]. Journal of Financial & Quantitative Analysis, 2008, 43(2): 401 – 431.

[109] POLAKOFF M E, CAGAN P . The effect of pension plans on aggregate saving: evidence from a sample survey [J]. The Journal of Finance, 1966, 21 (3): 576.

[110] POTERBA J M, VENTI S F, WISE D A. How retirement saving programs increase saving [J]. Journal of Economic Perspectives, 1996,10(4): 91 – 112.

[111] PRATT J W, ZECKHAUSER R J. Proper risk aversion [J]. Econometrica: Journal of the Econometric Society, 1987,55(1): 143 – 154.

[112] QIU J. Precautionary saving and health insurance: a portfolio choice perspective [J]. China's Economic Frontier, 2016,11(2): 232 – 264.

[113] ROSEN H S, WU S. Portfolio choice and health status [J]. Journal of Financial Economics, 2004,72(3): 457 - 484.

[114] SAMUELSON P A. An exact consumption-loan model of interest with or without the social contrivance of money [J]. Journal of political economy, 1958, 66(6): 467 - 482.

[115] SANTOS T, VERONESI P. Labor income and predictable stock returns [J]. Crsp Working Papers, 2006,19(1): 1 - 44.

[116] SETHI-IYENGAR S, HUBERMAN G, JIANG W. How much choice is too much? contributions to 401 (k) retirement plans [M]//DUFLO E, SAEZ E. Pension design and structure: new lessons from behavioral finance. Oxford: Oxford University Press, 2004.

[117] SHARPE W F. Capital asset prices: a theory of market equilibrium under conditions of risk [J]. The Journal of Finance, 1964,19(3): 425 - 442.

[118] SIMON H A. A behavioral model of rational choice [J]. The Quarterly Journal of Economics, 1955,69(1): 99 - 118.

[119] STONE B K. A general class of three-parameter risk measures [J]. The Journal of Finance, 1973,28(3): 675 - 685.

[120] THALER R H, SHEFRIN H M. An economic theory of self-control [J]. Journal of Political Economy, 1981,89(2): 392 - 406.

[121] THALER R H, SUNSTEIN C R. Nudge: improving decisions about health, wealth, and happiness [M]. Newyork: Penguin Books, 2009.

[122] THALER R H. Mental accounting matters [J]. Journal of Behavioral Decision Making, 1999,12(3): 183 - 206.

[123] TOBIN J. Liquidity preference as behavior towards risk [J]. Review of Economic Studies, 1958,25(2): 65 - 86.

[124] TSAI H J, WU Y. Optimal portfolio choice for investors with industry-specific labor income risks [J]. Finance Research Letters, 2014,11(4): 429 - 436.

[125] ROOIJ M V, LUSARDI A, ALESSIE R. Financial literacy and stock market participation [J]. Journal of Financial Economics, 2011,101(8): 449 - 472.

[126] VISSING-JØRGENSEN A. Limited asset market participation and the elasticity of intertemporal substitution [J]. Journal of political Economy, 2002,110(4): 825 - 853.

[127] WEBER E U, BLAIS A R, BETZ N E. A domain-specific risk-attitude scale: measuring risk perceptions and risk behaviors [J]. Journal of Behavioral Decision Making, 2002,15(4): 263 - 290.

[128] WILLEN P S. Occupation-level income shocks and asset returns: their covariance and implications for portfolio choice [J]. Quarterly Journal of Finance, 2013,3(3): 1 - 53.

[129] YOGO M. Portfolio choice in retirement: health risk and the demand for

annuities, housing, and risky assets [J]. Journal of Monetary Economics, 2016,80(6):17-34.

[130] 白重恩,吴斌珍,金烨.中国养老保险缴费对消费和储蓄的影响[J].中国社会科学,2012,(8):49-72.

[131] 蔡明超,杨玮沁.考虑背景风险的生命周期投资模型评述——兼论居民投资者风险教育[J].证券市场导报,2011(3):10.

[132] 柴时军.社会资本与家庭投资组合有效性[J].中国经济问题,2017(4):27-39.

[133] 陈琪,刘卫.居民资产选择与配置的机制研究——基于健康冲击的生命周期模型[J].商业经济研究,2014(26):49-50.

[134] 陈强.高级计量经济学及Stata应用[M].北京:高等教育出版社,2014.

[135] 陈彦斌,邱哲圣.高房价如何影响居民储蓄率和财产不平等[J].经济研究,2011(10):14.

[136] 程杰.养老保障的劳动供给效应[J].经济研究,2014(10):60-73.

[137] 崔光灿.住房政策目标双重属性与市场稳定[J].华东师范大学学报(哲学社会科学版),2018,50(1):149-155.

[138] 杜朝运,丁超.基于夏普比率的家庭金融资产配置有效性研究——来自中国家庭金融调查的证据[J].经济与管理研究,2016,37(8):52-59.

[139] 杜朝运,丁超.中国居民家庭金融资产配置:规模、结构与效率[M].成都:西南交通大学出版社,2017.

[140] 樊潇彦,袁志刚,万广华.收入风险对居民耐用品消费的影响[J].经济研究,2007(4):124-136.

[141] 范黎波,杨金海,黄铄婷.社会保障提升能有效促进居民消费吗?——基于分位数回归与反事实分解方法的研究[J].华东经济管理,2017,31(3):49-59.

[142] 封进,胡岩.中国城镇劳动力提前退休行为的研究[J].中国人口科学,2008(4):88-94.

[143] 封进.延迟退休对养老金财富及福利的影响:基于异质性个体的研究[J].社会保障评论,2017(4):46-59.

[144] 封进.中国城镇职工社会保险制度的参与激励[J].经济研究,2013(7):104-117.

[145] 甘犁,尹志超,贾男,等.中国家庭资产状况及住房需求分析[J].金融研究,2013(4):1-14.

[146] 甘犁.中国家庭金融调查报告:2012[M].成都:西南财经大学出版社,2012.

[147] 格林.计量经济分析[M].北京:清华大学出版社,2001.

[148] 龚六堂,林忠晶.养老保险制度研究框架评述[J].经济学动态,2008(6):117-122.

[149] 何立新,封进,佐藤宏.养老保险改革对家庭储蓄率的影响:中国的经验证据[J].经济研究,2008(10):117-130.

[150] 何兴强,史卫,周开国.背景风险与居民风险金融资产投资[J].经济研究,

2009(12)：119 - 130.

[151] 何秀红,戴光辉. 收入和流动性风险约束下家庭金融资产选择的实证研究 [J]. 南方经济,2007(10)：58 - 69.

[152] 何杨平,何兴强. 健康与家庭风险金融资产投资参与程度[J]. 华南师范大学 学报(社会科学版),2018(2)：135 - 142.

[153] 胡颖,齐旭光. 中国社会保险与居民储蓄关系的实证研究[J]. 广东财经大学 学报,2012(3)：41 - 47.

[154] 胡振,臧日宏. 收入风险、金融教育与家庭金融市场参与[J]. 统计研究,2016, 33(12)：67 - 73.

[155] 姜百臣,马少华,孙明华. 社会保障对农村居民消费行为的影响机制分析[J]. 中国农村经济,2010(11)：32 - 39.

[156] 雷晓燕,周月刚. 中国家庭的资产组合选择：健康状况与风险偏好[J]. 金融 研究,2010(1)：31 - 45.

[157] 李昂,廖俊平. 社会养老保险与我国城镇家庭风险金融资产配置行为[J]. 中 国社会科学院研究生院学报,2016(6)：42 - 52.

[158] 李静萍. 商业养老保险与社会养老保险发展协调度研究[J]. 统计与决策, 2013(17)：165 - 168.

[159] 李实,万海远. 中国居民财产差距研究的回顾与展望[J]. 劳动经济研究,2015 (5)：28 - 44.

[160] 李涛,郭杰. 风险态度与股票投资[J]. 经济研究,2009(2)：56 - 67.

[161] 李涛. 社会互动与投资选择[J]. 经济研究,2006(8)：45 - 57.

[162] 李雪增,朱崇实. 养老保险能否有效降低家庭储蓄——基于中国省际动态面 板数据的实证研究[J]. 厦门大学学报：哲学社会科学版,2011(3)：24 - 31.

[163] 李哲. 金融教育结构性缺失：对金融危机的反思[J]. 江西财经大学学报, 2011(5)：15 - 18.

[164] 林靖,周铭山,董志勇. 社会保险与家庭金融风险资产投资[J]. 管理科学学 报,2017,20(2)：94 - 107.

[165] 林忠晶,龚六堂. 退休年龄、教育年限与社会保障[J]. 经济学季刊,2007,7 (1)：211 - 230.

[166] 路晓蒙,李阳,甘犁,王香. 中国家庭金融投资组合的风险——过于保守还是 过于冒进？[J]. 管理世界,2017(12)：92 - 108.

[167] 马光荣,周广肃. 新型农村养老保险对家庭储蓄的影响：基于 CFPS 数据的研 究[J]. 经济研究,2014(11)：116 - 129.

[168] 马敏,韩世红. 社会养老保险与商业养老保险的关系分析[J]. 西安交通大学 学报,1998(12)：98 - 101.

[169] 孟醒,申曙光. 基本养老金财富对居民消费的激励效应——基于分位数回归 的研究[J]. 中山大学学报(社会科学版),2016,56(1)：197 - 208.

[170] 石阳,王满仓. 现收现付制养老保险对储蓄的影响——基于中国面板数据的 实证研究[J]. 数量经济技术经济研究,2010(3)：96 - 106.

[171] 汪伟.人口老龄化、养老保险制度变革与中国经济增长——理论分析与数值模拟[J].金融研究,2012(10):29-45.

[172] 王波.流动性约束、收入不确定性与家庭资产配置[D].成都:西南财经大学,2016.

[173] 王亚柯,吕文栋.养老保险制度储蓄效应的经验研究综述[J].经济学动态,2008(8):72-75.

[174] 王亚柯.基于精算估计方法的养老保险再分配效应研究[J].中国软科学,2011(5):154-161.

[175] 王亚柯.中国养老保险制度的储蓄效应[J].中国人民大学学报,2008(3):75-81.

[176] 王志强,孙刚.中国金融发展规模、结构、效率与经济增长关系的经验分析[J].管理世界,2003(7):13-20.

[177] 吴洪,徐斌,李洁.社会养老保险与家庭金融资产投资——基于家庭微观调查数据的实证分析[J].财经科学,2017(4):39-51.

[178] 吴庆跃,周钦.医疗保险、风险偏好与家庭风险金融资产投资[J].投资研究,2015,34(5):18-32.

[179] 吴卫星,吕学梁.中国城镇家庭资产配置及国际比较——基于微观数据的分析[J].国际金融研究,2013(10):45-57.

[180] 吴卫星,丘艳春,张琳琬.中国居民家庭投资组合有效性:基于夏普率的研究[J].世界经济,2015(1):154-172.

[181] 吴卫星,荣苹果,徐芊.健康与家庭资产选择[J].经济研究,2011,46(s1):43-54.

[182] 吴卫星,吴锟,张旭阳.金融素养与家庭资产组合有效性[J].国际金融研究,2018(5)66-75.

[183] 吴雨,彭嫦燕,尹志超.金融知识、财富积累和家庭资产结构[J].当代经济科学,2016,38(4):19-29.

[184] 伍德里奇.横截面与面板数据的经济计量分析[M].王忠玉,译.北京:中国人民大学出版社,2007.

[185] 习近平.决胜全面建成小康社会夺取新时代中国特色社会主义伟大胜利(十九大报告单行本)[M].北京:人民出版社,2017.

[186] 解垩,孙桂茹.健康冲击对中国老年家庭资产组合选择的影响[J].人口与发展,2012,18(4):47-55.

[187] 徐华,徐斌.社会保险对家庭金融的影响研究综述[J].经济学家,2014(11):91-99.

[188] 阳义南,曾燕,瞿婷婷.推迟退休会减少职工个人的养老金财富吗?[J].金融研究,2014(1):58-70.

[189] 杨天宇,王小婷.社会保障对居民个人储蓄的影响:理论和实证研究综述[J].当代经济管理,2009,31(2):73-78.

[190] 杨再贵.公共养老金的OLG模型分析:原理和应用[M].北京:光明日报出

版社,2010.

[191] 杨政怡.替代或互补:群体分异视角下新农保与农村家庭养老的互动机制——来自全国五省的农村调查数据[J].公共管理学报,2016(1):117-127.

[192] 袁志刚,宋铮.人口年龄结构、养老保险制度与最优储蓄率[J].经济研究,2000(11):24-32.

[193] 约翰·梅纳德·凯恩斯.就业、利息和货币通论[M].郭武军,张建炜,译.上海:上海交通大学出版社,2014.

[194] 臧旭恒.居民资产与消费选择行为分析[M].上海:上海三联书店,2001.

[195] 臧旭恒.中国消费函数分析[M].上海:上海三联书店,1994.

[196] 曾志耕,何青,吴雨,等.金融知识与家庭投资组合多样性[J].经济学家,2015(6):86-94.

[197] 张川川,陈斌开."社会养老"能否替代"家庭养老"?——来自中国新型农村社会养老保险的证据[J].经济研究,2014(11):102-115.

[198] 张继海.社会保障对中国城镇居民消费和储蓄行为影响研究[D].济南:山东大学,2006.

[199] 张继海.社会保障养老金财富对城镇居民消费支出影响的实证研究[J].山东大学学报(哲学社会科学版),2008(3):105-112.

[200] 张琳琬,吴卫星.风险态度与居民财富——来自中国微观调查的新探究[J].金融研究,2016(4):115-127.

[201] 张庆伟.中国居民个人养老资产配置研究[D].天津:天津财经大学,2016.

[202] 赵楠.世代交叠模型及其应用[J].经济学动态,2004(4):60-63.

[203] 赵青,李珍.基本养老保险与居民消费——基于CHARLS数据的多层次线性回归分析[J].财政研究,2018(3):87-98.

[204] 郑功成.中国社会保障改革与经济发展:回顾与展望[J].中国人民大学学报,2018,32(1):37-49.

[205] 周钦,袁燕,臧文斌.医疗保险对中国城市和农村家庭资产选择的影响研究[J].经济学(季刊),2015(2):931-960.

[206] 周小川.普及金融教育提高国民金融素质[J].中国金融,2007(3):8.

[207] 朱春燕,臧旭恒.预防性储蓄理论——储蓄(消费)函数的新进展[J].经济研究,2001(1):84-92.

[208] 朱涛,谢婷婷,卢建.老年人与房产:中国文化情境的老年家庭资产配置研究[J].现代财经(天津财经大学学报),2014(8):14-25.

[209] 宗庆庆,刘冲,周亚虹.社会养老保险与我国居民家庭风险金融资产投资——来自中国家庭金融调查(CHFS)的证据[J].金融研究,2015(10):99-114.

[210] 邹红,喻开志,李奥蕾.养老保险和医疗保险对城镇家庭消费的影响研究[J].统计研究,2013,30(11):60-67.

索　引